组织文化与领导力

沙因作品

ORGANIZATIONAL
CULTURE
AND LEADERSHIP

陈劲 贾筱 ◎ 译 陈德金 ◎ 校

埃德加·沙因（Edgar H.Schein）

彼得·沙因（Peter Schein）◎ 著

第五版

中国人民大学出版社
· 北京 ·

再一次阅读《组织文化与领导力》一书，拿到的是第五版，一方面感叹于这本经典著作与时俱进的速度，另一方面也同样感叹于企业发展环境的快速变化。正如在书中沙因所写的那样："现阶段，我与儿子彼得一起合作。他亲身经历了过去25年间硅谷科技公司的变革，拥有多种领导能力，体验过不同的组织文化。……此时此刻，万物变化，我感触复杂，不能逐一而具。"

今天的环境，的确如此：高素质的人才、巨大的市场、合理的选择、有创意的领导人、资金充沛……可是结果却不能令人满意。我曾经从组织的战略角度看问题，也从行为学的角度研究和探讨，然而都无法找到问题的实质。我开始意识到这些问题至少有一部分是对文化或者文化和工作场所的关联性缺乏认识所造成的。除了产品、战略以及内部运营管理之外，我们还需要在企业文化上构建能力。没有价值观的推动以及文化的认同，企业无法走得更远、登得更高。

文化是人类为了生存和发展而创造的对环境的适应方式。看一个地方的竞争力，最后看的其实是文化。对于企业而言，文化同样也是其竞争力的重要体现。企业之间的差距，最后往往体现为文化、价值观的差距，企业文化实际上反映了企业自己的生存方式。从严格意义上来说，企业文化起源于日本。20世纪80年代，特伦斯·迪尔、艾伦·肯尼迪和威廉·大内等学者开始使用组织文化这一别样的视角来审视日本企业的集体崛起。在他们看来，日本企业跟欧美企业最大的不同便是组织文化的差别。英国前首相温斯顿·丘吉尔（Winston Churchill，1874—1965）说："人们塑造组织，而组织成型后就换为组织塑造我们了。"日本企业文化的精髓就在于让整个组织的价值观和经营宗旨能够落实到成员的日常工作和生活中。当它们能够不断被落实，不断赋予成员应对变化的定力时，企业其实就找到了跟人和环境的一致性。

企业文化并不专属于那些行业标杆企业，而是存在于任何企业中，只是有强有弱、有优有劣、有隐有显。优秀的企业文化，可以理顺组织内部价值差异，提高组织运作效率，增强组织承诺和团队士气。企业通过企业文化，可以提升整体形象和品牌信仰，通过对内的整合达到对外部竞争环境的适应，继而提高核心竞争力，实现经营业绩的持续增长，做到基业长青。优秀的企业领导者往往能让弱势的文化变强大，让零散的文化变系统，让优秀的文化变卓越。因此，企业文化管理成为企业管理者需要掌握和理解的必备知识。很多有悠久发展历史的世界企业和中国企业的首席执行官，对企业文化和管理方式有独特的理解，并给予足够的重视。尤其是在面临变革和改进的情况下，他们往往更关注合理的企业文化和管理方式。因此，每一次真正的成功的变革，无论这些企业的历史有多悠久，其结果都是与掌权人自身的文化和所推崇管理理念息息相关的新文化、新组织和新管理。

管理经典著作最大的价值在于通过洞察管理实践提升管理效率。《组织文化与领导力》便是埃德加·沙因教授在实战管理咨询中提炼出来的经典之作，也是我们组织文化研究者不可错过的一本必读书。"组织文化"一词被业界公认是由他"发明"。他也因率先提出了"文化本质"的概念，对于文化的构成因素、形成以及演化过程有独特见解，在企业文化研究领域有颇多建树，而被誉为"组织文化之父"。本书在界定组织文化概念的基础上，提出了文化三层次模型这一主体性架构，从文化假设层面讨论了组织文化的基本维度，明晰了领导力在文化建设、植入和发展中的作用，论述了领导者如何管理文化变革及其新角色。除了延续旧版的精彩外，比如文化的定义和三层次基础模型框架等，新版本开始将文化思想应用于思考多元文化世界的宏观图景，比如新加坡经济发展局的案例、国家或全球职业等宏观文化背景下的合作问题、跨越国家层面文化鸿沟等，还重点关注如何将社交经验嵌入各种层面的文化环境中，并为领导决策引入了社会"关系层级"这个重要参考元素来帮助识别和管理内部文化。另外，对"文化与领导""文化与社会行为模式观察""领导角色与组织发展""团队文化习得模式"等旧内容也有新的论述。

我第一次接触沙因这本书是在 1994 年，那时我主讲"企业文化"，这是我转型管理教学与研究领域时的第一门主讲课程，我还清楚记得是向一位台湾老师借来的版本。阅读此书的时候，我完全被其内容和逻辑所吸引。这本书给了我理解组织文化与领导力的独特视角，同时也引发了我从事组织与文化研究的兴趣，并保持至今。在从事组织文化研究和教学这些年间，我和研究团队出版了《企业文化》教材（已更新至第 3 版），并发表了一些有关中国领先企业组织文化的研究成果。因此，当我拿到《组织文化与领导力》这本经典著作的最新版本时，有一种特别的熟悉感以及愉悦感，这不仅有助于我们管理实践者及时更新组织文化的经典知识，更有助于我们去理解和研究组织文化与时代变迁的关系。

从更高层面的文化——人类文明来看，在过去半个世纪里，科技企业的进取精神是人类文明快速进步的核心动力；而在未来相当长的时间里，科技企业的向善文化和自省精神，将成为人类文明健康发展的重要保障。2019 年 11 月 11 日，在成立 21 周年之际，腾讯正式公布了全新的使命与愿景："用户为本，科技向善"。在为腾讯做组织文化诊断与升级的半年时间里，我深度参与了腾讯此次使命愿景和文化升级，并对科技公司如何践行科技向善、如何将科技向善的企业文化与价值观落实到员工行为与具体产品中给出了我们的专业研究建议。

在我看来，"向善"正在成为全球科技企业乃至整个现代商业文明的大势所趋。从全球范围看，越来越多重量级的科技企业发出类似的声音。这是因为，在数字时代，人们的生活状态已经完全被颠覆，企业也已不仅仅承担提供产品或服务的职能。事实上，我们的社会和生活都是建构在科技公司所提供的基础架构之上。比如，QQ、微信、微博等社交媒体已深刻改变了人类社会的沟通方式，并对文化产生了引导作用。万物互联，人类社会在方方面面是高度融合的，企业不能再只是"在商言商"，而必须告诉自己，你就是这个社会中一个具有关键性影响的单元，要正视自己对国家、社会、行业等方面的影响与责任。只有回到这个逻辑，企业才能实现可持续发展，才能创造更大的价值。

梁启超曾说道："这个社会尊重那些为它尽到责任的人。"从这个角度讲，企业向善的文化和责任感与其商业机遇成正比。这样的例子在我们的管理实践中比比皆是。比如，谷歌给所有公益组织提供公益的使用服务、腾讯使用人工智能（AI）技术寻人、新希望六和提出"为耕者谋利，为食者造福"的组织使命、一汽丰田等车企对于儿童安全座椅的关注等。正如沙因在书中所言：作为一个概念，文化可以引导我们对社会行为模式进行观察。由此我们可知，文化也可以引导社会行为模式。

文化是一个严肃的话题，是一个与你我休戚相关的话题，只有把自己置于文化之中，真正观察与理解，真正体验与行动，真正验证与提升，文化才会对我们发挥作用。期待读者可以从本书中感受到组织文化的魅力，洞悉其应有之义和演变脉络。期待企业管理者可以从本书中体会自己所扮演的角色及承担的责任，带领组织与环境共生长。更重要的是，在具体的管理实践中，把握商业文明的发展趋势，让向善的组织文化发挥其应有的效用，从而遇见更为美好的组织。

陈春花

北京大学王宽诚讲席教授

国家发展研究院 BiMBA 商学院院长

组织文化与领导力作为一枚硬币的两面，是组织获得永续发展的灵魂与基石。组织的文化氛围影响着参与者的思维方式和行为方式，调动着参与者的积极性、精神状态和创新方式。领导力奠定组织文化的基因，维护和巩固组织文化，在组织的动态发展中推动和引导着组织文化变革和可持续发展。高水平的组织文化智力、高瞻远瞩的变革型领导力，是世界一流企业在全球经济深入协同背景下的必然要求。

埃德加·沙因（Edgar H.Schein）教授是世界百位最具影响力的管理大师之一，组织文化理论之父，企业文化与组织心理学领域的开创者和奠基人，是国际上享有盛誉的实战派管理咨询专家。业界公认"企业文化"一词是由他"创造"的。埃德加·沙因教授的《组织文化与领导力》奠定了组织文化与领导力研究的基础，从1985年第一版问世以来，再版多次。这本书首次系统经典地阐述了组织文化和领导力的关键议题，包括组织文化的界定、内容和文化的不同层次，领导者如何随着组织的发展来创建、评估和传播组织文化，领导者在文化变革过程中如何扮演角色等，被认为是当代最具影响力的管理学著作之一。

《组织文化与领导力（第五版）》是埃德加·沙因教授及其儿子也是同事的彼得·沙因（Peter Schein）的最新的合作力作。本书写作之际，埃德加·沙因已经从波士顿的剑桥迁居至加利福尼亚州的硅谷中心。加利福尼亚州的明媚舒朗气候与硅谷中心炽热活跃的创新氛围为沙因父子新书的写作带来了诸多新的洞见。相较上一版本，在新版中，沙因父子应用更多案例辅助解析论点，如将新加坡政府组织作为公共组织例子来论述文化模式的通用性；援引多个耳熟能详的组织来说明创始人对文化创建的作用。这一版更加强调组织文化的动态性，突出文化在组织成长阶段的不同意义；也更加凸显文化与领导的协同作用，强调领导者对文化变革的作为，如提供更加工具化的操作方法；对领导力的研究也更加细致和深入，如突出学习型变革领导力对文化动态变革的反馈机制。在这一版中，沙因父子尤其关注到新科技对组织文化与领导力的冲击，如将 SaaS 软件纳入文化自动分析的工具筐中。我和埃德加·沙因教授相识多年，合作和交流甚多。我很荣幸在 2018 年和沙因父子在斯坦福大学见面，深刻地理解了他们的学术思想；也很荣幸这次有机会将埃德加·沙因教授该书的第五版翻译成中文，以期将其最新研究成果尽快呈现给正处于快速变革的中国。

另外，当前世界的科技创新日新月异，其发展也亟待得到卓越的企业文化的支撑，近年来我们也特别关注了文化，特别是中国传统文化对科技创新的有益之处。中国，其宏大的国家和民族文化为世界多元的组织文化研究提供了中国视角；"文化自信"的中国，在国际事务的开展和世界经济的发展中扮演了重要角色，贡献了东方智慧。当前，中国处于世界新技术革命浪潮的前沿，中国的新科技终将引导新的组织文化演化与传播，也为领导者提供可供创建、评估和规划文化设计的科技支撑和进行颠覆性文化塑造的可能性。中国的组织变革在更深入的全球化进程中需要西方的文化管理工具来协同，我们也期待中国文化、中国力量为世界范围内的组织文化与领导力研究作出贡献。

清华大学技术创新研究中心是教育部人文社会科学重点研究基地，是我国创新管理研究的最重要基地。本书的翻译得到了研究团队师生的大力支持。本书的出版得到了中国人民大学出版社的倾力支持。希望本书的出版对中国的组织文化、领导力与创新创业的交叉研究、中国企业迈向世界一流企业进程作出必要的贡献。

陈　劲

教育部长江学者特聘教授

清华大学技术创新研究中心主任

清华大学经济管理学院教授

《组织文化与领导力（第五版）》的书稿完成于位于硅谷中心的加利福尼亚州的帕洛阿尔托。我清楚地认识到我是在一个非常不同的时期，在不同于以往的地方开展写作工作。现阶段，我与儿子彼得（Peter）一起合作。他亲身经历了过去25年间硅谷科技公司的变革，拥有多种领导能力，体验过不同的组织文化。回顾我于2008年在波士顿剑桥写作第四版时的感受，此时此刻，万物变化，我感触复杂，不能逐一而具。

我非常欣喜，彼得可以和我一起完成这一版书稿。在此过程中，我们互相帮助，捕捉各自所思所感；这多少反映了过去几十年间"组织文化"概念的一些变化。基于他的洞察力与我们过去几年的共同经验，我可以更好地沿着各种不同的文化分支前行，并且不会迷失在"只见树木不见森林"的谬误中。

彼得在前言中暗示了本书中的许多新内容。在你看到这些新内容之前，我想就该版本中与上一版相同的内容以及不同的内容（或者从某种程度上说新的内容）发表一些观点。关于文化的定义和思考文化的三层次模型在新版本中保持原貌，并且仍然是整个文化分析的基础框架。就新的内容而言，本书开始将文化思想应用于思考多元文化世界的宏观图景。为此，我将对新加坡经济发展局的研究加入了案例分析，并在随后的两个章节中，都分析了国家或全球职业等宏观文化背景下的文化分析和合作的问题。要重点强调的是，每一种组织文化都嵌套在影响其特质的，通常更宏观的文化中；反过来，每个亚文化，任务组或工作组，都嵌套在影响它们的宏大文化中。我加强了对如何跨越国家层面文化鸿沟的讨论。

虽然这并不是一个全新的重点，但是在这一个版本中，我会重点关注如何将我们自己的社交经验嵌入各种层面的文化环境中。我们需要理解我们内部的文化，因为它们支配着我们的行为，同时也为我们提供了在各种社交场合中的选择依据。这些选择只是部分归因于"个性"或"性情"；它们更依赖于我们通过社会化经验所习得的对于情境的理解。因此，我为领导决策引入了一个重要参考元素——社会"关系水平"，该元素由我们在个人成长过程中习得。关系水平可以是正式的，也可以是私人的或亲密的，并且可以根据情境改变个人的行为。通过这种方式，识别和管理我们内部的文化成为一项重要的领导技能。

依然令我印象深刻的是，作为一个概念，文化可以引导我们对社会行为模式进行观察。最近的一些研究包括（1）选出文化的一个或两个维度，（2）将这些维度与各种预期结果联系起来，以及（3）由此论证文化的重要性。我以前认为这些结论众所周知而对其忽视，然而，随着我们对国家和组织中的各种文化模式和类型的观察，我们对这些结论也表现出越来越浓厚的兴趣，这些研究在本版中也进行了进一步讨论。由此，我特意将定量诊断研究与定性的对话调查过程区分开来，在彼得的帮助下，我可以对一些最新的"快速"诊断方法进行复盘。

我强调的是团队所习得的文化，它既解释了为什么领导和文化是同一枚硬币的两面，也解释了领导的角色随着组织的成长和老化而改变的事实。这些内容始终是本书的核心。我试图通过删掉冗余的或不相关的内容来精简这个版本，并且给读者提出一些更有趣的建议。

我依然坚信文化是一个严肃的议题，但只有我们真正地观察、研究和理解文化，文化才会发挥作用。

埃德加·沙因

过去一年，我一直和埃德加合作，致力于扩大他的读者群，发展他的咨询业务，在帮助他的同时我也得以有更多的学习机会。我非常荣幸可以在这本书的前言部分分享自己的一些观点。也正是这本书，为我们所创办的组织提供了一个恰当的名称：组织文化与领导力研究所（Organizational Culture and Leadership Institute，OCLI.org）。在埃德加于20世纪80年代初开始撰写这本书时，组织文化还是一个全新的概念。现在，组织文化这个概念被普遍接受、讨论、审视、塑造、"变革"甚至被指责等等。该现象已经持续了一个世代。1983年，当我取得社会人类学本科学位时，埃德加完成了《组织文化与领导力》的第一版书稿。2016年早些时候，当埃德加的孙女（我女儿）即将完成经济学本科学位的学习并准备加入一家国际管理咨询公司时，他希望她可以描述一下该公司的文化。对于埃德加来说，这个要求可能有点冒昧，因为我女儿可用来回答这个问题的经验仅限于在新公司仅有的一次暑期实习。然而，我女儿毫不犹豫地描述了该公司文化中的主要人工饰物层面的现象以及被广泛认可的价值观。由此，我们最终总结如下：在仅仅几个月的实习时间中，她就接触到了这种文化，甚至被灌输了这种文化；公司文化的影响如此深刻，她甚至能够清楚地表达出来；而且她未来希望自己能够在该公司文化氛围中苗壮成长。

这并不足为奇，因为成熟的公司（在本例中即提供商业咨询服务的公司）已经充分研究了自身的文化，并使用形象、隐喻以及各种可以用来描述和培育文化的词汇来表现这一文化。这种潜移默化的文化浸没或灌输会成为暑期实习项目的一个组成部分吗？如果说暑期实习有一门必修课的话，那就是公司与个人之间的"契合"。因此，公司和个人都已经意识到，如同个人要与行业、所接受的教育培训和工作职能"契合"一样，个人与企业文化的相互"契合"测试同样至关重要，而且它应该成为就业初期的头等大事。这一点是绝对有意义的。

然而，对于我女儿能够轻松回答这个关于她自己未来雇主文化的开放性问题，我是否应该感到惊讶？像我一样，她成长于一个经常谈论组织文化的大家庭。这成为她的基因，所以这个问题对她而言永远不会产生陌生感。然而，她回应的方式仍然对我很有帮助。我很确定埃德加曾经向我询问过关于我第一个雇主同样的问题，而且我很确定自己当时并不能清晰地表达自己所经历的一切。当时，我也有差不多同样多关于企业文化的观察结果，但我没有准确的话语可以用来描述这些观察结果。

在《组织文化与领导力》四个版本的演化历程中，我们对文化的认知也在演化。早期，我们认为文化是任何一个处于工作场所的个体所具有的模糊的感知，可以将其用来指导行动和决策；现在，我们将文化认定为一种可以用共同的语言所理解和描述的事物，它是一种检验"契合度"的有效手段，是公司对外宣称的美德，是一种可以用于战略变革的杠杆。文化，对我们工作场所的群体意识具有显而易见的主导作用；文化，现在也是许多基于深度分析调查的诊断系统以及简单的基于"app"的仪表板式工具的主题内容（其中一些工具已经从顶级的风险投资家那里获得了数百万美元的初始投资）。"山上有黄金（There's money in them thar hills[①]）。"我们现在可以毫不犹豫地诊断、分析和改变组织文化。而这些变化仅仅发生在一个世代的时间之内。

我对组织文化的看法主要是基于我在硅谷25年左右的工作经验。无论是20世纪90年代早期的苹果公司，还是网络1.0时代或21世纪的太阳微系统公司，这些都使我意识到科技公司的文化规范不仅彼此不同，而且与其他行业和地区的典型规范也截然不同。我对硅谷科技公司

[①] 这句话普遍认为是来自美国西部，指山里确实有金子。后来，这句话代指可能存在的经济机会。——译者

文化最初的清晰阐释的来源之一是对一个简单问题的回答——"一个公司的文化是企鹅文化还是熊文化?"当我不知道其各自背后的意义是什么时,我倾向于认为"熊文化"肯定更好。

在此我强调的重点不在于一个组织是否可能创建价值中立、没有任何偏颇规范的描述性文化模型,而在于提出:分类越简单越可能以某种方式激发规范性的学习。在这一案例中,当描述公司或群体如何处置不胜任或能力不足的成员时,两种文化类型具有明显不同。熊文化试图包容、培养能力不足的成员,使其恢复"健康",也就是说,倾向于改善表现不佳的团队成员。当然,这并不是我期待一个团队的文化是熊文化的原因,我认为熊文化较好是因为我潜在地假设熊文化与力量、优势以及智力有关。与加强对弱者的培养的熊文化相比,在企鹅文化中,企鹅会将其群体中虚弱的成员啄死,从而来保护其脆弱的群体。在这种情况下,与其说我们像企鹅一样团结在一起,还不如说我们是有企鹅一样残忍的果断。

当反思这个从企鹅到熊的连续统时,我脑海中的第一个想法是,如果从培养 – 残酷的维度看,这恰好是划分科技公司的一种相当准确的方法。但是,当我们考虑文化模型时,这个简单的例子也揭示了埃德加在本版中详细探讨的另外两个重要主题。首先,我们被简单的、引人注目的模型或分类方法吸引。例如,卡梅隆(Cameron)与奎因(Quinn)的 OCAI(组织文化评估工具)代表了一个基于"对立价值观框架"的有趣的文化模型(可以说熊与企鹅代表对立价值观)。OCAI 最引人注目的是语言和隐喻:文化被描述为"宗族""民主政治""等级""市场"。这些描述容易产生共鸣;该模型可以帮助我们试图理解或描述我们的经历。

类似地,硅谷的技术创新者从一开始就非常依赖隐喻,向不熟悉和不知情的人展示和销售突破性技术。例如,"窗口"(window)和"导航器"(navigator)帮助我们理解个人电脑用户界面和互联网浏览器。我们可以用正确的隐喻来标准化我们描述事物的方式,描述完全不同的产品。"操作系统"一词的含义远不止 OS X 或 Linux;这些抽象化和标准化的 OS，可以使得企业和个人用户在高度复杂的机器中找到通用工具。我们现在已经进入了一个全循环——我们借用个人电脑隐喻来描述商业结构和功能。"业务操作系统"概念作为一种隐喻和语言，将对组织工作方式的描述标准化。公司文化是一个抽象概念，现在我们认可文化是"操作系统"必不可少的组成部分。硅谷强调把维度、属性和事实描绘为令人印象深刻的隐喻所展现的引人入胜的漂亮模型。这些隐喻包含充分的细节，以令人难忘的象征方式展现了复杂人类系统的一致模型。这些变化也发生在一个世代的时间之内。

各位能注意到，我一直在强调一个世代的时间，而这其实也提出了一个问题：我们能否或者是否应该预测下一世代对于组织文化、领导力和变革的理解是什么？我虽然不是一个未来主义者，但特别期待两件事。首先，正如我之前所讲，有许多新方法和新规划不断涌现，为衡量文化和氛围而创制。一般而言，我们可以预测的是，工作和个人生活中经历的东西会越来越多地被测量，被设置标杆，以及被评分化——所有这些都是为了微调和改进。伴随着无处不在的网络、功能强大的低功耗传感器，以及无限的云计算和存储的不断发展，评测的任何功能几乎都可以实现。我们没有理由不认可我们工作（以及家庭生活）的几乎每个方面都可以从这一秒到下一秒进行测量。"大数据"影响领导力的大多数方面，这其中就包括文化和氛围。

这里有一个自我强化的概念：既然我们可以检测和研究我们的生产力，那么为什么不以更精细的间隔进行研究呢？这可能使我们了解到我们所不知道的数据中的模式和相互作用实际是以某种方式相关着的（试图理解"未知的未知事物"）。难道我们不应该期望一个仪器上的系统可以让我们研究个人、团队、互动、冲突和解决方案，以便进行实时预测、文化分析吗？是的，这是令人敬畏的，这也是我会期望开发这类系统的工程师可以获得更多赞助和融资的原因。我们生活在一个"用数据衡量一切"的世界。这里充斥着基准和计分卡，特别是在标准化时，仪器系统具有相当的吸引力。但不可忽视的一点是，这些系统也可能具有"放射性"（即潜在的负面效果）。

"更多、更好"的要求现在转变为"更多、更好、更快"的要求。我们是否应该期望文化模型和文化分析的普及能够更多、更好、更快，即催生更快的积极变化？我们尚且不知道我们是否能够更快地改变文化。而且，关于只有氛围可以被较快改变的论断也被束之高阁。无论如何，使用标准 5 点量表的调查，就像记录和编码自然语言（例如，访谈记录）或在智能手机上对应用程序记录响应一样，都是工具。在未来，我们会越来越频繁地使用最新的大数据技术来捕获、编码、解析、分析、存储和重新分析文化和氛围，直到该方法远远超过收益递减点。但是，我们今天的发展程度还远未到达该点。

我们是否要转向未来，升级泰勒主义的"科学管理"，并使用大数据对知识工作者进行时间和运动分析——因为越快越好最终对每个人都有利？这种测量和快速分析的目的是创造积极的变化，这通常由 ROI 指标来判断；企业研究它们的文化，以推动最终有助于盈利能力发展的积极变化。那么，是否还有其他更利他主义的理由来研究那些没有明确地与提高关键绩效指标联系在一起的组织文化：如从提高的生产率、参与度和留任率中获利？多年来，数家公司多次邀请埃德加帮助其"开展文化研究"。我相信在未定义问题之前，他不会主动接受任何公司进行文化研究的邀请。花费数小时在民族志学、诊断学和分析学上，而不知道高层管理人员真正关心的是什么，这是毫无意义的。同样，进行文化研究，而不考虑非领导的利益相关者、员工的动机变化和规范演变，也是毫无意义的。

2016 年，人们对"千禧一代"（1980—1995 年出生的人）如何改变工作场所的各个方面感到担忧。（注意："Z 世代"一般被认为是一个不同的后千禧群体；出于本次讨论的目的，我将使用更宽泛的术语，包括 Z 世代。）尽管婴儿潮一代[①]和 GEN-X 一代[②]也存在很多不同的现实，许

---

① 第二次世界大战结束之后出生的一代人。——译者
② 1960—1970 年出生的人。——译者

多人指出千禧一代似乎"有资格"并受到除公司甚至个人获利之外的其他事物的激励。"目的驱动"的千禧一代可能会作出反复无常的工作和职业选择。这一概念引起了从小公司到大公司的领导者的恐惧。组织设计和组织文化是否有可能无法再在现有的劳动力群体中假设理性的经济自利行为？围绕激励新入职员工的核心信念塑造人工饰物和惯例对企业自我保护和发展至关重要。大多数（如果不是全部）公司成员之间的自身经济利益通常被认为是给定的，因此是可以利用的。然而，如果千禧一代自身的经济利益不如环境、精神或集体共同利益那么重要，那么人工饰物、惯例和假设——公司的文化基因——可能与公司年轻员工的利益不同步。

"敬业"已经成为所有组织的高级管理人员，特别是那些雇用年轻员工的组织的中心问题。许多软件服务公司提供标杆和跟踪参与的调查解决方案。"承诺"是对员工动机的洞察和认知。这些动机将为雇用、留住雇员提供杠杆，更不用说提高生产力和优化组织设计（例如"整体性"）了。参与调查非常有效（快速并且基于智能手机的），其中最好的参与调查的例子是使用更好和更快的方式来改善工作和生活，从而适应千禧一代变化的动机。参与调查通常测量个人对一系列反映目标组织的氛围和态度的陈述的反应。如果将方法论不足的顾虑先放置一边，那么快速的在线调查其实仍然是对个人态度的单独调查。正如埃德加在本版中扩展的内容，组织文化研究的中心包括如下论点，即对个人态度的及时调查有可能失去组织文化和氛围的两个最关键的基础：（1）群体态度和对挑战的反应；（2）引致当下情况发生的事件以另一种方式出现，历史总是在当下存在。

也许，与其仅仅调查千禧一代个体的就业情况，还不如参照他们早期工作生活的历史，考察他们作为一个群体（亚文化）的不同之处。是什么因素使得亚文化不仅仅是被调查者的态度的？迪尔（Deal）、利文森（Levenson）［和格拉顿（Gratton）］在他们的优秀作品《千禧一代想要从工作中得到什么》（2016）中总结道，对于 1980—1995 年出生的人来说，他们的成长环境对于理解当今他们的动机至关重要。这些人与互联网深度接触多年（智能手机提供了与来自世界各地的事实、人和观点的即时连接）。1930—1950年出生的群体比任何组织都经历了更大的恐怖和衰退。千禧一代的动机是"赋权"，还是来自即时信息与全球个人网络的"自我决定"，再加上对工作、公司、国家和生活方式的持久性的合理怀疑？如果"满意度调查"与这群劳动力中的"权利感"相呼应，那么可以理解为该动机有一部分一定是源自这个群体所共有的历史，以及这个群体如何回应其所在公司的文化基因。

手中握有通向（数字）世界通道的千禧一代，其另一个方面体现在不区分时间和时区的扁平化。这种"随时在线"的设备为千禧一代所建议的工作日大不相同（>16个小时，而不是朝九晚五），尤其是在工作和家庭的电话号码或电子邮件地址之间没有区别的情况下。这可能使得这个群体对工作和个人生活产生了截然不同的态度。然而，如果这些模糊的界限被雇主利用，结果却又不能令人满意，某种程度的脱节必然发生。千禧一代也与"零工经济"有着千丝万缕的联系。不管是出于选择还是出于偶然，一个30多岁的人在2016年或2026年可能或者计划，在他的职业生涯中的一个时期，不参与或低度参与工作。

公司已经通过过去的一代人了解到通过合同雇佣来提高生产率的吸引力。合同雇佣提供有效的风险缓解和成本控制。但是其潜在的缺点，也许是最大的缺点，是合同员工在获得知识和培训结束后会离开公司。暂且不要考虑新兴的零工经济的成本和收益如何，问题的关键在于要认识到千禧一代不适应这种合同雇佣，他们诞生于零工经济中。他们中的许多人更向往的工作是自由的、灵活的，是可以接触许多新鲜的人、新公司和新网络的。千禧一代可能会与许多事情深入接触，尽管所有重点都放在创造一种充满工作热情的文化上，但就目前的工作而言零工可能不是其中之一。

时区扁平化尤其重要，因为拥有精明智能设备的用户交织在一起，他们所形成的个人网络已经变得全球化并且时空交错。社交网络所产生的亲密团体即便是在多元的国家和文化中，也可以发展壮大。这样的全球亲密团体越叠加，越强大，直接可以塑造或改变志同道合的亚文化态度，而无论他们在哪里生活和工作。千禧一代很可能以具有全球跨文化意识的方式开展工作，这需要引起管理者和领导者的注意。以往管理者和领导者只会将注意力集中在自己的世界，以自己的工作和生活为中心。

文化定式（范式）就像飞蛾面前的明亮光线，清晰、具有吸引力、简单而强大，甚至在效果上具有煽动性。严格地将千禧一代的印象简化并归类为某种属性和预期行为异常容易。但是，如果将诸如"授权"和"低参与度"的标签贴到千禧一代上面，那么管理者和领导者很有可能会被迫研究员工行为，并积极寻找解读。范式只是为了提高运营效率而扩展信息的另一种方式。如果所有更快、更好的调查方法的产出都有定式的痕迹，那么基于调查结果所建议的管理回应可能具有煽动性。从年龄（或青年群体）、历史、地理和技术来看，亚文化沉淀是微妙的，需要更多的民族志研究和研讨性学习，而不仅仅是从专注于个体员工的机械数据收集方法中获得。

在处理文化的最深层内涵和影响，比如可能激励千禧一代的默契假设时，埃德加的第五版《组织文化与领导力》对这一中心论点进行了扩展：要研究组织文化，就要获取、共享并根植于一些定性化的洞见，而不要担心创始人和组织的历史所营造的原始文化是什么。

彼得·沙因

第三部分 文化与领导力贯穿企业成长阶段

第八章 文化的形成以及组织创始人的作用 / 117

第十五章　文化评估的对话式定性分析方法 / 266

第十六章　变革管理与变革领导者模型 / 284

01

第一部分

文化结构的概念界定

要理解文化如何发挥作用，我们需要区分两种范式。最明显和最直接的推动力是探寻文化的内涵。什么是文化？什么是我们需要了解的关键价值观？什么是行为的准则？不同的人对事件重要性的判断有不同的偏见和假设。在当前的情境下，我们高度重视与政府、领导和管理这些角色有关的一些文化内容，这些文化内容事关价值判断，重点关注个人自由和自治价值。然而，第二类文化分析的价值观可能会认为，这与保护地球和对环境负责的价值观是完全无关的。第三类价值观强调家庭价值的重要性，强调关注那些可能威胁"我们的文化"的世俗结婚许可。父母或许会惊叹于或者称赞其后代为文化注入新的价值要素，或许会对这些新的"千禧一代"的一切都困惑不已。本书尤其注意措辞，以免涉及有关种族或性别问题的"政治上不正确"的事项。

问题在于文化内涵——我们所关心的价值观——涉及方方面面。为了对这种多样性有所认识，我们必须首先要看文化的结构，并就如何分析我们所遇到的复杂的文化现象开发一种范式。在接下来的四章中，我们将开发一个文化结构"模型"。我们将分析一些组织文化，并说明它们是如何嵌套在更大的文化单位之内的。第一章给出文化的动态定义。第二章介绍本书在其余部分将要使用的文化"结构"的基础三层次模型。第三章以美国一家计算机公司——数字设备公司（Digital Equipment Corporation，DEC）为例来进一步说明此模型。在 DEC 发展初期我就与之结识，因此可以观察到公司文化的发展和演变。第四章介绍了一家瑞士和德国的老牌化学公司——汽巴嘉基公司。该案例揭示了处于一个非常不同的技术领域的一个成熟产业的一些问题和民族文化对它的影响。第五章描述了新加坡经济发展局的案例，它既代表了西方和亚洲国家文化的融合，也代表了公共部门组织。这些案例旨在强调文化是一种习得性的信念、价值观和假设，是个体在不同的可观察性水平上的一种行为规范。

第一章

如何从一般层面上定义文化

清晰地定义文化所存在的困境

长期以来，文化一直是人类学家和社会学家研究的重要话题，并且产生了关于文化的诸多模型和定义。他们概念化文化本质的一些方法揭示了概念的广度和宽度。以下大多数类别主要涉及宏观文化如国家、职业群体或大型组织，但也有一些类别与微观文化或亚文化有关。从这些研究者的参考文献中可以看出，许多研究者使用了这些定义类别中的某些类别，并且这些类别在相当程度上有所重叠。正如我们所看到的一样，文化在各个层面都具有可"观察性"。这些类别大致会根据观察者在观察一个组织或一个团队时能够看到和感受到这些文化元素的程度而存在。

● **当人们互动时可观察的行为规范**：人们使用的语言与互动的规范匹配，如"谢谢"，后面跟着"不用谢"，或者"今天过得如何？"后面跟着"很好"。这些互动模式、习俗和传统通常在所有群体的各种不同的情况中都可以看到（Goffman，1959，1967；Jones，Moore，&

Snyder，1988；Trice & Beyer，1993；Van Maanen，1979）。

- **氛围**：通过物理布局和组织的成员相互之间以及与客户或其他外部人员互动的方式而在组织中传达的感觉。氛围有时候被当作人为的文化现象加以分析，有时则被当作一种独立的现象加以分析（Ashkanasy，Wilderom，& Peterson，2000；Schneider，1990；Tagiuri & Litwin，1968；Ehrhart，Schneider，& Macey，2014）。

- **正式的仪式和庆典**：群体如何庆祝成员的具有重要价值或意义的关键事件或具有里程碑意义的事件，如推进、完成了重要的项目（Trice & Beyer，1993；Deal & Kennedy，1982，1999）。

- **信奉的价值观**：群体声称试图实现的，或者公开宣布的原则和价值观，例如"产品质量""价格领先""安全"（Deal & Kennedy，1982，1999）。硅谷的许多公司，如谷歌公司（Google）和奈飞公司（Netflix），都在它们的招聘材料和介绍它们的书中使用了这些价值观来宣扬它们的文化（Schmidt & Rosenberg，2014）。

- **正式的哲学**：指导群体对股东、员工、客户和其他利益相关者采取的行动的广泛的政策和思想原则，例如惠普对外高度公开宣传的"惠普之道"，或者奈飞公司和谷歌公司所公开宣传的文化（Ouchi，1981；Pascale & Athos，1981；Packard，1995；Schmidt & Rosenberg，2014）。

- **群体的规范**：从工作团队中演化出来的隐性的标准和价值观，例如经典的霍桑研究中银行布线间的工作人员发展出的"公平工作以获得公平报酬"的特殊规范（Homans，1950；Kilmann & Saxton，1983）。

- **游戏规则**：这些是在组织中隐含的、不成文的规则，是新来者为被组织成员接纳而必须学会的"线索"，是"我们在这里做事的方式"（Schein，1968，1978；Van Maanen，1976，1979b；Ritti & Funkhouser，1987；Deal & Kennedy，1999）。

- **成员的自我身份和设想**：组织是如何看待自己的，包括"我们是谁"、"我们的目标是什么"和"我们如何做事情"（"Schultz"，

1995；Hatch，1990；Hatch & Schultz，2004）。

● **潜在技能**：群体成员在完成某些任务时表现出的特殊能力，这些能力能够使完成某些事情的方法一代一代传下去，但不一定必须被写在纸上（Argyris & Schon，1978；Cook & Yanow，1993；Peters & Waterman，1982；Ang & Van Dyne，2008）。

● **思考习惯、思维模式或语言范式**：一种共享的认知框架，可以引导观念、思想和语言。它通常是由一个团体的成员使用，并被在社会化或现在通常被称为"入职"的过程中教授给新成员（Douglas，1986；Hofstede，1991，2001；Hofstede & Minkov，2010；Van Maanen，1979）。

● **共识**：在群体成员互动初期创立的一种共识，相同词语在不同文化中表达的含义可能非常不同（Geertz，1973；Smircich，1983；Van Maanen & Barley，1984；Weick，1995；Weick & Sutcliffe，2001；Hatch & Schultz，2004）。

●**"根隐喻"或整合符号**：群体表征自己的一种方式，这可能会也可能不会有意识地被认可，但会体现在建筑物、办公室布置以及群体中其他可见的人工饰物中。这一层面的情感和审美所表达的文化与组织成员的认知与评价所表达的文化形成对比（Gagliardi，1990；Hatch，1990；Pondy，Frost，Morgan，& Dandridge，1983；Schultz，1995）。

以上提供了定义文化的多种方式，从中你可以感受到文化几乎涵盖了一个群体在演化过程中所学到的一切。当我们观察宏观文化（如国家或职业），并对其进行描述时，我们需要以上提到的所有这些具体的概念来捕捉它。然而，当我们想要获得一个可用的，可以将其应用到我们将要加入的组织或者团队的文化的定义时，我们需要一个更加综合的、动态的定义，该定义需要强调文化在组织、亚文化和微观系统中如何形成和发展。上述对文化的分类将有助于界定某一特定文化的内容，但界定它们必须是一个更富有动态性的整合的过程。

> **关于文化的动态定义**
>
> 　　一个群体的文化可以被定义为群体在解决外部适应性和内部整合性问题的过程中所累积的共享习得的产物；其有效性已被充分证明了，因此，被传递于新成员以要求其以正确的方式来认知、思考、感知和行动。
>
> 　　这种累积式的习得是一种建立在理所当然的基本假设基础之上的，并最终以无意识状态存在的信念、价值观和行为规范的模式或系统。

　　如此正式地给出一个界定，其目的在于警示：在实践中，你会发现现实中存在大量规模不等的、差异化的、共享模式各异的团体。要理解这些共享模式，往往需要站在群体自身的角度。你会看到一些有关如何改变甚至创造相互排斥或毫无章法的文化的文章。这样的定义特意将关注点集中在任何一种文化习得和发展的一般过程上，但是在实践中，你必须把重点放在文化的正式定义中的不同要素之上，以便理解你所遇到的组织的特定情况。因此，让我们来详细说明这个定义的每个重要要素，从而为本书随后出现的对这些要素进行更详细的分析做准备。

1. 累积式的共享习得

　　文化定义中最核心的因素是关注到文化是一种因为分享学习而得到的共享式产物（Edmondson，2012）。你如果理解了文化是一种因为分享学习而得到的共享式产物，便会认识到致使文化变得复杂的多种重要推论。为了全面理解一个特定群体的文化，我们需要知道发生了什么样的学习，学习持续了多长时间，在什么样的领导之下。解释这样的过程，是无法仅凭文字前文化、民族和职业做到的；然而，在当代组织和工作群体情境下，用历史分析来进行文化分析是可能的，也是富有成效的。我会一直使用"群体"的概念，这里的"群体"也包括以各种形式存在的"组织"。

如果学习是共享的，所有群体力量所形成的身份认同和凝聚力就起到了稳定这种学习的作用，因为它要为群体定义我们是谁，我们的目的是什么以及为什么这样做。习得的内容的方方面面会变成一种信念和价值观，这些信念和价值观会为群体的日常活动和工作赋予意义。群体如果成功实现目标，并且内部组织良好，就会将这些信念、价值观与伴随的行为准则视为理所当然，并将这些准则传授给新来者，使其作为新来者思考、感受和行为的准则。在许多情况下，这可以被认为是这个群体的认同感，这种认同感既包括组织对外展现自己的外在的组成成分，也包括组织内在意义上的组成部分。

2. 理所当然的基本假设——文化基因

最早期的分享学习为群体提供了存在的意义和稳定基础，从某种意义上说，即"文化基因"：那种在群体内产生的，并使群体获得成功的信念、价值观和被认可的行为。这种早期层面的信念、价值观和被认可的行为变得毋庸置疑，并成为理所当然的基本假设，随后逐渐退出意识过程（成为无意识行为）。这种假设变得非常稳定，成为群体成员后来处事方式和文化阐释的源泉。这里需要注意的是，这些早期学习和构成文化基因的元素是群体稳定的源泉，如果群体不改变，文化就不会改变。读者必须较好地把握这一点，因为文化变革项目只有在与群体的文化基因相一致的情况下才能发挥作用。

3. 外部适应性和内部整合性问题的解决

对群体和组织研究的最一致的发现之一是，领导者和成员往往将群体的"工作任务"与"作为一个群体，我们如何组织和维护自己"的问题区分开来。这种均衡的区分有多种形式，如"管理网格"——分别衡量对任务和人的关注程度，从而找到一个使两者均可最大化的"理想值"（Blake & Mouton, 1964, 1969；Blake, Mouton, & McCanse,

1989）。在对问题解决小组的持续研究中，我们发现有两种领导力是演变的，并且是长期群体绩效获得的必要条件：任务领导者和社会情绪领导者——他们的角色通常由群体内不同的人来扮演（Bales，1958）。

对有效组织的研究一致表明，成功的绩效和有效的学习并不取决于将这两个维度分开，而取决于从"社会－技术系统"的角度思考。基于这种思考角度，内部和外部即便不是整合的，至少也是一体的。在商业组织中，这个问题已经表现在对"计分卡制"或"双重底线"的关注中，它强调同时关注组织本身的经济健康以及允许其运作和维护的组织内部健康（Kaplan & Norton，1992）。

文化变革项目的重大风险之一就是，假定在某种程度上，战略和外部适应的问题与文化是分离的，从而将所需的文化变革仅仅建立在假定团队成员会自适应的内部机制上。近来很多研究聚焦于研究哪些公司现在是最好的公司，但在几年后它们的职员将会失业，因为某一家公司如果不了解战略也是其文化的一部分，也就不能根据不断变化的环境来制定战略（Friedman，2014）。

4. 足够有用且获得有效性认可的解决方案

群体的创立具有目的性。群体成员因追求安全或者完成其他工作而聚集在一起，而这个群体的存亡取决于其达到目的的程度。群体不是孤立存在的。要完成某件工作需要处于不同环境的群体开展各种活动。随着活动的开展，群体会得到关于目标是否完成的反馈。如果群体活动获得成功，并且持续获得成功，该群体活动所坚持的信念、价值观和行为模式将会被视为理所当然的准则并被继续坚持下去。随着时间推移和持续性地取得成功，这些信念和价值观将成为群体身份的一部分，并且会自动地被用于教导新人并回答这些问题："我们是谁？我们在做什么？我们的信念是什么？"而这些价值观和信念可能在群体创立阶段就被不断辩论过，它们逐渐成为群体毋庸置疑的一部分和新人要成为群体一员所必须接受的前提假设。

5. 知觉、思想、感受和行为

随着群体不断成长、取得成功以及在领域内获得发展，该共享学习过程将会从必须要求的行为扩展成为一种语言、一种思考方式、一种感知方式。一家公司在成立时，一般会聚焦于一种特定的科技、产品、服务或获得绩效的职业技能。这意味着一些普遍的思考方式和感知方式在群体组建并确定任务之时也确立了。

随着任务的成功和进一步的共同经验，该群体发展出了自己的"行话"，这些"行话"通常呈现为一些简略和缩略幽默表达，并象征了共同经验的本质。在数字设备公司（DEC）——一家我们在后文会经常提到的公司——中，"做正确的事"这句话象征着尊重技术、开放和真正解决客户问题的价值。在苹果公司中，"行话"是"做你自己的事"，这意味着你可以自由地用你能表达自己想法的最好的方式来为公司作出最多的贡献，这时，"行话"背后的真正含义是"你可以以任何方式装饰你的办公室、可以带你的宠物去上班……但请把工作做好"。

我们倾向于认为文化主要是行为性的（即"这便是我们在这里做事情的方式"），并且会忘记随着时间推移和分享学习，我们会共享说话的方式，如何感知周围的环境，如何思考，和什么使我们感觉好或感觉坏，等等。组织存在的时间越长，成员的想法和情绪就越相似。这个过程在国家层面最为明显，我们发现公司的下属公司一旦迁移到新国家，就很难有效率地运行，因为不同国家的语言、思想和情感过程存在很大差异。当然在一些企业中，企业文化会非常强大和深入，以至于不同国家的当地办事处的外观和运作方式与总部组织保持完全的一致性。

我曾经受邀为瑞士－德国的化学公司汽巴嘉基公司位于新泽西州的子公司做文化梳理。当时，我得到的反馈满是震惊："天呐，你说的简直就是我们！"但实际上，我曾在瑞士巴塞尔做过该公司的文化研究，而我在新泽西州的演讲中有很多内容是复制的在瑞士巴塞尔的文化演讲内容（可见其企业级文化的强大和深入）。

6. 当你使用"文化"一词时，你在暗示什么？

文化的概念意味着结构的稳定性、深度、广度、模式化或整合化，这是由于文化对于这个群体而言是一个学习的现象，就像人格和性格对于个人而言是习得现象一样。

结构的稳定性。 文化意味着群体中某种程度的结构稳定性。当我们说一个东西是"文化"的时候，我们暗示它不仅是共享的，而且是稳定的，因为它定义了该群体。我把这个称为"基本假设"和文化基因。当我们获得作为文化关键组成部分之一的群体认同感后，它会成为我们的主要稳定力量，一般不会轻易改变。即使组织中的一些成员离开了，文化也仍然存在。文化所提供的意义和可预测性正是群体成员价值稳定性的来源，所以，文化基因很难改变。

与此同时，文化的更多表层元素由群体成员之间的互动来定义。这些仪式化的互动进一步支持了文化基因，进一步增进了文化的稳定性。但是，随着新情况的出现，具有不同信仰、价值观和规范的新成员进入这个群体，为了解决内部和外部的生存问题，必然同时会有文化强化以及伴随新解决方案的提出而产生的文化变革。文化既是稳定的又是动态的，这正如当考虑骨骼、皮肤和器官时，我们的身体是稳定的，而当考虑细胞和各种各样的身体过程时，我们的身体是不断变化的。像骨骼这样稳定的部分，不会轻易或迅速变化，除非是在极端的情况下。当企业破产或被一个空降的管理者接管时，文化基因就会被破坏，一个新的组织随即产生。

深度。 关于文化的一个基本假设是认为文化是最深层次的，属于群体的无意识部分，因此，它难以触摸，不易察觉。从这点来看，之前我们所看到的关于文化的定义都过于关注文化的可见部分，但这又恰恰不是我们对于文化定义的"根基"。这种根基，最恰当的理解是文化基因，包含那些理所当然的、不可辩驳的信念、价值观和行为假设。文化基因植入越深入，稳定性越强。

宽度。文化的第三个特点是它在发展之后便覆盖了一个群体的所有运行。文化是普遍存在的，并影响组织如何处理其基础目标、组织的各种各样的环境以及组织的内部运作的所有方面。正如我们之前所指出的那样，最常见的错误是把文化概念限制在群体的内部运作中，而忽略了文化也包括使命、战略、组织结构和基本的运作流程。所有这些都是分享式学习的产物，并会限制组织可能需要发生的变革。

模式化或整合。文化概念所暗示的第四个特征，也是可以进一步促进稳定的特征，即将各种要素联系在一起，并模式化或整合成一个更深层次的更大范式或"格式"。文化意味着仪式、价值观和行为被联结成为一个整体，而这种模式化或整合是我们所说的"文化"的本质。这种模式化或整合最初源于人类的需要，使我们所处的环境变得合情合理，并尽可能有序（Weick，1995）。无序或无意义使我们感到焦虑，所以我们努力通过发展一个更加一致和可预测的观点来看待和处理事件，来减少这种焦虑。"组织文化与其他文化一样，随着人们努力地去认识世界和应对世界而发展起来"（Trice & Beyer，1993，p.4）。

然而，我们也会发现，在文化基因下，人们在不同时间以不同方式所学到的不同东西，发展出了相互矛盾的主题。此外，伴随着组织内部亚群体的演变和发展，这些组织也开发了自己的亚文化，这些文化可能与主流的"公司文化"冲突。正如我们将看到的，文化动态可以变得很复杂。

7. 培训新人：社会化或文化适应的过程

一旦群体文化建立起来，这种文化的元素就会被传递给新一代的群体成员（Louis，1980；Schein，1968；Van Maanen，1976；Van Maanen & Schein，1979）。研究群体新成员的所学，实际上是很好的发现群体文化的方法，但是通过这种方法我们也只能学习到文化的表层部分。当文化的核心内容未在向新人传授的行为规则中得以表达时，这种不足尤为明显。只有当新成员的成员身份被承认并被允许进入群体的内部圈子时，文化的核心内容才会逐渐向新成员展现，群体的秘密也才会被分享。

但是，人们学习的方式和社会化过程的确可以揭示出更深层次的假设。为了达到更深层次的目的，我们必须了解关键情形下（critical situations）群体成员的看法和感受，我们必须观察和采访正式成员或"老人"，以便更准确地了解群体内部所共享的更深层次的假设。

那么，可以通过预期的社会化或自我社会化来学习文化吗？新成员可以自行发现基本假设吗？可以，也不可以。我们当然知道，任何新成员加入新组织后的主要活动之一就是试图破译运作规范和假设。但是，这种破译只有通过长期亲身体验，以及在此过程中老成员对新成员的行为给予不同的反馈信息才能取得成功。从这个意义上讲，总是有一个教与学的过程正在进行中，即便该过程可能是非常隐性的、非系统性的。

如果这个群体的共同假设还没有完全发展成熟，那么新成员与老成员的互动将是一个文化创建的过程。但是，一旦有共同的假设存在，这种文化就会通过向新成员传授这些假设而得以留存。从这个意义上看，文化是一种社会控制机制，可以作为以某种方式明确地控制成员感知、思考和感觉的基础（Van Maanen & Kunda，1989；Kunda，1992，2006）。我们是否赞成这种社会控制机制是另外一个问题，将在稍后讨论。

8. 文化可以单独从行为推断出吗？

请注意，我给出的文化的定义并不包括公开的行为模式，尽管一些这样的行为，特别是正式的仪式，会反映文化假设。相反，该定义强调，共同的假设关乎我们如何感知、思考和看待事物。我们不能单靠公开的行为来推论文化，因为它是由文化倾向（共同的感知、思想和情感）和直接外部环境触发的情景事件二者共同决定的。

行为规范可能会因文化之外的其他因素而产生。例如，如果我们观察到某群体中的所有成员在高大而声音洪亮的领导人面前畏畏缩缩，这可能是基于体型、声音和个体学习或者分享式学习的生物反射反应。虽然我们稍后可能会发现，在一个特定群体的经验中，畏畏缩缩确实是共享式学习的结果，也是更深层共同假设的表现，但是，这种行为规范不应该成为定义文化的基础。或者换句话说，当我们观察行为规范时，我们不知道自己所观察的行为是不是受到了文化熏陶的行为。只有当我们能发现更深层次的东西——我定义其为文化本质或文化基因（而非反映文化的"人工饰物"）时，我们才能定义文化。

9. 职业群体有文化吗？

前面所提供的文化定义没有说明该概念可具体应用的社会单位的大小或位置。我们知道，国家、民族、宗教和其他社会单位都有文化。我把这些叫作宏观文化。与大型组织共事的经验也告诉我们，即使是在全球范围内均有分布的企业，如国际商业机器公司（IBM）和联合利华（Unilever），其企业亚文化丛生，企业层面的宏观文化也依然存在。

但就职业群体而言，医学、法律、会计或工程学等学科是否有文化依旧有待商榷。如果说文化是共同习得的产物，且导致了对如何表现和如何进行内部联系的共同假设，那么我们可以清楚地看到，许多职业群体确实存在文化演变。即使不从事某职业，在该职业的教育培训过程中，如果社会化程度较高，那么学员在这段时间内所学到的信念和价值也会被认为是理所应当的假设。由此看来，这些职业群体显然是有文化的。对于大多数与我们相关的职业来说，这些文化是全球性的——在一定程度上，成员以同样的方式训练，收获相同的技能和价值观。然而，我们会发现，这些职业的成员执业所处的宏观文化、国家和宗教，也影响着对各职业的定义，即在特定国家工程学或医学是如何开展的。这些差异使得医疗文化更加难以解读，例如，哪些是国家的文化，哪些是民族的文化，哪些是职业群体的或组织的文化。

10. 领导力在哪里？

领导力是学习（learning）的关键。当预期的事情没有发生时，当个人或群体感到"饥渴"、受伤、失望或者其他"不能确认"的情况发生时，学习便会发生。当讨论文化的形成时，学习是创始人或企业家通过使用他的个人权力要求实现某种目的的一些新的行为。一旦群体遇到困难，领导力会再次起作用，他会提出一些新的想法，试图克服困难。如果群体获得成功，正式领导人的期望将会被定义为文化。如果群体再次遇到困难，正式领导人或其他成员将要求采取一些新的行为来解决问题——这可能会促成文化演变。

学习的机制会随着困难属性的差异而有所不同。如果群体没有按照原定目标行进，领导者会引导群体成员；而如果群体获得成功，这些行为就会被强化，最后与现存的信念和价值观和谐共处。如果群体误入歧途并且产生了令人不满的结果，这些行为会为环境中的其他文化所谴责，群体在以后的工作中也会习得性选择不再重蹈覆辙。但我要再次强调的是，学习新事物或停止一些不恰当行为的过程都会被领导行为影响。在后面的章节中我们会仔细讨论该问题。

概要与结论

总之，对文化进行抽象定义最有用的方法是用动态演化的术语来思考，把文化看作群体在努力生存、成长、处理外部环境和组织自身问题的过程中的习得。如果我们能理解文化来自何处、如何发展，我们就能理解这一抽象的、存在于群体无意识中的，但对群体的行为有着强大影响的概念。

任何有共同历史的社会单位都经历了这样一个学习过程，并将形成一种文化。这种文化的力量取决于时间的长短、群体成员的稳定性以及他们所分享的切身经历性学习经验的情感强度。正如我们在案例中所看到的，领导力涉及文化的创建和组织成长、成熟的每一个阶段。

对读者的建议

如果你是一个学者或研究人员，在进行你的研究之前，认识到你将要研究一个复杂的、模式化的、多方面的人类社会技术系统，并决定你真正想知道的是什么，你将采用什么样的研究方法，以及研究方法会如何影响整个系统。

如果你是一名学生或求职者，询问招聘人员公司的历史，并希望与一些老员工见面，向他们了解公司是如何发展的。

如果你是一个变革的领导者，问自己以下问题：如果我试图改变的群体或组织有学习的历史，那么在我开始计划变革之前，我能从历史中学到什么？

你如果是一位被要求建立或变革文化的顾问或帮助者，那么一定要问潜在客户的真实想法，并尽可能具体地了解客户试图解决的问题，然后再决定是否以及如何开展工作。

第二章

文化的结构

分析文化的三个层次

一般情况下，文化可以从多个不同层次来进行分析，这里的"层次"指的是作为参与者或观察者，你可以看到文化现象的程度。这些层次范围广大，从可视、可感层次到深层次的、无意识的、基本的假设，即我们所定义的文化或文化基因的本质。在这些层次之间有各种信奉的信仰、价值观、规范和行为规则，文化成员将其作为向自己和他人描述自身文化的一种方式使用。图2-1显示了文化分析的三个主要层次。

1. 人工饰物可见的与可触及的现象

我们认为，人工饰物是当你遇到一个有着陌生文化的新群体时，你会看到、听到、感受到的那些现象。人工饰物包括本群体的可视可察物，如：建筑环境的结构，语言，技术及产品，艺术创造，体现在服装、言谈举止和情感展现上的风格，关于组织的神话和故事，公开成文的价值观，以及可观察的仪式和典礼。

1. 人工饰物
- 可见或可触及的结构和过程
- 可观察到的行为
  ——很难解读
2. 信奉的信念和价值观
- 理想、目标、价值观、抱负
- 意识形态
- 理论解释
  ——可能会或可能不会与行为和其他人工饰物保持一致
3. 潜在的认为理所应当的基本假设
- 无意识的、被认为是理所当然的信仰和价值观
  ——决定行为、知觉、思想、感觉

图 2－1 分析文化的三个层次

这些人工饰物和现象展现了群体的"氛围"。一些文化分析专家把氛围看成是文化的一部分，但更恰当的表达是氛围是某种基本假设的产物，因此被认为是文化的一种表现。观察到的行为惯例和仪式也是人工饰物，指导例行公事行为的组织流程也是人工饰物。结构性的要素，如章程、关于组织如何开展工作的正式描述、组织结构图，也属于人工饰物层次。

关于这一层次的文化，最重要的一点是，它既容易观察，又难以破译。埃及人和玛雅人虽然都建造了高度可见的金字塔，但在它们各自文化中金字塔的意义又不同——在一个地方是墓，在另一个地方是庙宇和陵墓。换言之，观察者可以描述他们所看到和感受到的东西，但不能仅仅从这些东西中重建这些东西对某一特定群体的意义。如果你正好遇到一种新的文化，那么你会观察到许多对你来说可能毫无道理的事情，你如果不向内部人士咨询相关的问题，就可能暂时无法理解它们。

试图仅仅从人工饰物中推断更深层的假设是特别危险的，因为你的解释将不可避免地受到你自己文化背景的影响。例如，如果你自己的背景知识假设认为非正式的组织行为意味着自由散漫，那么当你看到一个非正式的、松散的组织时，就可能将其解释为"低效率的"。另外，如果你自己的经验背景知识假设认为正式组织行为意味着官僚化和标准

化，那么当你看到一个非常正式的组织时，可能将其解释为"缺乏创新能力"的标志。

如果你在这个群体中停留的时间足够长，那么人工饰物的意义会逐渐变得清晰，人们会向你解释"为什么我们这样做"。但是，你如果想更快地达到这个层次的理解，就必须向内部人士咨询为什么他们做这些事情，以及他们在做什么，然后你才会获得我们所说的信奉的理念和价值观。

2. 信奉的理念和价值观

所有的集体学习最终反映了某人的原始信仰和价值观——他认为它应该是什么，而不是它是什么的意识。当一个群体初创或面临一个新的任务、事件或问题时，提出的第一个解决方案反映了一些个体关于对与错、是与非，哪些有用、哪些无用的假设。那些能够影响群体采取某种方法来解决问题的人会被任命为领导者或者创始人，但是由于尚未采取共同的行动，这个群体还没有任何共享的可供参考的"应当去做"的知识。无论所提议的是什么，这些提议在最开始的时候，只会被视为领导者想要的东西。在这个群体采取了一些联合行动并共同观察行动的结果之前，还没有共同的基础来确定领导者想要的结果是否有效。

例如，如果一个初创企业的销售额开始下降，经理可能会说，"我们必须增加广告"，因为她相信广告总是能增加销售量。这个团队从来没有经历过这种情况，他们会听到的这个断言是对经理人信仰和价值观的陈述："她认为，当遇到销售问题时，增加广告是一件好事。"因此，除非经过质疑、辩论、挑战和检验，该领导者最初提出的建议不成立为价值观。如果经理说服团队按照她的信念和解决方案工作，那么"增加广告好"的感知价值就会逐渐转变，首先变成一个共同的价值或信念，最终进入一个共同的假设（如果基于此的行动继续成功）。如果这一转变过程发生，团队成员通常会忘记最初他们抱有不确定的态度，也会忘记拟议的行动计划在早些时候还只是一个需要辩论和面对的建议。

并不是所有的信仰和价值观都会经历这样的转变。首先，基于给定解决方案的工作方法可能无法可靠地取得预期效果。只有那些能够经过实证检验并能持续可靠地解决群体问题的信念和价值观才会转变为假设。其次，某些价值领域——那些处理环境中较不可控的要素或者审美或道德问题的领域——可能根本无法检验。在这种情况下，通过社会实证（social validation）达成共识仍然是可能的，但这不是自动发生的过程。再次，组织的战略和目标可能嵌入这种被信奉的理念之中，除非通过达成共识，否则就没有办法对其有效性进行检测，因为绩效与战略之间的联系可能难以证明。

社会实证指某些信念和价值观只有通过群体的共同社会经验才能证实。例如，任何给定的文化都不能证明它的伦理和道德体系优于另一种文化的伦理和道德体系，但如果成员加强彼此的信仰和价值观，他们就会将其视为理所当然。那些不接受这样的信仰和价值观的人会冒着被"逐出"和被群体遗弃的风险。他们在遵从文化的时候是舒适还是焦虑，是检验文化有效与否的标志。在这种情况下，群体了解到，最初由先知、创始人和领导者所宣扬的某些信仰和价值观，"在减少群体运作关键领域的不确定性"方面"发挥着重要作用"。此外，这些文化继续为群体成员提供工作意义和安慰，它们也会转化成不可讨论的假设，即便是这些文化可能与工作的绩效实际并不相关。

信奉的理念和道德或伦理规则仍然是可认知的，并且可以被明确地表达出来，因为它们发挥着指导群体成员的规范和道德功能，即教新成员如何处理某些关键情形、培训新成员的行为方式。这样的信念和价值观往往在意识形态或组织哲学中得以体现，从而作为处理内在不可控事件或困难事件的不确定性难题的指导性基础准则。

如果向群体提供意义和慰藉的信念及价值观和与有效绩效相关的信念及价值观不一致，那么我们会在许多组织中观察到所支持的价值观仅反映期望行为而不反映现实可观察到的行为（Argyris & Schon，1978，1996）。例如，某个公司可能会在意识形态上宣称自己重视人的因素，而且它的产品质量标准很高，但是它在这方面的实际记录可能与它所说的不相一致。虽然美国的很多组织通常提倡和鼓励团队合作，但实际上奖励的是个人竞争能力。惠普公司被高度吹捧的"惠普之道"（Packard，1995）支持基于共识的管理和团队协作，但在其计算机部门，工程师们发现，为了取得进步，他们必须具有竞争性，熟谙组织政治。

因此，在分析组织所信奉的信仰和价值观念时，我们必须认真区分哪些是真正指导绩效的基本假设，哪些是属于组织的意识形态或哲学组成部分的内容，以及哪些是未来合理化或仅仅未来愿景的内容。通常，人们所信奉和吹捧的信念和价值观非常抽象以至于它们之间可能相互矛盾，正如公司声称自己对股东、员工和客户的利益同样关心，或者声称自己的产品质量最好、成本最低一样。我们所拥护的信仰和价值观往往存在大量无法解释的行为，这让我们感到自己只理解了文化的一隅，并没有掌握全体。为了更深层次地理解文化，破译文化模式，正确地预测未来的行为，我们必须更充分地理解基本假设的范畴。

3. 潜在的认为理所应当的基本假设

当问题的解决方案多次有效时，该方案会被认为理所应当。随着该方案被不断证实有效，那些原本只是一个为某一理念或预感所支持的假设，会逐渐发展成为非常自然的现实。我们也会逐渐相信该问题天然地应该用该方案解决。在这个意义上说，基本假设与一些人类学家所说的"主流价值取向"有所不同，因为这种主流价值取向反映了几种基本选择之间的首选解决方案，但是在文化中，我们还是可以看到其他的所有替代方案，该文化中的群体成员也会根据变化和主流价值取向开展行动（Kluckhohn & Strodtbeck，1961）。比如，在美国，"主流价值观"即首选的解决方案显然是个人主义视角，但是为了实现目标，团队合作也是可接受的一种方案。

截至目前，我们所定义的基本假设已经被认为是理所当然的，以至于其在一个社会单位内几乎没有多大变化。如前所述，这种共识程度是由在实践某些信仰和价值观方面反复取得成功所致。事实上，如果某个群体非常坚定地共享某种基本假设，那么群体成员将会发现他们很难想象会有基于任何其他假设的行为。例如，某个群体的一个基本假设是个人权利高于群体权利，那么即使他曾经使该群体蒙羞，其他群体成员也会认为他自杀或者以其他方式为群体牺牲的事件简直不可思议。在资本主义国家，如果有人创建了一个在经济上持续性亏损的组织，或者认为一个产品有效与否无关紧要，那简直不可思议。

在如工程等此类职业中，故意设计不安全的东西是不可思议的；这是一个理所当然的假设——工程产品应该是安全的。在这个意义上说，基本假设与阿吉里斯和舍恩（Argyris & Schon，1996）将其定义为"使用中的理论"类似——隐含假设实际上指导行为，告诉群体成员如何感知、思考和感受事物。像使用理论这样的基本假设通常是不可辩驳的，因此非常难以改变。如果要在这个领域学到新东西，需要重新审视并试图去改变认知结构中一些更稳定的部分，这是被阿吉里斯和其他人称为"双环学习"或"打破框架"的过程（Argyris & Schon，1974，1996）。

这样的学习本质上是困难的，因为重新审视基本假设会暂时使我们的认知和人际世界非常不稳定，同时会释放出大量的焦虑情绪。在实际工作中，我们倾向于将我们周围的事件视为与我们的假设一致，即使这意味着扭曲、否认、预测或者以其他方式伪造我们周围可能发生的事情，而不是容忍这种焦虑。正是在这个心理过程中，文化才最终发挥力量。

文化作为一套基本的假设，为我们界定了将要发生什么、意义在何处、如何对情况作出反应以及在各种情况下应该采取什么行动。在我们创设并整合了一套这样的假设之后，我们将创造出一个"思维世界"或"心智图"。然后，我们会对那些拥有相同假设条件的人非常满意，同时会对那些在不同假设下运作的事物而感觉非常不舒服——这是因为我们不明白发生了什么事情，更糟的是，我们可能会误解和曲解他人的行为（Douglas，1986；Bushe，2009）。

在这个层面的文化为其成员提供了基本的认同感，并定义了如何获得自尊的价值观（Hatch & Schultz，2004）。文化告诉其成员他们是谁、如何对待彼此以及如何感觉良好。只要认识到文化的这些关键功能，我们就会意识到为什么"改变"文化会让我们如此焦虑。

为了说明无意识的假设如何扭曲结论，我们可以设想以下情形。比如我们根据过去的经验或教育背景，假定其他人会无时无刻不利用我们，我们可能会被利用，然后用与那些人相同的方式来解释别人的行为与期望。比如我们假定人性基本是懒惰的，那当我们观察到人们在桌子上摆出看似闲散的姿势时，会将该行为解释为"闲荡"，而不是"思考一个重要问题"；我们也会将"办公室缺勤"解释为"逃避责任"，而不是"在家办公"。

如果这不仅仅是某个个体的假设，而是一个群体共享的假设，那么该假设就是一个组织文化的一部分，我们会与其他人讨论如何处理我们假设所认为的"懒惰"的员工，并采取严格的控制，以确保人们在办公室，并且忙于工作。如果有员工提议他们在家里工作，我们会感到不舒服，可能会拒绝该要求，因为我们在潜意识中会认为"在家办公"即"荒废工作"(Bailyn，1992；Perin，1991)。

相反，如果假设每个人有高度的动力和能力，那么我们会鼓励个人按照自己喜欢的方式在家办公。如果看到有人安静地坐在办公桌前，就会认为他是在思考工作或者在编制工作计划。如果有人在某个组织里面工作效率低下，就会认为是人岗出现了不匹配，而不会认为是由个体懒惰造成的。如果有员工想要在家办公，我们就会认为这是他想要取得高工作绩效的象征。

在这两种情况下，都存在歪曲的可能性，因为愤世嫉俗的管理者不会意识到某些下属真正有多么大的动力去自主工作，而理想主义的管理者不会感觉到有下属懒惰，而这或许恰恰是某些下属正在从中获取小利益的机会。正如麦格雷戈①（McGregor，1960）在几十年前所指出的那

---

① 道格拉斯·麦格雷戈（Douglas M. McGregor，1906—1964），美国著名的行为科学家，人性假设理论创始人，管理理论的奠基人之一，X-Y理论管理大师。道格拉斯·麦格雷戈是人际关系学派最具影响力的思想家之一。——译者

样，关于"人性"的这种假设成为管理和控制体系自我延续的基础，因为人们如果在某些基本假设条件下得到一致的对待，就最终会根据这些假设行事从而使他们的世界保持稳定和可预测。

无意识的假设有时会导致荒谬的悲剧性局面，这可能是一些身处亚洲国家的美国管理人员所遭遇的普遍问题。美国传统的实用主义管理者认为问题得以解决是首要重点。如果这类管理者遇到一位来自传统文化熏陶的下属，当下属认为良好的关系和保护上司"面子"是重中之重时，就经常会出现以下情况：

当上司提出一个解决问题的方案时，下属虽然知道该解决方案不可行，但是他的无意识假设要求他保持沉默。因为如果他指出上司的解决方案不可行，这将是对上司"面子"的威胁。此时，下属除了保持沉默别无他法。有时候当上司询问下属的想法时，下属甚至会让上司继续放心采取行动，而不是挑战他。

如果采取行动后的结果是不好的，上司会有些惊讶和困惑，问下属如果他是管理者的话他会做些什么，或者他会做些什么不同的事情。这个问题使下属陷入双重束缚，因为答案本身就是对上司"面子"的威胁。他不可能解释自己的行为，也不会承担一个他原本想避开的责任——让上司难堪。他甚至可能会说谎，辩解说上司所做的是正确的，只是"运气不好"或无法控制的情况发生才阻碍了此方案的成功。

从下属的角度来看，上司的行为是不可理解的，因为询问下属其如何来处理同一事情明显会显得上司缺乏自尊心，而这可能会使下属失去对上司的尊重。对上司来说，下属的行为同样是不可理解的。他不能对下属的行为进行合理的解释，如果从他所接受的假设"若下属从某种层面来说不关心工作表现则必须被抛弃"来判断，该下属就是玩世不恭型。上司从来没有想到过另外一个假设——比如说"你不应该让上司感到难堪"，对下属来说，这个假设比"你必须完成工作"更加强大。

如果这样的假设只存在于某一个体身上，并且代表他的特殊经历，那么该个体就更容易被纠正，因为这个人会发现他是独自支持这个假设的。但是，文化的力量来自假设是共有的，因此是相互加强的这样一个事实。在这种情况下，可能只有第三方或一些跨文化的经验会有助于找到共同点，使双方都能把隐含的假设显性化。但是，即使这些隐含的假设已经浮出水面，它们仍然会发挥作用，从而迫使上司们去创造一个全新的沟通机制，允许每个成员在工作中达成一致意见的同时，保持与其原有文化的一致性。例如，双方达成一致：在作出任何决定之前，以及在上司作出有风险的决策之前，上司以不会感到丢面子的方式询问下属建议和真实的数据。解决方案必须使每个文化假设保持完整。在这种情况下，我们不能简单地宣称某一个或另一个文化假设是"错误的"，而必须找到第三个假设，使这两种文化假设都能保持其完整性。

这个例子常常被作为经典案例来说明隐含的、无意识的假设的有效性，并且说明该假设经常涉及生活的基本方面——时间和空间的本质；人性和人类活动；真理的本质和发现方式；个人和群体相互联结的正确方式；工作、家庭和自我发展的相对重要性；男人和女人的恰当角色；家庭的本质。

对人性的更广泛的假设往往来源于组织所处的更大的文化或跨组织的职业群体。在美国，源于务实的、坚定的个人主义假设，我们会假设召开会议浪费时间（这种主张有悖于集体和团队工作），于是在工作中会立即避免召开会议——即便是那些相互依赖的、非常复杂的、实质上需要更多会议讨论的任务。

4. 荷花池隐喻

我们可以用一个荷花池作为隐喻来总结这个三层模型（见图2-2）。池塘水面上的花朵和叶子是我们可以看到和评估的"人工饰物"。创造了池塘的农民（领导）会以叶子和花朵的方式公开宣布他的期望，并将提供公认的信念和价值观来证明结果。农民可能会也可能不会有意识地察觉到，结果实际上是由种子、根系、池水以及他所投入的肥料所共同创造的花朵和叶子。如果他所公布的信念和价值观与叶子和花朵的结果一致，那么实际上产生结果的信念和价值观是怎么样的可能就不重要了。

但是，如果观察者注意到农民的说法和实际水面上的东西之间的差异，他们就必须检查水和根系中可能存在的东西。如果他们想要不同颜色的花朵，那么仅绘上不同的颜色是行不通的。他们必须研究如何改进种子、水质、肥料，也就是池塘里不可见的基因。想要改变文化的领导者不能通过绘花或修剪树叶来达到目的，他们必须找到文化基因并对其作出改变。

图 2 - 2　文化层级的荷花池

资料来源：人类协同公司 Jason Bowes 作品。

鉴于这种结构模式，人们可以分析任何文化，或者分析任何个体的文化身份。让我们简单地看一下这将如何应用于个人或群体微观系统层面，在随后的章节将其应用于组织和更大的文化单位。

5. 文化视角下的个体

作为一个文化实体，个体可以从"人工饰物"的视角来分析信奉的理念、价值观，以及潜在的基本假设。我们都拥有关于世界观以及关系处理正确方式的基本假设。其中有一些关于关系处理的假设已经被认为理所当然，并且进入了无意识层面，因为我们很早就习得了如何在不同情况下相处的基本规则。这些假设和规则来源于宏观文化。每个社会都从自己的经历中汲取了在相应沟通和开放水平上的可行的相处之道并反映在宏观文化中。

所有的社会（宏观文化）都会演变出礼节、礼貌和处事的规则，规定在什么情况下适宜说什么或不适宜说什么。因此，我们大多数人都"行走"于年轻时所被教导的规则库中——这代表了文化社会化的早期阶段。为了与家庭成员彼此相处，我们会试着学习去隐瞒一些看法和感受，以减少可能导致的伤害和冒犯，来寻求文化适应，而这恰恰是我们融入家庭的一部分。如果我们伤害了别人，他们就有可能伤害我们，这样的社交生活非常危险。我们了解到，这些被隐瞒的看法和感受中的很多是可以对朋友甚至是更亲密的人讲的。但是，关于为什么我们要隐瞒这些事情的基本假设又在意识之外，甚至这些基本假设的学习过程可能完全被遗忘。

当我们正在开展一个治疗计划或个人发展计划时，领导者和环境通常会创建一个"文化岛屿"，在该岛上一些社会规则可以暂停发挥作用，鼓励人们更加开放地对待那些他们以往会隐瞒的事情。当我们要求团队高度协作以完成任务时，团队学习过程或者"团队建设"（Edmondson，2012）所呈现的一些情形刚好呈现了我们团队的一些基本假设。这其中最好的例子就是让团队成员对他们的参与程度作出反馈，以及反馈自己在完成任务的过程中所感到的怀疑和恐惧——我称之为"此时此刻的谦逊"——以此来说明在这样的团队情形下，在完成一项任务的过程中，互相依赖的模式比正式的地位和等级更重要（Schein，2016）。

总之，作为个体，我们都可以在人工饰物层面上观察彼此。我们也都有所信奉的理念和价值观，不论这些理念和价值观与我们的行为是否一致。关于我们所做事情的原因和意义，我们也都有更深层次的基本假设。这三个层次之间的一致性或一致性程度决定了一个人的"诚实"或"正直"如何被他人评价。

6. 文化视角下的群体或者微观系统

群体中有"隐晦的办事规则"，也有"徘徊在房间的大象①"，并会通过各种方式来支持其基于信仰和原则之上的公开行为。我们如果通过分析群体的行为是否与其拥护的信念和价值观相吻合来分析上述的三层模型，就会发现这些现实的差异确实反映了群体在基本假设上的差异（Bion，1959；Marshak，2006；Kantor，2012）。

该差异可以从发生在一个致力于建设良好团队的公司的一个简单而有说服力的例子中看到。该公司的团队建设大力倡导所有成员都积极参与的氛围。但是，我注意到，有一个成员表达了想要发表意见的意愿，而在之后的好几次会议中，他总是被忽视，没有人让他发言，他也总是在边缘徘徊。当我在其中一次会议上指出了这一点时，人们顿时陷入沉默，会议暂停了一下，然后人们开始继续讨论，仿佛什么也没有发生过一样。

会议结束后，会议主席向我解释，这位成员是公司几个产品的重要发明人之一，因尚年轻不能安排提前退休，另外他也可以为公司提供潜在的咨询建议，所以公司打算将其安置在这个特殊的群体中。问题是，在之前的会议中，团队成员都很欢迎他，也欢迎

---

① 指有一件群体内成员都知晓的事情，但是大家都倾向于避而不谈，因为对此事的讨论会引起所有人的不安。——译者

他参加会议，但他的大部分想法已经过时了。其实这一点他自己也知道。

该团队成员的一个基本假设是"我们接受你作为团队成员，但是我们都明白你不能为这个组织作出真正的贡献"。而我要求团队成员关注那个成员的想法，这显然与该团队的潜在规则分庭抗争，直接冲突。不论出于何种关心，对这个假设的任何讨论都只会导致进一步的尴尬。"接受这个人作为一个成员，却没有义务认真对待他的想法"，这已经成为这个团队文化的一部分。这个团队已经形成了"你一定要有礼貌地关注他，但你不必采纳他的想法"的行为规则。

那么，是否所有的团队都有文化呢？这取决于一个特定群体共同学习的程度。一个不断更换成员的组织，不必一起学习，也就不会有文化。但是任何一个有着共同任务，或多或少一成不变的团队，都会有自己的亚文化，该亚文化会依存于它所处的职业群体、组织和国家的文化。

概要与结论

本章提出了文化的三层次模型，用来描述和分析任何文化现象，无论是论及个人、微观系统、亚文化、组织还是宏观文化。重要的是要区分观察到的和经验习得的"人工饰物"、"信奉的价值观"以及"潜在的基本假设"——这些才是最终驱动可观察到的行为得以发生的最初动力。

对读者的建议

● 如果你是一名学者或研究人员，试着将你所观察到和所了解的团队按照基本的人工饰物、信奉的价值观和基本假设分类。你还需要询问你的同事，看他们如何解读这些基本假设。

● 如果你是一名学生或求职者，找一个你感兴趣的组织，实地调研该组织，收集一些直观的印象和感受，对比该组织所宣称的文化与你所观察到和感受到的文化。如果有所不符，那么继续提问以了解该组织的基本假设。

● 如果你是一位变革的领导者，召集一个你想要改变的组织的有代表性的成员组，并要求其成员尽可能多地识别组织中人工饰物层面的行为。在一张白板上列出这些行为，然后要求成员确定组织所信奉的主要价值观，并将这些价值观与白板上所列的事件进行对比。它们是一致的吗？如果你发现有差异，那么要求小组确定什么样的基本假设可能会解释这些事件，尤其是解释观察到的日常行为。

● 如果你是一位顾问或帮助者，并且确定你知道变革领导者想要做的具体变革，那么请他们召集组织中的一个小组，并通过前面的练习来确定那些会帮助或者阻碍组织变革的信仰、价值观和基本假设。

第三章

一家年轻的、正快速发展的美国工程公司

代表不同组织发展阶段的案例可以较好地体现文化如何运作以及如何分析和评估文化现象。在本章中，我将回顾一个我有幸见证其整个生命周期的组织的案例。从某个层面上说，这是一个 20 世纪 60 年代的"旧"案例，但是该案例所呈现的文化动态仍然不时出现在其他公司中，似乎体现了某些科技型创业企业的共同典型特征。

案例一：美国马萨诸塞州梅纳德市的数字设备公司

数字设备公司（Digital Equipment Corporation，DEC）是第一家在 20 世纪 50 年代中期引入交互式计算的大型公司，它是非常成功的"迷你电脑"制造商。它创立于美国东北部，总部位于马萨诸塞州梅纳德的一家老磨坊，但在世界各地都设有分公司。该公司在发展顶峰时期，雇员达 10 万多人，销售额达 140 亿美元。20 世纪 80 年代中期，它成为继 IBM 之后的世界第二大电脑制造商。公司在 20 世纪

90 年代遇到了重大的财务困难，最终于 1998 年被出售给了康柏公司（Compaq Corp）。康柏公司 2001 年又被惠普公司（Hewlett-Packard）收购。

虽然有无数故事阐释了 DEC 为什么"失败"以及如何走向"失败"，但少有文章从文化的角度来观察它的崛起与失败。从 1966 年到 1992 年，我一直是 DEC 的顾问，因此深入了解了这家公司成长、兴盛和衰落的内幕（Schein，2003）。我是公司创始人肯·奥尔森（Ken Olsen）的顾问，也是这一整个时期各位管理人员的顾问，这为我提供了一个独特的机会，我从中可以看到公司大部分生命周期内的文化动态。DEC 的历史便是用深层文化和基本假设解释公司兴衰的最好例子，它也是本书用以说明宏观和微观文化互动的主要案例。

本章中，我们首先使用第二章提供的框架从结构上分析 DEC 的文化。后面的章节将会涉及各种文化力量，这些文化力量塑造了作为初创公司的 DEC、作为成年公司的 DEC，以及衰败阶段的 DEC。初创公司和老牌公司在组织文献中受到颇多关注，但是对于一个创始人管理之下的公司的整个生命周期的研究并不多。敏捷（agility）和"二元性"（ambidexterity）作为组织长期存活的关键特征（O'Reilly & Tushman，2016）在组织理论中受到越来越高的重视，关于创始人管理与公司整个生命周期的研究变得尤为重要。

学者们使用敏捷和二元性的概念，意在表明，企业的长期生存依靠两个能力：对当前业务的管理能力——这是目前取得成功的原因；对未来业务的拓展能力——这是对变化的环境条件的回应。如果组织自身无法做到这些，那么它将不可避免地遭遇竞争对手，而对手会通过创造更具适应性的新业务来"摧毁"现有业务，从而最终使旧企业衰亡（Christensen，1997）。在该理论背景之下，我们一起来认识 DEC。

1. 人工饰物层面：初遇公司

要想进入 DEC 大楼，你必须在一名坐在柜台后面的警卫人员处登记。这个柜台通常有几个人，负责检查进入大楼的员工的胸牌，接收邮件，接听电话。登记后，你要在一个小型的非正式会客室里等候，直到你所拜访的人亲自到来，或者派出一个秘书来接你进入工作区。

我第一次接触这个组织时，令我记忆犹新的是无处不在的开放式办公室、极度非正式的着装和礼仪、节奏飞快的动态环境以及员工之间的高度互动——这一切似乎都呈现着激情、紧张、精力充沛与急迫的氛围。当我走过公司的隔间或会议室时，公司氛围中弥漫的开放性令我印象深刻。公司内部几乎没有门，我后来才知道，创始人肯·奥尔森禁止在工程师办公室外安装大门。公司的自助餐厅延伸出一个很大的开放区域，人们围坐在大桌子边，从一张桌子活跃到另一张桌子——甚至在午餐时间，他们也全身投入工作。我还观察到，公司有许多配有咖啡机和冰箱的隔间，食物也似乎是大多数会议必不可少的一部分。在公司晨会上，一般会有各位同事带来的新鲜甜甜圈供大家享用。

这种物理陈设和互动模式实质上将个体的职位和职级隐性化；我也才知晓这里没有特殊的身份待遇，例如私人休息室、特别停车位，或有特殊景观的办公室等。大厅和办公室的家具陈设性价比非常高，功能齐全。该公司总部大部分位于一座旧工业大楼内。大多数管理者和员工穿的非正式服装增强了这种经济适用性和平等主义的氛围。

肩负着"帮助高层管理团队提升沟通水平和团队效率"的使命，我被肯·奥尔森邀请加入 DEC。当真正参加高管团队的正式工作会议时，我才深深感到高管团队内部的人际对抗、争论和冲突。小组成员高度情绪化，不断打断对方，似乎对对方感到愤怒，但同样显而易见的是，这样的愤怒并没有蔓延至会议之外。

除了总裁和创始人肯·奥尔森之外，很少有人受到推崇、地位显赫。虽然奥尔森本人会通过他的非正式行为暗示他并不认为自己的权力和地位高高在上，我们也可以看到小组成员像和普通员工争论一样和他争辩，甚至不时打断他。但是，从他的某些讲话中我们确实可以感受到他的地位，尤其是当他觉得成员们不了解某些情况或者犯错的时候。此时，奥尔森可能会变得非常激动，而这个公司的其他成员从来没有如此激动过。我从进一步的观察中了解到，这是这种会议的典型特征。这种会议非常频繁，人们也总是抱怨各种委员会所占用的时间。但是同时，他们也会争辩说，如果没有这些委员会，工作就无法正常开展。

我自己对于这家公司和这些会议的反应也被我视为"人工饰物"进行逐一记录。参加高层管理会议令人兴奋不已，观察到对我而言如此功能失调的行为也让我震惊。我所看到的对抗强度之高令人紧张，我感觉自己不知所以然。但是这也使作为顾问的我有了一项议题：运用我所学的关于高效团队的理论来调整这个功能失调的团队。

该公司是矩阵式架构——一种按功能单元和产品线组合的最早的组织类型，却一直在寻找一种可以"更加有效"的组织结构。除非结果令人满意，否则组织结构会被认为需要不时进行修补。公司的技术和管理层级有很多，但我感到，大家认为层级的设置只是为了工作便利，不必特别严肃对待。

然而，内部交流结构需要被非常严肃地对待。各种各样的委员会已经建立，新的委员会也正在不断形成。该公司拥有遍布全球的电子邮件网络；工程师和管理人员经常出差，并经常与他人进行电话沟通。如果奥尔森观察到有任何沟通不足或沟通不畅的现象，他会感到不安。为了更加方便沟通和联系，DEC 拥有由几架飞机和直升机组成的公司"空军"。肯·奥尔森也是一名持证飞行员，他会驾驶自己的飞机飞往缅因州度假。

分析性评论。随后我将描述该组织的许多其他人工饰物。但就目前而言，这足以说明我在 DEC 遇到的情况。现在的问题是：我所遇到的这些情况意味着什么？我知道我对非正式行为作出了非常积极的反应，对不守规矩的团体行为的反应却非常消极，但实际上我并不真正理解这些事情发生的原因以及这些事情对公司成员的意义。为了进一步理解这些现象，我必须步入一个新的层面：所信奉的信念、价值观和行为规范。

在这一点上，我认为我正在观察主要反映技术驱动业务的亚文化（各种工作领域）和微观文化（各种小组会议），所谓技术驱动业务即开发可交互的、可以放置于桌面的，甚至可以创造一个新行业的计算机。我也观察到了创始人的个人风格，这似乎是新英格兰扬基人宏观文化的反映。那么如果我开始向内部人发问，我会了解到什么呢？

2. 所信奉的信念、价值观和行为规范

当我在 DEC 与人们谈论我所观察到的现象，特别是那些使我感到困惑和恐惧的事情时，我开始抽丝剥茧般地了解到指导公司运行的人们所尊奉的一些信念和价值观。这些信念和价值观有许多是奥尔森不时融入口号或比喻中并在公司内部广为流传的。例如，公司高度重视个人责任。如果有人发起提案，并获得批准，那么这个人有明确的义务去完成这件事情，或者如果不可能完成，那就撤回来重新商谈。我们可以经常在这里听到"谁提案，谁完成！"的说法。

各级员工都有责任思考自己在做什么，并被时刻叮嘱要"做正确的事"——而这在许多情况下就意味着对老板的不服从。如果老板要求你做一些你认为非常错误或愚蠢的事情，你应该婉拒，并试图改变老板的想法。如果老板坚持，而你仍然觉得不对，那么你就不应该按照老板的要求做，而且应该根据自己的判断抓住机会。如果你错了，那么你只是打了自己一记耳光，你却获得了尊重，因为你坚持了自己的信念。同时，因为老板知道这些规则，所以他们当然不太可能任意发布命令；如果你婉拒了他们的命令，他们更可能倾听你的意见，更可能重新商谈决策。所以，真正的不服从在实际中是很少发生的，而且，公司里面个人的自我思考和做正确的事的原则也得到了强化。

另外一个原则是"获取同意"（"buy-in"）（对象是那些需要执行决策者、需要提供必要服务者、可能因此受影响者）之后再工作。员工必须有非常强的个人主义，同时又非常愿意成为团队成员，因此，才会认为各种委员会议既非常耗费时间，同时又不可或缺。为了达成决

策并获得认可，必须说服其他人相信他的想法是有效的，并且能够经得住所有可能的争论——这也是我在团队中观察到的高水平对抗的原因所在。

然而，如果一个想法经过了这样激烈的辩论后还可以幸存，那该想法就可以付诸实践了——因为现在每个人都相信这是正确的做法。虽然辩论使得想法落地花费了更长时间，但却导致了更为一致和迅速的行动。如果某个层级下达的决定因为有人提出质疑而"不能坚持"，那该设想就不得不被倾听和审视，必须要么说服他人确信，要么将决策退回上一级重新商谈。

在向人们询问他们的工作时，我发现了另一个很有价值的东西：每个人都应该了解自己工作的本质，并且非常清楚。向老板询问他的期待是什么，是软弱的表现。如果你对自己工作的界定与团队或部门的不一致，很快会有人告诉你。老板的职责是确定一个宽泛的目标，但下属必须主动找出最好的实现目标的方法。这种价值观一般需要大量的讨论和谈判来厘清，而这常常也会导致人们对浪费时间的抱怨；但与此同时，每个人都捍卫着以这种方式做事的价值观，尽管它成为未来 DEC 的发展桎梏，人们还是继续捍卫着它。

我也发现人们虽然在小组会议上苦苦舌战，但在会下仍然是很好的朋友。这里有一种紧密团结在一起的团队的感觉，像一个以肯·奥尔森为强大父亲的大家庭——这可能导致了"对抗并不意味着一种人们彼此不喜欢或不尊重"的规范。这种规范似乎甚至延伸到彼此"嚼舌根"；人们会在背后互相指责对方的"愚不可及"，或者说某人是真正的"火鸡"或"混蛋"，但他们在工作场合中会尊重彼此。

奥尔森经常公开批评员工，这使他们感到尴尬，但他们也解释说，这只意味着你应该努力改进你的工作，不是说奥尔森真的不喜欢你。事实上，人们打趣地说，奥尔森批评你好过不关注你。即使有人真的失宠，他仅仅是待在"受罚席"而已。公司里面常常颂扬的故事是有些经理或工程师失宠很长一段时间，然后又在其他一些方面成为大英雄。

经理们在谈到他们的产品时，强调质量和美观性。该公司由工程师创立，并以工程心态为主导，因为公司所计划推出的新产品的价值一般取决于工程师自己是否喜欢并使用它，而不是外部市场调查或产品测试市场的意见。DEC 的工程师们喜欢从从事复杂产品相关工作的科学家和实验室经理等高端客户那里寻求好的反馈，从而促进产品的改进。相比之下，公司的普通客户在这方面则被轻蔑对待，特别是那些不了解技术的客户，因为公司认为他们甚至无法欣赏其产品的优雅之处。

奥尔森在设计、制造和销售方面强调绝对的正直、诚信。他认为公司必须是高度道德的，他也强调与新教职业道德相关的工作价值观——诚信、勤奋、高尚的个人品德、专业精神、责任感、正直和诚实。这其中特别重要的是，在员工彼此及与客户关系中的诚实和真诚。随着这家公司的成长和成熟，这些价值观融入正式的条文中，并传承给新员工。他们认为自己的文化是一笔巨大的财富，并认为文化本身必须传承给所有新员工（Kunda，1992，2006）。

分析性评论。此时，我们一定要非常谨慎地说我们理解了 DEC 文化这句话。我现在"知道"那些被信奉的价值观和原则是什么，但并不真正理解为什么这些价值观被如此强烈地坚持。这些价值观同时代表了学术界所谈论并总是受到攻击和考验的宏观文化；与工程职业相关的宏观文化，其中高雅被赋予非常高的价值；初创公司的微观文化，其中创始人的价值观和运作方式被认为是组织演变的主要影响因素。以上这些都令我惊讶不已。肯·奥尔森是一位非常清教徒式的新英格兰人，他把这些个人价值观融入了公司。例如，在非公司现场会议上也不允许喝酒。奥尔森对节俭推崇备至，他自己开着一辆非常便宜的汽车，并禁止诸如私人专用停车位以及高管专用餐厅等。

在确定这些植入的价值观中有哪些在组织演变中占主导地位时，有一点尤其值得注意，那就是：像惠普、苹果、微软和谷歌这样的一些其他科技创业公司在其发展的早期阶段有着非常相似的文化。

3. 基本假设：DEC 基本范式

为了理解这些价值的含义，并说明它们与公开行为的关系，我们必须寻找这个组织所依据的基本假设和前提（见图3-1和图3-2）。

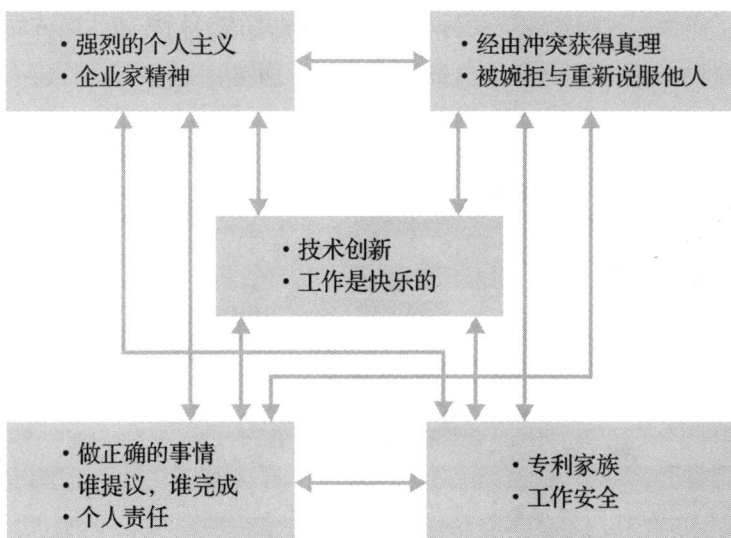

图3-1 DEC文化范式：第一部分

分析性评论。只有掌握了前面的五个假设，我们才能理解，例如，为什么我最初试图在交际过程中让大家对彼此"更温和"的干预措施被礼貌地忽略了。从我的价值观和"好"团队应该如何行动的假设来看，我看到了团队的"有效性"。DEC高级管理委员会试图以其认为有效和确信的唯一方式来逼近"真相"并作出有效的决策。这一委员会团队只是达到目的的方式，在这个团队内展开的真正进程才是基本的、深入的解决方案找寻过程。他们颇具信心，因为即使经过激烈的辩论，他们的价值观和基本假设依然屹立于此。

当我的注意力转移到帮助他们寻求有效的解决方案之后，我逐渐发现何种干预措施会更相关，我也逐渐发现使得团队更加容易接受的干预方法。例如，我开始强调议程的设置，包括：使用白板来锁定新想法，并将其展示在团队面前；时间管理；澄清辩论；总结；当辩论接近枯竭时进行共识达成测试；以及更结构化的解决问题的过程。虽然我所观察到的会议暂停、情绪冲突和其他行为最初还在继续，但是这个团队在处理信息和达成共识方面变得更加有效。正是在这样的背景下，我逐渐发展出了作为"过程顾问"的哲学，而不是试图成为指导团队应该如何工作的专家（Schein，1969，1988，1999a，2003，2016）。

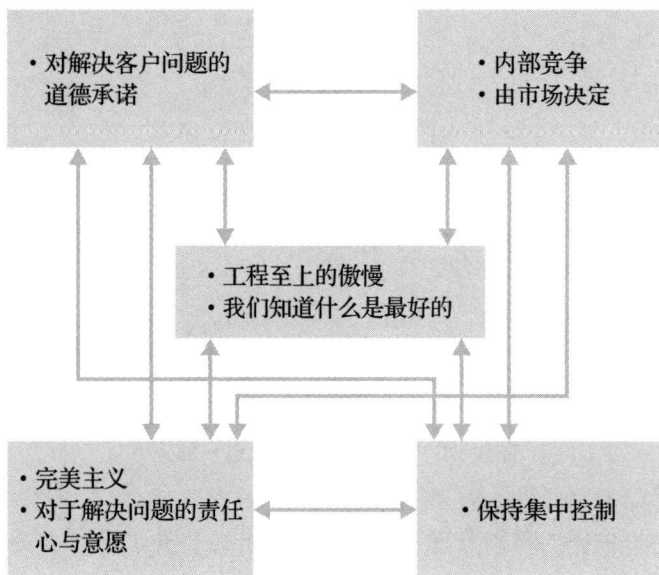

图 3-2　DEC 文化范式：第二部分

4. 其他基本假设

随着我对 DEC 的进一步了解，我还了解到其文化基因包含了另外五个关键假设，如图 3-2 所示。这五个额外的假设反映了团队关于客户和营销的一些信念和价值观：

（1）销售产品的唯一有效方法是找出客户的问题，并解决这个问题，即使这意味着销售量减少，或推荐其他公司的产品。

（2）无论发生什么，人们都可以并将会承担责任，并且持续性地采取负责任的行动。

（3）如果有数个产品竞争者，那么市场是最好的决策者——这也意味着产品开发的内部竞争是可取的。

（4）即使公司变得非常庞大和差异化，也应该保持一些中央控制而不是分权。我认为这是肯·奥尔森作为创始人的个人需求的强加，而不是战略决策。

（5）DEC的工程师对于什么是"最好的产品"最有发言权，因为他们个人是否喜欢使用公司产品足够说明问题。

分析性评论。这十个假设可以被认为是DEC的文化范式。在这里，其相互联结的属性的重要意义在于，该文化范式中某单一因素无法解释整个组织的运作。只有多种假设的联结——个人创造力、群体冲突以挖掘真相、个人责任、像家人一样彼此承诺、致力于创新和解决客户问题，以及相信内部竞争和集中控制——才可以解释组织中这些日复一日不断出现的现象。正是这一层次的基本假设及其相互联结，定义了文化的一些本质——DEC在该发展阶段的关键文化基因。

这种范式是个人主义、竞争和实用主义的美国宏观文化价值观与以奥尔森和他所雇用的工程师为代表的，包含忠诚、节俭、追求真理和忠于对顾客的承诺等的家庭价值观的混合体。这恰恰描述了一个组织的创始人使用源自他个人文化背景的价值观和假设的巨大力量。

这种范式在DEC有多普遍？也就是说，如果我们要研究各种微观系统，如工厂的工人、偏远地区的销售人员、技术研究所的工程师等，我们是否也会找到相同的假设在指导实践？ DEC故事的一个有趣的方面是，至少在20年左右的时间里，这个范式在大多数职位、职能和地域的运作中都将会被观察到。其中很大一部分是通过定期的"新兵训练营"向所有新人传递，大部分被书面化为DEC文化。其中一些假设在销售和服务等部门进行了修订——因为与客户建立良好关系的实用性需要而创造出新的、不同的文化元素，诸如组织层级、职位规矩、更快速的决策机制和更多的公司纪律。随后我们会看到，随着DEC的成长、成熟和演化，DEC文化的一些基本元素开始发生变化，而其他一些即使在不断变化的市场环境中变得功能失调也没有改变的元素，最终导致DEC的衰落。

我因为与这家公司保持长期联系，所以能够构建出图中所展示的组织详图。正是这种程度的了解才使得我能理解所观察到的一些令人费解的行为，并能向外部观察者描述该组织。但是必须指出的是，目前文化研究的重点主要集中在如何改变文化来提高绩效。要改变文化，需要内部变革的领导者非常详细地了解他们的文化，特别是要识别作为公司成功源泉的各种稳定因素，但研究者或外部观察者对这种文化的了解并不需要像我研究DEC公司所收集的资料那样深入和细致。顾问、未来的员工、投资者、供应商或顾客需要了解一个组织文化的某些要素，但是他不需要像我一样做这些类似临床研究的工作。

概要与结论

从这个案例中提炼的一个至关重要的观点是，一个年轻的公司的文化提供了认同感、意义和日常动机。如果该公司取得成功，那么这种文化将变得非常强大，并成为彰显其认同感的一部分。今天我们看到许多组织的文章和书籍明确地宣扬它们的文化，并暗示这是使组织成功的文化。DEC的故事提醒我们，如果不特别关注到公司的成立时间、规模和基础技术，那么我们就不可能对文化进行真正的概括，因为这些因素都影响了DEC文化的形成。我们也必须考虑特定的企业文化是如何依存于各种职业和国家宏观文化的。

重要结论之二是，创始人或企业家的存在是文化稳定的强大力量。其含义是，如果不能具体确定是由创始人经营的第一代或第二代公司，还是由董事会任命的一路打拼上来的总经理经营的公司，我们就不能对文化进行概括。即使在面对市场需要更简单的套件产品的情况下，DEC对创新的稳定的承诺文化也可以部分地由创始人解释——深植于他内心的假设和信念很难被挑战。

　　在接下来的章节中，我们将看到处于不同发展阶段和不同行业的完全不同的组织。

对读者的建议

　　对于所有的读者而言，此时最重要的是要反思组织文化的复杂性，以及微观和亚文化如何依存于美国文化和工程职业文化。

　　你能想到类似于 DEC 的其他组织吗？相似点在哪里？不同点又在哪里？为什么？

第四章

一家成熟的瑞士 – 德国化学组织

一个成熟的组织其文化上的不同有多种表现。这些差异主要来自规模、成立时间，以及公司完全由自下而上晋升而来的总经理（不是创始人或其子女）来管理。当我们谈论组织文化时，我们必须提醒自己，要明确组织的类型、它所处的宏观文化，以及它有多大规模和它的成立时间。本章所选的这个特殊的案例属于 20 世纪 80 年代，但正如 DEC 的情况一样，作为当代大型成熟组织，它具有较好的代表性，展示了在一个非常成熟、庞大、多样化的组织中，文化问题和文化动态的巨大差异。

案例二：瑞士巴塞尔市的汽巴嘉基公司

在 20 世纪 70 年代后期和 80 年代早期，汽巴嘉基公司是一家位于瑞士的跨国化学公司，采用多事业部制的组织结构和去中心化式的多区域地理分布，其产品线包括制药、化肥、工业化工产品、染料和一些技术性消费品。它最终与之前的竞争者山德士（Sandoz）公司合并，成立了今天的诺华（Novartis）公司。我对该公司的咨询业务始于职业发展问题，随后发展为包括多项咨询活动在内，以组织文化变革为核心问题的咨询工作，该工作一直持续到 80 年代中期。

1. 人工饰物层面：初遇汽巴嘉基公司

我与这家公司的最初接触始于管理发展部负责人朱格·里奥波特（Jürg Leupold）博士的一个电话，他问我是否愿意为他们的瑞士年会发表演讲。汽巴嘉基公司每年都会召集最顶级的 40～50 位高级管理人员在瑞士度假村召开为期三天的会议，并邀请 1～2 位外部人员参会。其目的是回顾战略和业务，并通过外部讲师就公司感兴趣的话题进行演进来激励团队。里奥波特博士希望我在 1979 年的高管年会上对我关于职业锚的研究做一个演讲和一些结构化的练习（Schein, 1978；Schein & Van Maanen, 2013）。职业锚的研究结果表明，人们因不同的原因而工作（职业锚），但不是每个人在每项工作中都可能会富有创造力——这深受公司首席执行官塞缪尔·寇格伦（Samuel Koechlin）博士欢迎。

寇格伦博士是瑞士人，他曾在公司的美国子公司工作过一段时间，并对美国文化中对创造力和创新的重视程度非常感兴趣。他希望我在年会之前拜访他，与他探讨如何最好地使用职业锚练习，并"测试彼此之间的化学反应"。为此我特地飞往巴塞尔与他全家共进晚餐。我们决定将职业锚测试练习册和工作与角色规划练习翻译成德语，以便所有参与者都可以在年会上进行练习并讨论他们的职业锚点。在练习结束后，我会演讲并揭示创意和创新的含义与应用。

里奥波特博士通过进一步的电话沟通向我做了"简要介绍"，由此我了解到这家公司是由董事会和一个九人组成的内部执行委员会管理，这些人在法律上对公司的决策负责。虽然寇格伦博士既是执行委员会的主席，也是公司的首席执行官，但是委员会的大部分决策都由集体决策形成。委员会的每个成员都对一个特定的部门、一项职能或者一个地理区域负责，还要每隔几年进行一次轮岗。之前的汽巴公司和嘉基公司都有很长的发展历史，两家公司于 1970 年合并。人们普遍认为这次合并很成功，但是很多经理也承认对原来公司仍然有很强的认同感。当我在 2006 年询问诺华公司首席执行官汽巴嘉基与山德士公司是如何合并的时，他说："这次合并进行得很顺利，到目前为止我们仍有来自汽巴的员工和来自嘉基的员工在公司继续工作。"

我第一次去汽巴嘉基公司的时候，它给我的印象与 DEC 形成了鲜明的对比。灰色的大石料建筑，紧闭的厚重大门和大厅里笔直站立、身着制服的门卫，都给我带来了强烈的冲击。宽敞而富丽堂皇的大厅是员工进入办公室和工厂内部的主要通道。大厅有高高的天花板、沉重的大门，等候区的角落里还摆放着昂贵的现代家具。

我刚进汽巴嘉基公司的大厅，一位穿着制服的门卫和一位坐在独立办公室的门卫就对我进行询问。我要告知我的姓名、来自哪里以及找谁。门卫让我在等候区落座，直到有人将我带到我之前约定的地方。我坐下等待的时候，留意到门卫与熙熙攘攘进出大厅、穿梭于电梯和楼梯的大部分员工都非常熟悉。我很明显地感到：任何一个陌生人都会被一眼认出，并像我一样被询问。

里奥波特博士的秘书在约定的时间过来，带我坐上电梯，穿过一条长长的走廊，走廊边上办公室的门都是关着的。每间办公室都有一个小小的名牌，如果办公室的主人不想让别人知道自己的名字，用合页金属板挡住就行。每间办公室的门上方都有一个小灯泡，有些显示红色，有些显示绿色。在访谈中我向相关人员询问了其所代表的意思，对方告诉我说：如果灯灭，表示不在办公室；如果绿灯亮，表示可以敲门；如果红灯亮，表示无论任何情况，这个人都不想被打扰。

我们走过一个拐角，来到一条类似的走廊，一路都没有看到其他人。当我们到达里奥波特博士的办公室时，秘书很谨慎地敲了一下门。当他说"进来"时，秘书打开门，带我进去，然后退出去并关上了门。

过了一会儿，她给我端来了茶和咖啡，瓷杯放在一个很大的托盘里，旁边放着一碟精致的饼干。我说它精致是因为原来优质食物是汽巴嘉基公司内显示身份的重要象征。在以后的几年里，不管我是访问其位于巴黎还是位于伦敦的办公室，总是被带到三星级餐厅用餐。

见面之后，里奥波特博士带我到位于另一栋建筑的高管餐厅，又一次经过了门卫。这个餐厅和顶级餐厅的配置差不多，餐厅老板很明显认识每一位顾客。餐桌需要预订，服务员会对每天的特色佳肴进行详细解说。午餐会提供开胃酒和普通酒，吃一餐几乎要花两个小时。他告诉我，在另一栋建筑里，有一个规格稍微低一点的餐厅和员工咖啡厅，但毫无疑问这家餐厅的食物最优质，是一个商务交流和与来访者交谈的绝佳选择。

汽巴嘉基公司的高管们都显得非常严肃、深思熟虑、不慌不忙、胸有成竹，穿着很正式，对达成的协议尤其重视。后来我了解到，DEC公司根据个人实际工作绩效严格而公平地排列等级和分配薪酬，而汽巴嘉基公司有一个管理系统，按照工作资历、整体绩效和个人背景进行地位排序，而不是根据某一特定时间段的工作绩效进行排序。所以，汽巴嘉基员工的身份地位相对比较稳定；而在DEC，随着工作任务的不同，每个人所获得的报酬会不时上下浮动。

我观察到，在汽巴嘉基公司的会议上，员工之间的直接冲突比较少，人们会更多地表现出对他人意见的尊重。召开会议是为了传递信息而不是解决问题。负责某个专业领域的经理们的意见一般会被尊重、接受，并且实施。我从未发现不服从的现象，并且我感到人们不会容忍不服从的发生。身份地位和排序在汽巴嘉基公司显然有着比在DEC更高的价值，而DEC更加看重的是个人的谈判技能和在不确定环境下解决问题的能力。

分析性评论。令人惊讶的是，与这个组织初次接触的印象与我同DEC初次接触的印象有非常大的不同；并且从一开始就很难确定这是否反映了瑞士 - 德国宏观文化的影响，化学技术（其所有产品的基础）

的影响，或者公司历史的影响（其中包括汽巴嘉基公司的重大合并），或者现任领导者在美国子公司工作多年被"美国化"这一事实的影响。

我有这样一种印象，即任何事情都被非常紧密地组织和精心策划，即便是与寇格伦博士及其家人一起度过夜晚的家庭聚会也一样——这所有的一切都与我在 DEC 的经历形成鲜明对比。在我作为 DEC 顾问的整个过程中，我从来没有见过肯·奥尔森家庭的任何成员，也没有见过任何其他高管的家属。这段故事凸显了这样的事实：即便是"非正式"或"正式"这样的概念，在不同的宏观文化中也可能有截然不同的意义。

尽管在 DEC 中，厨房和食物只是人们互相交流的工具，但在汽巴嘉基中，食物、饮料和精致的配置都是正式礼仪的一部分，并带有与地位和级别相关的额外象征意义。公司的各位高级管理人员都被正式地介绍给我，我自己也观察到，每当有人问候他人时，总是称呼他们的正式头衔，通常是某某博士。公司里面这种在顺从与举止方面可观察到的差异有利于使他人确定某成员在组织中的优先地位。很明显，餐厅的桌子是根据地位分配给经理的，而且领位小姐们确切地知道所有客人的相对地位。工作数年之后，我认识了这里的一些高管，但我需要学会在餐厅里面不跟他们打招呼。如果他们承认认识我，这件事情本身就会给同伴一个信号——他们需要咨询帮助，而这明显可能会被认为是能力不足的表现之一。

我对汽巴嘉基公司和 DEC 的环境的反应有所不同。我更喜欢 DEC 的环境，但也无法确定它与我的美国身份、我在 DEC 的经历是否相合，在 DEC 的经历表明我珍视非正式风格或者那种兴奋感——相较于尝试影响一个很古老的文化使其变得更具创新性，在创业环境中帮助初创公司发展更令人兴奋。在进行文化分析时，一个人的反应本身就是必须承认和考虑的人工饰物之一。试图以完全的客观性展示任何文化分析是不可取的。不仅这是不可能的，而且一个人的情绪反应和偏见也是开展分析和理解的基础数据。

当时我并没有意识到，我还在这两家公司面对一个典型的组织问题：首先，如何将旺盛的创造和创新能力转化为稳定的生产力体系，然后，一旦建立起一定的稳定性，如何重新激发这些创新能力，尤其是当一个成熟的公司面临技术、经济和市场环境变化时。这个问题已成为专注组织结构和流程的研究人员的焦点问题，并引致了"双元组织"（ambidextrous organization）的概念：既能保持其"旧"业务，又能创造和保护新的创新业务，直到其变得成熟，并使公司能够在新的环境中生存（O'Reilly & Tushman, 2016）。

2. 尊奉的信念和价值观

当问及会使你感到困惑、异常或不一致的观察到的行为或其他人工饰物时，信念和价值观通常可以很好地探究出来。如果我问汽巴嘉基的经理为什么总是紧闭大门时，他们会耐心地、有些屈尊地向我解释——这是他们完成任何一项工作的唯一方式，并且他们非常重视工作。会议是必要的恶，只有在宣布一项决策或收集信息时，才会有用。"真正的工作"是通过思考完成的，而且需要安静和专注。相比之下，在DEC的实际工作是通过在会议上辩论来完成的！

还有人指出，同行之间的讨论并不具有重要的价值，因为重要的信息来自老板或更专业的技术人员。正式权威和学术权威受到高度尊重，特别是基于教育水平和经验的权威。诸如"博士"或"教授"等头衔的使用象征着尊重教育赋予人们的知识。这其中有很大一部分是对化学科学以及实验室研究对产品开发的贡献给予的高度尊重。在汽巴嘉基，像DEC一样，高度重视个人的努力和贡献，但在汽巴嘉基，没有人会超越指挥体系，作出与老板意见相悖的事情。

在汽巴嘉基中，优质产品被高度重视，并且正如我后来发现的那样，可以被称为产品至上。汽巴嘉基的管理人员感到非常自豪，他们的化学品和药物在作物保护和创造有助于第三世界国家应对饥饿的肥料方面，在治疗疾病和帮助改善世界方面效果显著。该公司拥有清晰的全球形象，似乎几乎将其所做的一切都告知了全球。

3. 假设——汽巴嘉基公司的文化范式

许多被明确传达的价值观念给这家公司带来某种氛围，但如果不深入研究其潜在的假设，我就无法完全理解事务的运转。例如，最让我感到震惊的是，当我与这个组织一起工作，试图帮助它变得更具创新性时，我越发感觉该公司的行为和我之前通过学习总结下来的关于在组织中如何成功把控精简规模这一艰难过程的行为备忘录相悖。我与我的直接对接人管理发展总监里奥波特博士联系，希望可以将我的备忘录分发给那些他认为可以从这些信息中受益最多的经理。因为我知道他直接向首席执行官寇格伦博士汇报，他似乎是与那些需要我收集信息的各个部门、各个职能和各个区域的经理有天然的沟通渠道。当我随后到各个公司访问并与其中任何一个经理会面时，我会发现他没有事先发放的备忘录，但如果他从里奥波特博士那里请求获得一份的话，备忘录会被立即发送过来。

这种模式令人困惑和恼火，但其一致地、异常清楚地表明，某些强大的潜在假设在这里发挥着作用。当我向一位在本公司工作的同僚咨询，为什么外部咨询师为组织内部提供培训和发展计划的信息和材料不能自由流通时，他透露说他也遇到类似的问题。原因在于在他们发现他有更好的解决方案前，除非其他单位会从公司外寻求帮助，他才可以在公司某单位内提供有益干预。这里有一个显著的共同点，就是似乎那些不请自来的想法一般不被人们接受。

第三条信息是，企业市场营销部门一直在为所有部门提出综合方案，但只是被评论道："那些农业销售／市场营销人员在泥泞的田野里与农民交谈，但是那些衣着华丽的 MBA 在医院办公室拜访医生，这两者之间的专业训练怎可同日而语？"

我和我的同事就这一观察到的行为进行了长时间的探索性讨论，共同找出解释。在汽巴嘉基公司，当一位经理获得了某个工作时，该工作成为其私人领域。管理人员对其领地或所有权有一种强烈的感觉，并假定组织中每个领域的管理者都将对自己所辖完全负责并掌控自己的成果。经理人员会充分掌握情况并使自己发展成为该领域的专家。因此，如果有人提供了与工作有关的一些不请自来的信息，这可能被认为是"侵犯隐私"，可能是一种侮辱，因为这意味着你认为经理人员还没有这种信息或想法。在我后来的诸多访谈中，人们都用下面这个比喻来进行解释："毫无邀请就给经理人某些建议，简直就像是没有收到邀请就闯进别人家里。"

一开始，因为不理解这个潜在假设，我让里奥波特博士给他同事发放我的备忘录的行为就不知不觉地使得里奥波特博士冒了一个可能羞辱他人的风险。有趣的是，这种潜在假设也意味着即使他没有遵循我的指导，他也不明白他为什么没有遵循。直到我们发现关于组织领地及其象征意义的假设之前，他显然对我的要求感到不舒服并且有些尴尬，却没有给我做过任何解释。

我注意到公司各个单位之间的横向交流很少，因此，一个单位发展出的新想法似乎从来没有出现在本单位之外。例如，如果我要求召开一个跨部门会议，大家会茫然地看着彼此，我还会收到诸如"我们为什么要这样做？"等问题。因为各部门会面临类似的问题，所以如果我根据自己对其他部门发生事情的了解，并且补充自己的想法之后再告诉他们，召开跨部门会议显然有助于分享一些更好的想法。但是，这仅仅是一个可以在美国文化中可行的好例子，而在另一个宏观文化中甚至可能不会被予以考虑。当然，在这个例子中具有讽刺意味的是，如果我早就理解这种文化特征，我会从里奥波特博士那里获取一份经理名单，并将我的备忘录直接发送给他们。他们会接受它来自外部付费顾问的事实，甚至可能将其视为他们从外部专家那里所获得的有用的东西。

事实上，由于我没有在汽巴嘉基公司获得像 DEC 案例那样太多的信息，请允许我将我的访谈和直接观察结合在一起，对汽巴嘉基公司建立一种文化范式。但是由于这些假设不像 DEC 的假设那样紧密相连，所以我将其仅仅列为一个清单进行呈现。

（1）科学研究是真理和思想的源泉。

（2）公司的使命是通过科学和"重要"产品创造更美好的世界。

（3）真理和智慧存在于那些有更多教育和经验的人身上。

（4）组织的力量在于每个在岗角色的专业性。工作岗位是自己的战场。

（5）我们是一个家庭，互相照顾，但这个家庭有等级制度，孩子必须遵从这一制度。

（6）时间充足。质量、准确性和真理比速度更重要。

（7）只要与自己的"父母"[①]保持紧密联系，个人和组织的自主权就是成功的关键。

分析性评论。通过公司中心研究实验室一些基础研究人员的基础性研究成果，汽巴嘉基公司已经成长并且取得了巨大的成功。其基本文化大部分可归因于化学这一学科的宏观文化。这是一个严谨的分层学科，在该学科中，为了避免爆炸、火灾和恶臭，科研工作者必须谨慎地进行实验。但DEC公司是基于电子工程学科的，在该学科中，"胡闹"不仅可能，而且往往讨喜。

在DEC，真理是通过冲突和辩论发现的；在汽巴嘉基公司，真理更多地来自科学家或研究人员的个人智慧。这两家公司都相信个人，但对真理性质的不同假设导致了对权威和冲突角色完全不同的态度。在汽巴嘉基公司，权威更受尊重，冲突需要避免。领导给予个人自由的范围，然后在这些范围之内你完全受到尊重。如果上岗者没有足够的教育程度或足够的技能来作出决定，那么他们就需要进行自我提高。如果在此期间表现不佳，他们可以被容忍相当长时间，直至作出替换他们的决定。

在DEC中，如果一个员工在工作中表现不佳，那么公司会认为这只是一种人岗的错配，而不认为是个人失败，并且公司允许员工去商谈

---

① "父母"在这里是比喻"权威或者导师"。——译者

承担一项新的工作任务。但是在汽巴嘉基，员工被期望成为优秀的士兵并尽其所能地完成工作，只要公司认为他们在努力工作，他们就会被留下来。在 DEC，员工个人有望商谈他的自由领域，然后承担全部责任，如果事情没有解决，可以重新就工作进行谈判，从而围绕工作问题获得更流畅的工作组织结构和更多的正面及侧面沟通机会。这两家公司都有一个"终身制"的假设，即一旦员工被公司接受，他们就会被留下，除非他们有某种重大失误或者有非法或明显不道德的行为。

两家公司都认为公司即家庭，但每个公司的"家庭"有不同的意义。在 DEC，其基本假设是家庭成员可以打架，但他们彼此相爱，不能失去成员资格。在汽巴嘉基，其基本假设是父母权威应该受到尊重，后代（员工和下属管理者）应该按照规定行事并服从父母。如果他们这样做了，他们会得到很好的待遇、照顾和来自父母的支持。他们不应该互相斗争，他们应该遵守规则，永远服从。

DEC 的垂直和水平关系更为个人化，而汽巴嘉基的关系显然更为正式。这引出了一个有趣的问题，即这些差异是否反映了组织文化和历史，或者它们是否反映了美国和瑞士 – 德国的宏观文化。如果语言是民族文化的主要产物和特征之一，那么人们会注意到英语是一种比德语更不正式的语言，甚至在德语中会用"du"和"sie"来将这种个人之间的关系进行区分。

在 DEC，终身雇用是隐性的，而在汽巴嘉基，这被认为是理所当然的并且非正式地得到了肯定。在每种情况下，家庭模式都反映了这些公司所在国家更广泛的宏观文化假设。

在了解了汽巴嘉基模式之后，我能够弄清楚作为顾问如何更有效地开展工作。当我采访了更多管理人员并收集了与他们正在尝试做的事情的相关信息时，我没有试图通过我的对接人里奥波特博士向汽巴嘉基组织的各个分部门发送备忘录，而是发现如果我直接提供了信息，即使它是不请自来的，他们也会因为我是一个"专家"而接受我的信息。如果我想要传播信息，我就会主动将其发送给有关各方，或者如果我认为它需要传播，进入公司后，我会把它交给老板，并试图说服他们相信这些信息会最终流传到员工手中。

如果我真的想干预经理人的某些行为，最好的方法是以专家身份正式向首席执行官寇格伦博士建议。如果他喜欢这个想法，他会"命令其部队去做"。在这个意义上，他由于喜欢职业锚理论，就命令每个人都来参加暑期项目的练习，但他也强制要求，在未来的几年中，所有的中高层管理人员要做好自身的职业锚和工作 / 角色分析，并且要求各自的下属做好同样的工作，与下属一起讨论，并将这项工作作为高管职业发展过程的一部分。随后我会讲述更多关于汽巴嘉基公司的内容，但现在我们需要再次探索依存的概念，并提出一个关于宏观文化的更大的问题。

组织文化能否比国家文化强大？

就文化如何依存于更广泛的文化而言，DEC 和汽巴嘉基公司位于其他国家的各个子公司会使得该问题凸显出来。当然，它们的组织类型和地理区域都会有所不同，但是，我们可以对这两家公司进行一些观察，因为它们每个都具有各自显著而强大的组织文化。

我有幸拜访了 DEC 位于欧洲和亚洲的几个国家的子公司，我发现在人工饰物层面，当地 DEC 办公室完全是其位于梅纳德的公司总部的翻版。公司的外观、可观察的行政程序以及非正式的氛围看起来都一样。显然，DEC 试图在其他国家复制自己的文化，但行政和管理人员大多是当地人，讲的是当地语言，这导致了公司文化在某种程度上的修正。

这种修正在产品设计领域尤其明显，例如，德国客户希望对产品进行某些修改，实现这一想法首先需要与位于美国的产品经理进行艰难的谈判，然后最终由他允许当地工程人员为了当地的顾客对当地的产品进行修改。位于各个国家分公司的公司管理人员大多是本地人，所以他们

可以讲本地语言，但是他们也需要定期到总部轮岗，以便他们能够吸收
DEC 文化的"本质"。

这种公司文化灌输的最极端版本是我在新加坡遇到的惠普工厂经
理的故事。他曾就职于澳大利亚，但在接管新加坡工厂之前，他被带到
加利福尼亚州，花了整整两周的时间"浸润"在首席执行官和创始人大
卫·帕卡德（David Packard）的影响之下，以"吸收"所谓的"惠普
之道"。

前面所提到的例子可以很好地说明汽巴嘉基文化的优势，即新泽
西的美国分公司经理邀请我就我所了解的巴塞尔总部文化向管理层发表
演讲。在我发表演讲之后，我得到的是他们颇为震惊的反应："我的上
帝，你描述的恰恰就是我们。"汽巴嘉基已经演化出一套完整的未来高
管轮岗体系，即未来高管会被轮流派驻到海外，以便努力成为可以代表
公司所有管理人的、更加国际化的经理人。这一过程的最好例子是塞缪
尔·寇格伦本人——他在美国子公司的工作经历肯定会影响巴塞尔总部
文化，并使巴塞尔总部文化和美国子公司文化都成为复杂的混合体。

概要与结论

在前面的两个案例分析中，我试图说明如何在不同层面分析组织文
化：（1）人工饰物；（2）尊奉的信念、价值观和行为准则；（3）潜在
的认为理所应当的基本假设。除非你深入到基本假设层面，否则你无法
真正解读人工饰物层面、价值和规范。但是，你一旦发现了一些假设并
探究了它们之间的相互关系，那么你就真正了解了文化的本质，并且可
以解释大量的事情。这种本质有时可以作为一种范式来分析，因为一些
组织是通过一系列相互连贯、协调一致的假设而发挥作用。尽管单独某
一条假设可能说不通，但该模式解释了组织克服其外部和内部挑战的行
为和所获得的成功。

即使是这些范式描述了整个文化，我们也不应该假设我们会在组织的每个部分都找到相同的范式。该假设在整个组织中深入到何种程度，应该根据研究的目的，进行实证性调查。作为一个试图描述组织文化全貌的研究人员，你对于公司文化全貌掌握所需要完成的工作与你作为公司的一个员工去单纯适应公司某个部门的文化所需要完成的工作完全不同。

如果你是一位试图改变组织文化的经理人，或者正在考虑合并或收购，那么你最关心的将是文化的本质，即文化的基因。我作为一个帮忙者和顾问是通过观察和与公司内部合作人员一起探索我所观察到的诸多异常现象而发现了这些假设。恰恰是在我们不知道我们为什么要这么做的情况下，我们正好需要去大力追寻为什么我们不知道。而这时，追寻获得成功的最好方式便是运用我们原本的那份无知和天真。

从这些案例中我们可以学到什么？它们对领导力有什么影响？对我而言，最重要的教训是认识到文化是深刻的、普遍的、复杂的、模式化的、道德中立的。在这两种情况下，我都必须克服自己对正确和错误的做事方式的文化偏见，并理解到文化是客观存在的这一点。两家公司在很长一段时间都在各自的技术、政治、经济和更广泛的文化环境中取得了成功，但两家公司也经历了环境变化，导致其作为独立的经济实体而消亡。

在这两个案例中，早期领导人和历史环境的强大影响力已被证实。文化假设的根源在于早期的团体经验以及这些公司所经历的成功和失败的模式。当时它们在位的领导人非常重视它们的文化，为其感到自豪，并且认为他们组织的成员接受潜在的假设很重要。在这两个组织中，也会流传着一些与公司不匹配的故事，比如，有人因为不喜欢公司运营方式而离开，有人或者是具有破坏性的，或者就是单纯不喜欢公司文化而被解雇。

在两家公司中，领导者都在努力应对不断变化的环境要求，并且面临着是否以及如何变革他们的经营方式的问题，但这些问题最初被定义为重申现有文化的一部分，而不是文化的变革。虽然这些公司在演化过程中处于不同的阶段，但它们都将自己的文化看作重要资产，并且急于保护和提升它们的文化。

最后，很明显，两家公司都反映了其公司运营所依托的国家文化以及支撑其业务的技术。DEC 是一家美国创意电气工程师公司，正在发展一种全新的技术；汽巴嘉基是一家瑞士 – 德国公司，大部分受过高等教育的化学工程师都在使用非常陈旧的技术（染料）和非常新的生物化学工艺（制药）。电子电路和化学工艺需要非常不同的产品开发方法和时间安排，这一点已有人多次向我提及。这意味着，如果不考虑核心技术、组织成员的职业以及组织存在的宏观文化背景，我们就不能真正理解组织文化。

当然，由规模、成立时间和领导行为引致的组织文化的主要差异是显而易见的，我们将在第 11 章中展开更详尽的阐述。

思考与问题

在读完本章后，所有读者应该回答以下问题：

（1）这两个案例最令你触动的差异是什么？

（2）你认为这些差异的基础是什么？

（3）这些差异及其基础有多少归因于它们各自的技术？

（4）这些差异及其基础有多少归因于它们各自所处的国家区位？

（5）这些差异及其基础有多少归因于它们各自的历史、规模和成立时间？

（6）你认为你对这两家公司各自的适应程度如何？

第五章

新加坡发展中的政府组织

那么这种文化模式可以有效地应用于不同类型的组织吗？为了验证这一点，我决定在本书中加入我在20世纪90年代初作为新加坡政府付薪研究人员进行的文化研究的精简版本（Schein, 1996b）。

案例三：新加坡经济发展局

30年来，新加坡已经从人均国内生产总值500美元的第三世界国家变成人均国内生产总值15 000美元的国家，跻身富裕工业国家之列。世界上没有哪个国家的发展速度比这更快。

——莱斯特·梭罗（Lester Thurow）

为《战略实用主义：新加坡经济发展局文化》所作序言

新加坡的案例充分阐释了文化分析的结构，因为我们如果没有找到领导人在20世纪60年代初期建立独立的新加坡时所采取的大胆基本假设，我们就不可能理解从那里演变出来的威权政治体制的可视化"人工饰物"。新加坡的故事始于其政治领导人李光耀和他受过英国教育的同事的共同愿景，他们希望使这个前英国殖民地变成一个"具有全面商业能力的全球城市"。

这种共同的愿景可以被认为是其文化模式的"信仰和价值观"。令我感兴趣的是——这也是我遇到的罕见情况之一——其人工饰物层面、信奉的价值观和潜在的假设完全一致，人们可以很容易地看到三个层次是如何呼应，彼此互为解释。

为实现这一愿景，李光耀和他的同事于 1961 年决定成立经济发展局（EDB），这是一个执行吸引外资计划的准政府机构。主流的中华文化中有一条是规避失败，因此，经济发展局必须建设一个组织，该组织的目的"不是惩罚那些为探索体系的边界而失败的人，而是惩罚那些无能者，以及那些不能从失败中学习的人。界定失败；变革无用之方法；创造学习型环境。广开言路，革除那些阻碍谏言的力量——但是这需要文化层面上的支持……创立远景，建立团队，挖掘卓越人才。要求绝对忠诚，120% 的个人承诺。通过团队合作、开放沟通和无国界的专业组织为客户提供一站式服务。明晰规则，杜绝腐败，诚信为上"（Thurow, Foreword to Schein, 1996b）。

经济发展局获得了巨大成功，并于 1990 年决定找人记录这段历史。最初，经济发展局的领导请一名记者来撰写这则故事，当时他们认为是他们的文化使其获得了成功，因此他们去找文化专家。他们咨询了莱斯特·梭罗，那时他是我所任职的麻省理工学院斯隆学院的院长。他建议他们找我，最后我同意从三个角度调查他们的成功故事：（1）他们对自己的看法；（2）那些决定在新加坡投资绿色植物栽培和成立研发机构的各位首席执行官的观点；（3）我对这些人工饰物、所提供的价值观以及可以从所有这些数据中推断出的基本假设进行分析。

针对第一个角度，我于 1994 年和 1995 年，在新加坡进行了每次两周的数次密集访谈，通过对在过去 30 年中创建和支持经济发展局的所有领导人的深入访谈，我获得了关于经济发展局对自身的看法。针对第二个角度，我深入当地，拜访了许多当时决定对新加坡进行投资的首席执行官，并访谈了当初他们做该决定的原因以及他们最终实现目标的过程。针对第三个角度，我个人的分析是建立在对经济发展局成员日常小组工作会议的观察基础上的，他们允许我加入各种各样的小组会议进行观察——这些都为我提供了很多信息。经济发展局的领导人显然对他们的成就感到自豪，并希望这项研究记录他们所做工作的积极因素，但他们也清楚地表明他们想从我的分析中找到他们的薄弱环节和未来可能的挑战。换句话说，我的研究工作应该既有积极性的一面，又富有批判性。

随后出版的《战略实用主义：新加坡经济发展局文化》（Schein，1996b）一书，全面地讲述了这30年发展的复杂故事。在本章中，我将以摘要的形式展示本故事。

经济发展局所依存的文化范式

人工饰物、信奉的价值观和基本假设所组成的结构模型成为我理解在一年左右时间内收集的所有访谈和观察信息的研究工具。"依存于其他文化的文化"这一概念立刻凸显出来，因为经济发展局的设立明显既受到了领导人中华文化传统的影响，又受到了英国教育和殖民经历的影响。此外，新加坡最初是属于马来西亚联邦的，这就使其在国家层面上形成了跨文化的紧密关系。此后，新加坡在1965年脱离马来西亚联邦独立，但是新加坡没有自己独立的供水系统，这就导致了一段经济上相互依赖的时期。

基本假设如果可以由"内部人士"推断和测试，那么就可以用一个可以反映文化依存的"情境"（contextual）设定和一个反映经济发展局作为一个独立的组织来管理外部和内部关系的"组织化"设定来进行推断和测试。情境范式主要包括新加坡领导人对经济发展所持的一系列假设。这些假设在经济发展局之内共享，但是这些假设也为经济发展局开展工作提供了一个更加宽阔的情境。组织范式由一系列关于经济发展局组织结构如何构建和自身管理如何进行的假设组成。

1. 情境范式：在经济发展中政府角色的相关假设

情境范式由六个相互嵌套和相关关联的共享基本假设组成，这些基本假设反映了新加坡早期领导人的思维模式，这些思维模式至今也成为理所当然的文化内涵。这些假设一般由新加坡政府分享，从而提供了经济发展局运作的文化背景。同时，这些假设是经济发展局领导和成员自己的假设，从而更直接地影响经济发展局的运作方式。这些假设促成了经济发展局的创建，并为其提供了所信奉的价值观，而这些价值观影响了经济发展局对其使命和自身组织的确定。所以，我们这里有一个很好的案例：其信奉的观念和价值观与观察到的人工饰物是一致的。

（1）**"国家资本主义"**。新加坡领导人和经济发展局假定并理所当然地认为政府可以而且应该在经济发展中发挥一种积极的企业家式作用，因此应该通过像经济发展局这样的政府法定董事会来发挥领导作用。

（2）**绝对的长期政治稳定**。与以上假设紧密联系的主导新加坡思想和行动的第二个核心假设实际上是由三个相互关联的假设组成的集群，可以表述如下。新加坡的政治领导人假定：1）经济发展必须先于政治发展；2）只有政治稳定才能实现长期成功的经济发展；3）只有通过坚定而温和的政府控制才能实现和维持政治稳定，从而引导社会各阶层。

当然，这是需要理解的最关键的假设，因为它是围绕政治和公民行为建立的可观察的威权政权的基础。例如，对于在电梯里乱扔垃圾或撒尿的严厉惩罚是合理的，其理由根基是西方商人会对在纤尘不染的清洁城市工作感到更有信心。规则和严厉的惩罚属于可见的人工饰物层面，但很少有观察者真正理解规则背后深刻的经济发展假设及其实质。只要新加坡在发展方面取得成功，经济发展证明社会控制这一基本假设就不会受到挑战。

（3）**部门之间的协作。**新加坡的政府领导人认为，只有商业、劳工和政府为实现建设国家（新加坡"公司"）的共同目标积极合作，经济发展才能取得成功。

组织间合作对于提供发展制造业和服务业所需的激励措施和基础设施，即道路、通信设施、土地、对投资和培训的财政支持、训练有素且积极主动的劳动力市场、住房等等，至关重要。这种思维方式最令人眼前一亮的一个方面就是决定可以让工会拥有和经营新加坡的一家出租车公司和一家保险公司，最终以此来赋予工会某些作为所有者和管理者所应该承担的责任。一些产业关系分析专家可能认为这是对劳工运动的收买和削弱，但从新加坡统治者的角度来看，劳动力与政府站在一边是有极其重要的意义的。

（4）**一支廉洁、高素质的公务员队伍。**新加坡的政府领导人认为，只有政府和公务员能够胜任工作并且廉洁可靠，同时运用透明和一致而强有力的规则才能保证为投资者提供有利的经济条件。

我们再次看到，这种假设反映了中华文化的传统，即统治者必须是美德的典范，英国传统的"廉洁公务员制度"，以及新加坡领导人早期认识到海外投资者只会被一个政治稳定、政府能力强、规则明确、没有腐败这样的发展中国家所吸引。

（5）**坚持人民第一与任人唯贤的原则。**新加坡领导人认为他们唯一的资源是人民及其潜力，因此国家必须挑选最好的人才并为其提供发展机会。

出于这种假设，政府采取了许多政策措施，如为所有人提供工作和住房、规定以英语为官方语言，并创建了一个有利可图的政府奖学金计划，由政府资助将最优秀的学生送到海外最好的大学进行交换学习，并提供可以和私营企业相比具有竞争力的薪酬来换取这些优秀人才为政府服务一定年限。

（6）**战略实用主义**。总而言之，这五个假设描述了什么是"战略实用主义"，因为其有明确的反映中华文化偏向的长期战略，但具体实施是建立在务实的日常基础上的，并且以非常详细的规则来规划生活的各个方面。这种对实用细节的关注似乎更加西方化——当然其无论如何都是为了吸引西方企业。

新加坡领导人认为，城市国家的生存需要一个非常长远的计划，但实施该计划必须从实际出发立即着手，并配以经济发展局的建立。

这些长期规划的方面包括吸引主要资本来投资并承诺留下来发展工商业以稳定新加坡。领导人非常了解城市国家只依赖其港口和航运的脆弱性。

2. 经济发展局作为一个组织的文化范式

经济发展局作为一个依存于上述背景范式之内的独立组织，其文化从西方观点来看，可谓是充斥着矛盾和异常，但其各个基本假设之间彼此一致并使组织有效运作。六个主导了日常活动和经济发展局自身组织方式的基本假设很好地描述了该文化范式。

（1）**团队合作：个人化的集体主义**。经济发展局假定最好的领导力在于构建团队，而团队成员的最根本责任在于将其能力发挥至最大化。

经济发展局的员工在彼此相互竞争的团队中工作也非常舒心，他们能够在完成任务的同时完全致力于对团队、经济发展局和对民族国家的贡献。在这里，我们看到了儒家文化中关注家庭的原则与西方文化中个人成就概念相结合的文化传承。这个假设背后的原因是经济发展局从始至终都是要作为一个团队发挥作用，因为它是一个小组织，所以其成员必须互相帮助。当然，除相互帮助，建立融洽的团队氛围也是开展团队合作的一个重要原因，但是这种融洽的氛围在西方国家的团队中比较少见。与此同时，所有的官员都在个人成就受到高度评价的环境中接受教育，他们还不时接触到在个人主义竞争规则下脱颖而出的跨国公司经理，并鼓励这些经理在经济发展局发展自己的职业生涯。

该组织吸引了非常强大的个人主义者，事实上他们相互竞争，当有人晋升时，大家都深受鼓舞。当然他们都非常忙碌，几乎没有时间去考虑竞争对手的成就，因此竞争的紧张得到了缓解。如果你太个人化或政治化，你很快就会失去同事对你的信任，并发现自己的工作无法顺利开展。因此，沟通体系中可能出现的两种主要失真——坐拥信息却拖延和熟视无睹，或者另一极端，夸大信息并将其夸张——均因维护声誉和诚信更为需要而得以缓解。为了完成任何事情，你必须获得支持；要获得支持，你必须保持声誉。经济发展局的任何事情都必须高度协调。

在这种高压的家庭式团队想要获得成功，需要一种复杂的、与他人合作的能力，在成为一名真正的团队成员的同时，展现个人才能和技能，以促进晋升和职业发展。这种均衡的行为得益于清晰思考、清晰表达、清晰写作，以及能说服他人"加入自己的团队"来支持项目的能力。换句话说，个人才能在个人思考和沟通的质量中表现得最为突出，并会在其团队工作的创造力和工作能力中进一步验证。个人成就会获得奖励和其他形式的认可。

经济发展局关于自身作为一个团队和一个实践型的大家庭的认知，是基于员工个体之间的相互了解。经济发展局会通过许多非正式活动来维持这种熟人关系，例如每周的星期五下午茶；如鼓励家属参加的野餐和体育活动，这也是公司的工作之一；每月以"建立关系"为题的通讯，其中包括各种员工的个人新闻项目，特别是宣传奖项和个人成就；鼓励员工之间浪漫的依恋，这表现为经济发展局对那些曾经在经济发展局工作时坠入爱河，且已经结为夫妻，并仍然在为经济发展局效力的员工引以为傲。

同样支持这种团队精神的是一套非常灵活的人事政策，该政策允许兼职任务或工作，如果员工有家庭负担不利于出差，员工可以有其他选择。经济发展局的工作使员工充满了内在激励，从来没有谁遇到过关于失去工作动力的问题。相反，经济发展局试图满足每个员工的需求，因为每个人都被认为是有价值的。

（2）**国际视野的科技联盟。**如果新加坡的命运取决于吸引海外投资者的能力，那么经济发展局必须能够应对许多其他文化，而其官员必须具有社会学家所谓的"国际视野"。同时，为了引进正确的投资者并为他们提供良好的服务，经济发展局配备了一批既能胜任营销又能成为企业家的人。

经济发展局的领导者们和管理者们也因此必须拥有适应全球多元文化领域的良好心态和渊博知识，同时要对新加坡的情况及跨国公司和当地工业之间的协同潜力了如指掌。他们的漫画形象被描绘为"男超人"和"女超人"。为了确保这些工作都顺利进行，尤其需要一个关于人事管理的哲学，这一哲学最好地展现于以下基本假设，其中许多条款是被明确信奉的。经济发展局假定，要想获得成功，就需要招募到以下几个方面的人才：

1）基于校园成绩的"最优秀和最聪明"的人才。

2）基于海外教育和对海外商业环境感兴趣的有"国际化倾向"的官员。

3）在科技型企业中以科技为基础的人才晋升体系所培养出来的科技型导向官员。

4）具有使他们能够在不可预知和未知的商业和政府领域工作的高能动性的官员。

5）以团队为导向，具有高水平的人际交往能力和处理多种文化、多层次、跨组织的各种边界的官员和管理人员。

这其中的许多素质从当前经济发展局的领导们身上可以见到，因为他们其中有很多人本身就是在多元文化环境中成长起来的——英国人、马来人、泰米尔人和中国人。他们中的许多人都有技术背景，从一开始就偏向于工程和科学方面的教育——这再次提醒我们，经济发展局的文化不仅依存于新加坡文化中，而且依存于早期领导人带入整个文化版图的许多其他文化。

（3）**无边界组织：可调节的开放度。**经济发展局强调及时、准确和广泛分布的信息对决策的至关重要性，并且常常将自己称为"无边界"组织。这个原则背后有两个基本假设，一个是指内部运营，另一个是关于部门合作的背景假设。

经济发展局认为能有效履行其职能的唯一方法是让组织的所有官员、办公人员和其他相关雇员随时全面地了解所有项目。经济发展局认为，唯一可以履行职能的方法在于发展和维持向政府其他部门以及私营和劳工部门开放的渠道。

对于经济发展局作出关于投资和投资者的快速而有效的决定，它认为有必要向所有可能对决定提供投入的组织成员提供关于给定项目的所有相关信息，当然还包括更高层次的决策者。这种假设使得经济发展局设立了广泛的全球通信系统；它愿意在通信、交通和会议上投资，并建立一个标准化的报告系统，从而最高效地集中所需要的信息。所有的事情都必须以书面形式记录，并对员工提供培训。这其中或许最重要的一点是，经济发展局明确规定信息传播的规范："必须如实传递所有相关信息，而不得将信息作为个人控制权或权力的来源。"

"可调节的开放度"是指与许多投资者客户同时工作所带来的潜在问题，因为其中许多客户彼此竞争。例如，惠普和数字设备公司（DEC）都是新加坡基础设施建设的提供者。如果披露某些高度保密的计划，即使在经济发展局内部也常常搞不清楚谁的利益会因为这些计划曝光太多而受到损害。因此，经济发展局的官员必须非常小心谨慎，同时支持最大限度的开放性。

（4）**非层级制的科层结构：老板是保护人、教练与同事。**经济发展局的文化隐性地认为，管理者要想获得成功，需要在执行任务时拥有强烈的自主意识；需要有通过正式提案向高层汇报工作从而去开展决策的意愿；需要有愿意公开和坦率地向各层级揭示信息的意愿；需要有当任务需要时，可以灵活地处理层级关系的意愿；需要有在客户组织中与高层合作的能力。

同时，他们假定管理者必须在适当的时候表现出对上级的适当尊重（特别是在公开场合）；在修改提案和作出决定时寻求并接受上述指导；在涉及各个层级之间的互动时，可以让上级在充分了解情况的前提下保持公允的判断；在上级指导和与客户公司高层管理人员打交道时表现出适当的谦逊。

可以描述这一关系的最好方法是指出经济发展局的官员们应该像在一个无边界的西方组织中表现的一样，在那里，业绩和成果成为主要判断标准，而层级关系并不是很重要———一般情况下，典型的亚洲（如中国）组织中尊卑和层级关系占主导地位。年轻的高级官员在进入这个组织时必须学习如何做到发展判断能力和人际交往技能，从而可以依据这两套规范开展工作。

人际交往能力尤其重要，因为：一方面，边界不存在，人们总是可以走进高级管理人员的办公室，和他坦率地交谈；另一方面，经济发展局员工知道，当下属绕过部门负责人时，部门负责人可能会感到处于不利地位。因此，重要的人际关系技巧之一便是知道如何让部门负责人保持足够的安全感，这样如果下属或上司绕过他们，他们都不会感受到威胁。其含义是，进入经济发展局后被社会化的最重要的一方面就是学习规则，并在不威胁层级的情况下培育开放性和非层级的技能。

（5）**扩展的信任关系：客户成为合作伙伴和朋友**。经济发展局的一个重要和突出特点是其认为海外投资者将成为朋友和合作伙伴，并认为这种关系将是对公司和新加坡有利的长期合作关系。这个概念所隐含的意思，不仅包括长期战略目标，更是中国关系哲学的延伸，或者说是建立在未来可用的可信联系。尽管在旧中国制度中，这种联系受到个人同熟人的关系和从家庭与部落延伸出来的相互义务模式的限制，但经济发展局对概念的理解更多的是一个西方观念———与投资公司建立该战略所设想的工业体系下的战略联盟和伙伴关系的西方式观念。

经济发展局已经拨出大量资金投资，力图通过让自己成为股权合作伙伴来实现这种合作关系；当然，其不是为了赚更多的钱而投资，而是为了确保企业成功。一旦企业处于持续经营状态，经济发展局会计划出售其所占份额，以便为下一个项目提供充足资金。这个普遍的哲学基于两个基本假设：

> 经济发展局认为，只有在充分理解其客户（潜在和现有投资者）的需求，与它们开展合作以有效地解决它们的问题，同时又不损害其基本目标、计划或规则（战略实用主义）的情况下，它才能成功。经济发展局也认为新加坡的长期使命只有在初始投资者持续投资并致力于向新加坡劳动力转移技术和进行培训时才能实现。只有经济发展局与初始投资者成为朋友和合作伙伴，投资的持续性才可能有保证。

当然，仅仅吸引投资者还远远不够。一旦投资者进入，他们不可避免地会出现新的需求和问题，并且会向经济发展局官员寻求帮助。这种帮助往往为进一步投资奠定了基础，也扩展了与新加坡政府的关系。在这方面，可能经济发展局和新加坡文化最重要的方面之一就是对时间的态度。一方面，人们非常强调长远规划，并且规划出如何创建一套激励措施和行动来鼓励投资者，投资者们也正在考虑长远的目标。另一方面，作为优秀的东道主，经济发展局的官员们非常自豪于其可以竭尽全力帮助外国投资者在短期内取得成功。经济发展局的官员们认为自己是突发状况的有效解决者。

在人工饰物层面，其长远眼光体现在愿意花费大量资金来开展培训和教育工作。教育机构负责提供符合本国长期发展需求的各种课程。而其也有短期的实用主义举措，如政府在某项政策没有达到预期目标时倾向于频频变更社会政策。不论作为一个国家的新加坡，还是作为一个组织的经济发展局，一旦它们经分析认为有需要，都会迅速改变方向。

新加坡既不是像日本这样的长期规划者，也不是像中国香港这样的短期实用主义者或者以月度或季度业务模式驱动的许多西方国家。它是这些所有范式的集合，以某种方式把两者结合起来，在整个国家广泛传播明确的远景目标和愿景，同时他们会意识到如果不能立即解决工业化企业的日常问题，那么这些目标和愿景都不能实现。这种结合的关键是与投资者建立关系，使其长远利益与新加坡的利益保持一致。那种解决问题的日常工作确保了这种长期合作关系和友谊的可靠性。

（6）**学习和创新的承诺**。正如"战略实用主义"是围绕情境范式的一种综合假设一样，对学习和创新的承诺有助于将组织范式的假设联系在一起。从某种意义上说，对创新的承诺也是自相矛盾的，因为亚洲社会的文化分析强调宿命论，强调接受与自然的和谐共处，以及对社会稳定与和谐的承诺。显然，新加坡将其所拥有的任何亚洲遗产与西方认为凡事皆有可能的主动性姿态融为一体，其典型代表就是在新加坡经常可以听到的一个词语"勇于追梦"。在潜在假设这一层次上，这可以表述如下：

经济发展局（和新加坡政府）认定其要实现自己的发展梦想，就需要学习他国的经验并总结自己的经验，从而不断创新性地解决在实现愿景过程中可能出现的任何问题。

这种姿态可以追溯到其早期领导人愿意向其他国家和各非新加坡籍顾问学习。新加坡社会政策的不断变化和完善可以证明这一点。确实，有许多人认为这些政策控制过度，实际上限制了个人自由，但是对于这种看法而言，人们可能会错过同样重要的一点，即政策会随着新的数据而不断变化。经济发展局的一个重要角色是追踪世界其他地区的情势，该工作主要是通过那些网点遍及各个主要工业中心的巨大工作网络来完成。从这个网络中获得的知识成为政府反馈的主要来源，这些知识也成为政府调整政策的依据。

经济发展局举办的各种公司营销和战略规划研讨会是其保持开放性和学习欲望的最显著表现。经济发展局在彼得·圣吉（Peter Senge）的《第五项修炼》和系统化思考概念（Senge，1990）的基础上，开放性地拥抱"学习型组织"的概念。

概要与结论：三个案例的多重启示

读者可能感到疑惑：为什么要大动干戈，使用这么多如此详细的案例？我们是不是应该寻找关于组织和民族文化的更广泛化的概括？在此开展详细的案例研究有以下几个原因。

第一，细节出真知。人类的复杂体现在性格层面；团体、组织和国家的复杂体现于文化层面。我们稍后将回顾一些试图提供简单模型对文化分类的类型学。例如，一种流行的模式是将组织视为"市场""层级"或"宗族"（Ouchi，1981；Williamson，1975）。按照这种分析，DEC、汽巴嘉基公司和新加坡的经济发展局都需要被称为宗族，由此，我们可以立即看到，这种方法忽视了一些重要的方面，在这些方面，每个组织中的宗族家庭感觉都有所不同。这三个组织处于不同的发展阶段，这对它们发展文化的方式产生了巨大的影响，而且这三个组织依存于完全不同的国家文化中。

第二，为了判断这些组织如何发展，必须理解文化细节。DEC 文化的基因依然存在，即便是当组织作为一个经济实体失败时。汽巴嘉基公司放弃了一些化工业务，同时加强了制药业务，在这一过程中，公司改变了一些外部关注的基因，但在变革过程中坚定不移地强化了对待员工的原有方式；经济发展局继续成功地帮助新加坡成长为一个经济可行、政治稳定的城市国家，从而强化了亚洲和西方价值观的复杂组合，这是其文化范式所阐释的。

第三，只有通过理解文化组成部分的相互关系——我已经在每个组织中将其标记为文化"范式"，才能推断出在某种文化下工作如何开展，以及员工和管理人员对于日常事务的感知。正如每个案例所说明的，为了理解文化范式，必须确定文化要素如何相互作用，以及如何与它们所依存文化的组成部分相互作用。DEC 对减少成本漠不关心的态度与其不愿意开除"好人"的个人主义价值观息息相关。汽巴嘉基公司精心策划的裁员事件在很大程度上反映了瑞士－德国和巴塞尔的社会价值观。经济发展局学习如何将中华传统价值观与西方价值观相结合，以创造成功。

第四，当我们研究管理文化演变和变化的动态时，我们会发现战略和介入策略的成功前提是对文化元素及其相互作用有更详细的了解。我们不需要分析这些案例的复杂程度，但我们需要一种能快速识别的流程，以确定哪些文化元素可以帮助我们管理变革，哪些文化元素会阻碍我们实现变革的目标。

至此，我们回顾了文化的定义结构，并用几个详细的案例研究来对其进行详细阐释。这些案例在某种程度上涵盖了文化的动态性，并说明了组织文化依存于宏观文化的方式。现在，我们需要更多地了解如何思考和评估这些宏观文化。

思考与问题

请读者自己思考以下几个问题：

（1）"政府"机构与商业部门的不同之处在哪里？

（2）在本案例中，国家文化是如何影响经济发展局的职能的？

（3）文化对于组织任务的影响体现在哪里？

关于文化，变革领导者
需要掌握哪些内容

宏观文化长期存在于国家、民族和职业中，因此它们已经获得了一些非常稳定的元素或者"骨骼"，以基本语言/概念和价值观的形式存在。它们在自身获得发展的同时，与其他文化相互交流，继续不断发展。为了比较宏观文化，我们需要获得宏观文化的一般维度，这些维度贯穿宏观文化本身，即便是在历史经验之下仍然可以维持相对稳定。可能阻碍多元文化群体运转良好的问题，是那些之前我们认为的稳定因素可能以意想不到的方式在多元文化群体之间发生冲突，并且导致某些或好或不好的变化。为了增加一些历史背景，让我们从人类学的一些有趣的故事开始。

库克船长（Captain Cook）在夏威夷遇害事件。 历史例证可以更好地为我们解释宏观文化的相互作用，例如萨林斯（Sahlins，1985）在分析英国人与夏威夷人和新西兰毛利人的互动时所引用的例子。夏威夷的"神话"解释了为什么库克船长在1778年首次访问非常成功后会在再次回到夏威夷时惨遭杀害。当库克船长首次登陆夏威夷群岛时，他被认为是当地人的神话所预言的神，因此受到高度尊敬。夏威夷女性认为，她们的文化允许她们与水手发生关系，因为水手们也很虔诚。库克船长一开始是禁止这种做法的，因为这不符合英国海军的行为规范。但是这些女性妖娆多姿，水手们在这段时间内与当地人发生了大量的性行为。

水手们认为这很棒，但他们还是觉得这些女人应该得到某些回报——虽然当地的女人认为与虔诚的水手发生性关系已经足够了。水手们最初给这些女人一些饰品和珠宝，但随着夏威夷女人和她们的男人在船上发现各种金属物品，他们开始不停寻求金属物品，因为这些东西在夏威夷非常稀缺。这些女人和男人携带金属物品回到家乡，由此提高了地位。他们不断索取，水手们甚至为他们拔出了船上的金属钉。由于夏威夷的男男女女在这一过程中地位不断提高，他们甚至开始威胁到酋长们的地位。酋长们甚至发现女人与男人在船上的同一张餐桌上吃饭——这在当地文化中是严格禁止的。

当库克船长倾其所有满足他们的需求时，一周后他发现一些金属航海仪器被盗，一些船舶不适航。他试图回过头来和酋长们谈谈，希望可以拿回这些仪器。当然，他还不知道的是，夏威夷传说认为，折返的神不是真正的神。正如萨林斯总结的那样："对夏威夷祭司来说，库克始终是古代的罗诺神（Lono）。他出乎意料地回来了，而对于国王而言，在本该出现的时间之外出现的神变成了一个危险的对手"（Sahlins, 1985, p. xvii）。库克的回归威胁并激怒了各酋长，他们在库克船长返回来试图从他们手中讨回航海仪器的途中将其杀害。这甚至成为仪式性活动，数以千计的酋长和土著居民将其刺杀。与此同时，夏威夷文化已经发生了变化，因为在夏威夷社会，获得金属的妇女地位日益提高！

新西兰的砍旗事件。 新西兰殖民地的"神话"是：为什么毛利人不断砍倒英国旗杆，即便是他们似乎已经接受了他们在军事和政治上被征服的事实？有一次，毛利人袭击了一个英国人社区，砍倒了社区总部的旗杆。人们当时将其解读为有更大预谋的起义运动将会发生。但是最终没有发生任何事情，这真的只是众多砍倒英国国旗旗杆的事件之一。这种看得见的冲突持续了很多年，令多位州长如坐针毡，直到有一人终于弄清楚原因。

英国人将砍倒旗杆看作对他们国旗的侮辱，令人无法容忍。于是他们又竖起另一根旗杆，结果又在某个时间点被砍倒了。但他们当时所不理解的是，在毛利文化中，将杆子的一端指向天空有巨大的象征意义，这代表着关于人类如何起源以及杆子撑起天空的传说。毛利人并不在乎旗帜，他们接受了英国的殖民统治，但他们无法忍受地上的杆子。一位新州长得知这一点后，很容易就找到一个解决办法，既能够保证英国人的尊严和他们国旗的安全，同时又尊重毛利人对于杆子的控制。

当来自不同国家的组织文化相遇时，我们经常会看到类似的意想不到的结果，难题由此而生。第六章中关于文化差异的基本类别可以帮助我们理解这些结果。第七章提出了一些领导者可以为多元文化群体设定探索那些可能对自身运作至关重要的维度的条件的方法。

宏观文化情境的维度

文化评估可以是一个巨大的无底洞，也可以是围绕我们试图解决的特定问题进行的集中练习。我们有时需要评估国家和职业的宏观文化，并找出文化的基因，因为我们有具体的问题需要解决或改善。为此，我们需要选择贯穿宏观文化的维度。本章将回顾评估宏观文化的方式，并展示一些有助于比较宏观文化的维度。

旅行与文献

当我们反思我们在自己的民族或民族文化中观察到的事物，以及我们在其他国家旅行体验到的事物时，用文化分析的三层模型（参见第二章）可以帮助我们观察像国家和职业这类的宏观文化。人工饰物层面是我们作为游客旅行时，或者对于像医学这样的职业，我们在拜访医生或去医院时所遇到的情况。信仰价值层面可以在已发表的国家意识形态或某职业的官方使命声明中找到。而基本假设，与组织一样，则必须通过与人交谈，或者在一段时间内进行密集的个人观察，或者像民族志中的系统观察和访问"告密者"来进行推断。

如果我们想不去旅行就了解另外一种文化，我们会阅读关于他人观察和推断的文学记录，或者阅读对文化进行深入分析的民族志。同时，如指导手册、电影、小说和其他艺术媒体有关文化部分的这些内容也提供了一个文化分析的辅助来源。维基百科拥有大量的文化信息，但我们不清楚这些信息与我们需要了解的各种组织问题有多大关系。如果组织依存于宏观文化中，这些文化的哪些维度可能与组织的信仰、价值观和规范最相关？为此，我们需要更加专注于系统地调研民族文化的民族志研究人员的工作。

问卷调查

1. 霍夫斯泰德对 IBM 的研究

研究者们已经帮助我们提供了一些维度，认为国家可以在其基本假设层面进行分类。与此相关的最早和最完整的研究之一是霍夫斯泰德（Hofstede）分析 IBM 所在的所有国家中可比较的 IBM 员工群体的问卷调查结果（Hofstede，2001；Hofstede et al.，2010）。这项工作和随后的后续研究所产生的统计性导出维度，可以进行国别的比较。

我将其研究结果归纳为基本假设维度，因为它们反映了信仰、价值观和思维方式，这些理念在很大程度上被认为是理所当然的，并且出于这些国家成员的自觉意识。图 6-1 展示了霍夫斯泰德的所有文化维度，但这其中有两个与组织文化分析尤为相关。

个人主义与集体主义。根据霍夫斯泰德的原始数据和各种后续数据，可以做国别比较，之后我们可以确定总体概况相似的国家群。例如，霍夫斯泰德的对比研究表明，美国、加拿大、澳大利亚和英国等国家更具个人主义色彩，而巴基斯坦、印度尼西亚、哥伦比亚、委内瑞拉、厄瓜多尔和日本则表现得更为集体主义。

> • 个人主义 – 集体主义：是社会建立在个人权力和责任的基础上，还是"集体是社会基本单位，个人应该服务于集体"
> • 权力距离：社会中最高权力人士和最低权力人士的社会心理地位距离和权威距离
> • 男性 – 女性距离：性别角色的差异程度以及个人与工作和家庭的关系
> • 不确定性规避：社会成员在不确定和模棱两可的情况下感到舒适的程度；对于明确的结构、流程和规则的需求程度
> • 长期取向 – 短期取向：社会成员规划和梦想遥远未来，而不是仅仅关心当下的程度

图 6 - 1　霍夫斯泰德的文化基本维度

在现实中，每个社会和组织都必须既尊重团体，又尊重个人，因为没有某一个，另一个就没有意义。但是，在文化差异很大的情况下，其差异程度在于所尊奉行为规范和价值观是否反映更深层次假设及其程度。从表面上看，美国和澳大利亚似乎都是个人主义文化，然而在澳大利亚（和新西兰），你会很多次听到关于"高罂粟综合征"的说法，即长得高的罂粟遭到砍伐。例如，一位美国少年在冲浪运动上获得了辉煌的成就，他的父母早已移居澳大利亚，他不得不跟他的同伴说："嗨，那不过是因为运气。"在具有强烈集体主义价值观的文化中，个人不会以个人的方式获得成功。但是相比之下，在美国，尽管人们支持合作，但我们可以在体育运动中清楚地看到，超级巨星是受人钦佩的。虽然打造团队确实必要，但这并不是人们发自内心的追求。

个人主义社会通过个人成就来定义角色，通过个人竞争展现能力，他们高度重视雄心壮志，并以非常私人的方式定义亲密和爱。相反，更加集体主义的社会更多是从团体成员的角度定义身份和角色，主要针对其他团体展现能力，将很少的价值放在个人的野心上，并且在集体内部互相传递关爱。

权力距离。所有的团体和文化都有如何管理越权的问题，因此霍夫斯泰德关于文化的广泛调查确定了"权力距离"的维度——在等级情

境中的人们认为控制对方行为的能力大小在各个国家之间有所不同。菲律宾、墨西哥和委内瑞拉等高权力距离国家的人们比丹麦、以色列和新西兰等低权力距离国家的人们感受到上级和下级之间的关系更加不平等。如果我们按照职业来看相同的指数，如预期的那样，我们发现非技术和半技术工人之间的权力距离超过了专业人员和管理人员之间的权力距离。

我不会评论其他三个方面，因为它们在文化上非常复杂，一次只能针对一个国家来研究。性别问题与宗教和种族的关系也非常复杂。在美国，这也是导致男性和女性角色的规范和假设的复杂组合的原因。随后，我们还会讨论不确定性容忍度以及时间取向的问题。

2. 全球研究

另外一个大规模的研究是豪斯（House）和他的同事使用来自25个国家的17 500名中层管理人员的调查数据进行的研究（House et al.，2004）。图6-2列出了其关于宏观文化的九个维度。可以发现，豪斯的许多维度与霍夫斯泰德的维度非常相似，但是豪斯的全球研究增加了一些对于组织分析尤其重要的维度，特别是"绩效取向"、"自信心"和"人文取向"。

- 权力距离：集体成员期望权力平等分配的程度
- 不确定性规避：社会、组织或团体对以社会规范、规则和程序来减轻未来事件的不可预测性的依赖程度
- 性别平等主义：一个集体最大限度地减少性别不平等的程度
- 未来导向：个人参与面向未来的行为（例如延迟享乐、制定计划和投资）的程度
- 集体主义Ⅰ（机构内部）：组织性和社会制度性实践鼓励、奖励集体资源分配和集体行动的程度
- 集体主义Ⅱ（群体内部）：个人在组织或家庭中表达自豪感、忠诚度和凝聚力的程度
- 绩效导向：集体鼓励、奖励集体成员的进步表现和卓越表现的程度
- 自信心：个人在与他人的关系中坚持、直面和积极的程度
- 人文取向：集体鼓励和奖励个人的公正性、利他性、慷慨性、关怀性和对他人友善的程度

图6-2 全球研究的文化基本维度

问卷调查可以界定清楚宏观文化的维度吗？ 从研究方法论的角度来看，问卷调查的问题在于研究人员首先将预先设定的问题放入调查问卷中，从而受制于研究人员的问题模型，限制了研究人员可能得到的其他结论。同时，依赖于被调查者个人反馈的问卷调查也不清楚是否能够揭示集体信念、价值观和规范，因为个人可能会忽视他们自身的某些共同点，而这些被忽视的细节，研究人员有可能一眼就会发现，或者通过一次群体访谈能很快显现。

我们也不清楚由因素分析统计得出的维度是否可以看作构建文化理论的基本结构。虽然有些维度在统计上是有效的，并且可以进行国别之间的比较，但是这些维度并不完整，因为它们缺乏参与者观察、民族志和集体访谈相结合的那种深度，而在那种场合中，共享的信念、价值观和规范才会立即显现出来。在本章的后半部分，我将回顾人类学研究中出现的一些重要方面，如爱德华·霍尔（Edward Hall, 1959, 1966, 1977）的研究。

民族志研究、观察研究和访谈研究

1. 语言和情境

当然，文化最明显的维度就是所使用的语言。我们最初学习本国文化的方式是在我们的物理和人文环境中观察、思考和区分。我们不会通过在字典中查找来对其进行了解，而是向父母学习。语言不仅定义了我们所看、所听和所感的类别（如图6-3中的漫画），还定义了我们如何思考事物并定义内涵的方式。

更重要的是，语言本身在霍尔所提出的"高情境"与"低情境"中含义有所不同："高情境"指要解释给定的单词或短语非常困难，因为它的含义取决于上下文；"低情境"指词汇本身更加精确，清晰地表达了它们本身原来的含义。

"Little Jack Horner sat in a corner, eating . . . What's a corner?"

图 6-3 漫画

资料来源：经过作者 J. Whiting 授权同意转载。

例如，我有一位朋友，就职于英国 NatWest 公司的瑞士子公司，他希望我帮助他弄清楚英国老板（高情境）对瑞士子公司（低情境）的要求，因为他们永远无法获得一组"清楚"的指令。当我问英国人时，他们向我保证，他们认为他们的要求非常清楚准确！但是最终，我也无法提供太多帮助，因为我对英国人到底想要什么也不了解。

2. 现实与真理的本质

每种文化的基本部分都是关于什么是真实的，以及如何确定或发现真实的假设。这些假设会指导群体的成员确定什么是相关信息，如何解释信息，以及确定信息足够充分并来决定是否采取行动及采取何种行动。在这里我们要注意区别我们是依靠"物理现实"还是"社会现实"。

物理现实是指那些通过客观的经验可以确定的东西，或者西方传统中可以经过"科学"测试的东西。例如，如果两个人争论玻璃是否会破裂，他们可以通过使用锤子敲打来发掘答案（Festinger，1957）。如果两位管理人员争论要推出哪种产品，他们可以定义一个测试市场并制定解决问题的标准。但是，如果两位经理争论支持哪一个政治团体，那么他们都必须同意没有解决冲突的物理准则。然后，他们必须依靠他们达成的任何共识及更多的洽谈和社交活动来开展测试。正如社会学家指出的那样，高度一致性就构成了"社会现实"，如果某件事物被定义为真实的话，那么它的后果是真实存在的。

当我们处理关于人性本质的假设时，社会现实就会起作用——人类自身及与自然相处的正确方式，权力的分配和整个政治过程，关于生命意义的假设，意识形态，宗教，群体界限和文化本身。这显然是协商一致的结果，并不是经验上可以确定的。那么，一个群体如何定义自己和其选择的生存价值，显然不能用我们传统概念中的经验科学测试方法来检验，但毫无疑问，它们却可以被强烈地认同和一致地分享。如果人们相信某些东西并将其定义为真实的东西，那么它就变成了真实的东西。问卷调查中确定的维度主要涉及社会现实。物理方法无法验证对不确定性的容忍到多大程度上是正确的，无法验证个人主义多少为最好，无法验证领土的冲突或者信仰体系。

道德主义与实用主义。 进行文化的国别比较的一个有效维度便是各个国家对于道德主义和实用主义的实证方法（England，1975）。在对管理价值的研究中，英格兰（England）发现，有的国家的管理者倾向于要求实用，以自己的经验寻求证实；有的国家的管理者倾向于道德主义，他们会寻求在一般哲学、道德体系或传统中的验证。例如，他发现欧洲人通常比较道德，而美国人更务实。如果我们将这个维度作为某个群体的基本假设的一部分，那么我们就可以判断出该国对于真实的基本界定标准是什么，如图 6-4 所示。

"信息"是什么？ 一个团队如何解读现实并作出决定，还涉及对数据构成、信息和知识的共识。随着信息技术的发展，由于关于计算机在提供"信息"方面作用的辩论，这个问题变得更加尖锐，这一点在"垃圾进，垃圾出"的表述中能明显看出。我们现在拥有"大数据"作为真理的推测来源，但这些数据的采集者却发现他们必须雇佣分析师和博士，这些人接受过科学逻辑方面的培训，因此可以教会数据采集者如何从原始数据中获取信息，而这些信息可能与某些真理相近，可以据此作出决策。关于统计导出关系和概念的有效性问题答案仍然模糊不清，因为即使统计所公布的"显著性"程度本身也是统计学家建立的社会规范。我们所推测的大部分"知识"都基于统计学显著的相关性，而没有充分回答或者没有关注这里所说的两个事物之间的相关性是否就真的意味着一个事物可以引起另外一个事物。

- 基于传统或宗教的纯粹教条：我们一直是这样做的；这是上帝的旨意；这是被写入经文中的。
- 被参悟的教条——基于对智者、正式领袖、先知或国王的权威的信任的智慧：我们的领导者希望这样做；我们的顾问建议我们这样做；她拥有最丰富的经验，所以我们应该按她所说的去做。
- 通过"理性-合法"的过程得出的真理：当我们通过法律程序确定有罪或无罪时，说明我们从一开始一直认为没有绝对真理，这只不过是社会所认可的真理；我们必须把这个决定交给市场，并且让他们自己作出决定；老板必须做这个决定，这是他的责任；我们必须投票决策，遵守少数服从多数的规则；我也认为这个决策是生产部门负责人的职责；我们需要就这一决定达成共识，我们需要一致意见。
- 存在于冲突和辩论中的真理：我们在三个不同的委员会中进行了测试，并在销售队伍中进行了测试，发现这个主意仍然有效，所以我们就会这么办；让我们从当时的初心出发开始讨论这个问题；有没有人发现如果这样做的问题；如果没有问题，那这就是我们要做的。
- 真理就是那些起作用的——纯粹的实用标准：让我们试试这种方式，并评估我们的工作方式。
- 科学方法教条所确立的真理：我们的研究表明，这是做到这一点的正确方法；我们已经完成了三次调查，并且结论都相同，所以，我们可以采取这种行动。物理现实和科学证据被信奉为决策的正确基础。

　　例如：美国文化和电气工程职业文化是非常实用主义的，是通过反复试验、谈判、冲突和辩论最后发现真理。传统和道德权威方面的思考很容易被驳斥。在一些亚洲社会中，关于事情如何去做的社会或审美传统可能会超越实用主义。例如，因为他们信任家庭成员，所以他们接受裙带关系；而在美国，裙带关系在决策过程中被以实用主义为由拒绝。

图 6-4　确定真理的可能的标准

3. 基本的时间导向

人类学家指出，每一种文化都会对时间的性质作出假设，并对过去、现在或未来有一个基本的定位（Kluckhohn & Strodtbeck, 1961; Redding & Martyn-Johns, 1979; Hampden-Turner & Trompenaars, 1993）。例如，克拉克洪（Kluckhohn）和斯多特贝克（Strodtbeck）在研究美国西南部的各种文化时指出，一些印第安部落主要生活在过去，西班牙裔美国人主要面向现在，而英裔美国人则主要面向不久的将来。根据调查，汉普登 – 特纳和特龙佩纳斯（Hampden-Turner & Trompenaars, 1993, 2000）发现，在亚洲国家和地区中，日本属于长期规划的极端，中国香港则属于短期规划的极端。

一个组织面向未来的方式是备受争论的话题，许多人认为美国公司面临的一个问题是，它们运营的金融情境（股票市场）迫使牺牲长期规划来开展以近期为导向的工作。当然，我们不清楚哪个是原因，哪个是影响。从文化角度讲，美国是一个面向未来的务实社会（它创造了某些经济制度来反映我们对快速和持续反馈的需求，或者让我们的经济机构创立了短期务实的方向）吗？

无论哪种情况，重要的一点是，这些关于时间的文化假设主宰了日常思考和活动，以至于美国的经理们可能都很难想象一下哪怕是长期规划过程的一些替代方案，而这种长期规划在日本某些行业中很典型。我有一位日本同事正在计划将我的一些作品翻译并介绍给日本市场，已经计划在 2017 年和 2018 年请我进行访问或视频演示[①]！

单一时间和多元时间。霍尔（Hall, 1959, 1966）指出，在美国，大多数管理者认为时间是单一的，是一条无限可分的线性色带，可以分成私人约会和其他隔段，但一次只能做一件事。如果在一个小时之内需要完成不止一件事，那么将一小时分成我们需要的单位，然后依次完成各种事情。当感到混乱或超负荷时，我们建议一次只做一件事。时间被视为可以被花费、浪费、消磨或可善用的有价值的商品；一旦时间单位结束，它就

---

① 本书英文版出版时间为 2017 年，写作时间为 2016 年。——译者

会永远消失。哈萨德（Hassard, 1999）指出，这种"线性时间"的概念是工业革命的核心，从此转变为用产品生产时间来衡量生产力，装上时钟来衡量工作完成量，按照员工的工作时间付酬，并强调"时间就是金钱"。

相比之下，南欧、非洲和中东的一些文化把时间看作多元的，是一种媒介，这种媒介更多的是由所完成的事务而非时间来定义，而且可以同时完成几件事情。更为极端的是，他们有时间周期性的概念，认为时间是重复发生的一系列阶段，而且循环只是在形式上。一个季节过后，下一季节随之而来，一个生命也会轮转为另一个生命，正如一些亚洲社会中所见（Sithi-Amnuai, 1968）。

按照多元时间进行经营的经理"主持工作"是指他同时处理一些下属、同事甚至老板的事情，并将每件事情都同时交办，直到全部完成。虽然在美国强调单一的时间性，但是多元时间的概念确实存在，例如医生或牙医在相邻办公室看几个病人，或者一个汽车推销员有几个顾客同时来看汽车并在其间周旋。现代信息和社会交流技术通过质疑在驾车时是否可以发短信或打电话来说明多元性时间观的一些潜在问题。

时间概念还以微妙的方式定义了地位是如何展示的，如美国人和北欧人在拉丁文化中令人沮丧的经历所表明的那样，在这种经历中，排队和一次只做一件事情不太常见。我曾经在法国南部的一个小邮局旁边排队，但是发现有些人从队伍前面冲进去，而且实际上也得到了店员的服务。我的朋友们指出，在这种情况下，店员不仅对世界持有多元时间的观念，使其可以对那些呼声最高的人作出反应，而且地位更高的人本身就认为基于身份，不排队且获得服务是理所应当的。当然，如果其他人生活在相同的地位体系中，他们不会因等待而感到不适。事实上，有人指出，排队显示了我对于自身地位的较低的姿态，否则，我也可以站起来冲到队伍前面直接要求服务的。

计划时间和开发时间。 在一项关于生物技术公司的研究中，杜宾斯卡斯（Dubinskas, 1988）发现生物学家和管理者在生物技术行业一起工作的职业文化存在重要差异。管理者以线性、单一时间的方式来看待时间，其目标和里程碑事件都与外部客观现实（如市场机会和股票市场）紧密相关。杜宾斯卡斯将这种形式的时间称为"计划时间"。

相比之下，生物学家似乎是按杜宾斯卡斯所谓的"开发时间"开始运作的。开发时间的最佳表述是"事物将按照其规律持续进行"，指的是具有自己内部时间周期的自然生物过程。为了讽刺这种差异的存在，一位经理可能会说我们需要五个月的时间才能达到商业目标，而生物学家会说，对不起，至少需要九个月才能生个孩子。计划时间寻求完成；开放式的开发时间可以延伸到未来。

4. 空间的意义：距离与相对位置

我们对空间的含义和使用的假设是宏观文化中最微妙的一个方面，因为关于空间的假设和对时间的假设一样，是在意识之外运作的，认为是理所当然的事物。与此同时，一旦有人违背这些假设，人们会产生非常强烈的情绪反应，因为空间具有非常强大的象征意义，正如现在的短语"不要进入我的空间"所表达的一样。排名和地位在组织中最显而易见的方式之一就是办公室的位置和面积。

霍尔（Hall，1966）指出，在某些文化中，如果某人正朝某个方向行进，则前方的空间被认为属于该人，所以如果有其他人从该人的面前经过，那么这个人就会被认为"侵犯"了该人的空间。在其他文化中，特别是一些亚洲文化中，空间最初被定义为共有的和共享的，在中国城市的街道上，允许复杂的人流、自行车、汽车和动物共同存在，每个人都以某种方式前进，而没有人会因此遭到杀害或践踏。

在他人面前如何定位自我，反映了我们想要表达我们的何种关系。正式关系中，对方通常在距离我们几英尺远的地方，而亲密的关系允许我们之间说话的距离只有几英寸或者身体发生接触。地位差距越大，下属所保持的距离越大，而上级有获得接近的权力，特别是如果他是医生或牙医。

对距离的感受有生物依据。动物们具有明确定义的逃离距离（动物被侵犯后的逃跑距离）和临界距离（动物被侵犯会引起攻击行为的距离）。拥挤的环境不仅会引起非人类物种的病态行为，而且会引发人类的攻击行为。因此，大多数文化都有相当明确的规定，即通过使用标志来定义个人和私密空间，这就是霍尔（Hall，1959，1966）所说的"感官筛查"，包括隔段、墙壁、隔音屏障和其他物理设备等。我们用目光接触、身体姿势和其他个人设备表示对他人隐私的尊重（Goffman，1959；Hatch，1990；Steele，1973，1981）。

我们还学习如何管理霍尔（Hall，1959，1966）所谓的"入侵距离"——与其他人进行私人谈话而不中断的距离，这种距离在适当的时候也会让人觉得需要注意私人距离。在包括我们在内的一些文化中，只有当有人打断讨论时才觉得发生了侵犯行为（有人可以靠近而不会直接"打断"），而在其他文化中，只要进入另一个人的视野就构成对注意力的转移，就会被视为打断。在这些文化背景下，使用封闭式办公室等物理屏障具有重要的象征意义——这是保持隐私感的唯一方式（Hall，1966）。

空间的象征。每个社会都会开发出各种空间分配方式来代表重要的价值。在组织层面，人们对于应该拥有多少空间以及应该在何处寻找空间有清晰的规范。这些规范反映了关于在完成工作时空间的使用和关于空间作为地位象征方面作用的基本假设。最好视野和最好位置的空间通常是为地位最高的人保留的。高级管理人员通常位于建筑物的较高楼层，并且经常配以特殊空间，如私人会议室和私人洗手间。

社会学家指出，私人洗手间的一个重要功能是使领导者能够适当地向下属和公众展示自己，并保持一个具有高层次需求的"超人类"生物的领导者的形象（Goffman，1967）。在一些国家或组织中，如果员工与公司领导紧挨着用洗手间，员工会感觉不舒服。

一些组织用非常精确的空间分配作为直接地位的标志。通用食品（General Foods）总部大楼的设计采用了可移动墙，因此，随着产品经理的晋升，办公室的面积可以调整以反映其新的等级。该公司设有一个部门，负责分配代表特定等级的地毯、家具和墙面装饰品。从不同国家的大礼堂和教堂的位置与风格可以看出，建筑物的位置、建筑方式以及建筑类型反映了国家在更深层次价值上的不同。

由于建筑物和周围的环境高度可见且相对永久，各国和各组织试图通过其设计来象征重要的价值观和潜在假设。物理布局不仅具有这种象征功能，而且常用于指导和引导组织成员的行为，从而成为强大的建造者和规范的强化者（Berg & Kreiner, 1990; Gagliardi, 1990; Steele, 1973, 1981）。硅谷的公司（例如谷歌、苹果、脸书、基因泰克等）会用一些设施将它们的中央空间打造得具有磁铁般的吸引力，而不是堡垒。这就吸引员工将他们大部分时间留在这里，他们也亲切地将其称为"校园"。

肢体语言。空间的一个更微妙的用途是关于我们如何使用手势、身体姿态和其他物理线索来传达我们对特定情况下发生事情的感受，以及我们如何与其中的其他人相互联系。一般而言，我们坐在身旁、避免接触、触摸、鞠躬、远望等行为，表达了我们对相对地位和亲密感的看法。前面关于我们与他人保持的距离的讨论就是一个很好的例子。然而，正如社会学家所观察到的，我们还有更多微妙的线索来表达我们对正在发生的事情的深刻理解，以及我们对正确和在任何特定情况下行为正确方式的假设（Goffman, 1967; Van Maanen, 1979）。

顺从的仪态和举止可以加强等级观念，这会在我们的交流中通过身体当时的姿态表现出来，这就像下属知道在与老板会面时站在什么位置，以及如何提出与老板相左的问题和意见。对于老板来说，老板知道她自己必须坐在会议室的桌子前面，并适时地向员工发表她的评论。但只有内部人知道所有这些时间或空间线索的全部含义，这强烈地提醒我们，我们观察到的关于空间安排和对时间的行为都属于文化的人工饰物层面。如果我们没有通过访谈获得来自内部人员的额外信息和数据，仅仅是通过观察和联合调查，这些深层次的内容很难被解读出来。

用我们自己的文化镜头来解释我们所观察到的东西，这非常危险。在南非的煤矿，白人监工对当地雇员不信任，因为他们"眼睑低沉，永远不会与你对视"，但是没有人意识到在他们所到的部落，直视上级的眼睛是一种严重的不敬行为（Silberbauer，1968）。所以有必要为主管人员设立特别培训计划，教他们如何解读员工的行为。然而，在美国，眼神接触被认为是一个"良好"的关注指标，所以我很难说服对话双方"围炉夜话"而不是直接相互对话，下一章将解释该话题。

时间、空间和活动的相互作用。 在任何新的情况下，以时空为导向都是个人的基本要求。到目前为止，我们已经将时间和空间分为不同的维度，但实际上它们总是以复杂的方式围绕着应该发生的活动进行交互。我们可以很容易发现这与时间的基本形式有关。

单一时间（monochronic time）的假设对空间的组织方式具有特殊的含义。如果某人必须进行个人的会面以及保留隐私，他需要一个可以逗留的区域，于是远离中心的办公区、隔间或者有门的办公室成为必需品。由于单一时间与效率相关，所以个人就需要一定的空间布局，以减少时间的浪费。因此，人们必须很容易相互联系起来，重要部门之间的距离必须尽可能短，而厕所和饮食区等便利设施必须以能节省时间的方式布置。事实上，在DEC，公司内部环绕四周的水冷却器、咖啡机和小厨房的自由分配清楚地表明即便身体需求得到了满足仍然需要继续工作的重要性。谷歌散布于四处的设施表明，员工需要始终保持舒适的工作环境，员工也不应该感到需要离开房屋才能满足各种需求。

相比之下，多元时间（polychronic time）需要空间安排，以便诸多事件甚至可以同时发生，隐私可以通过窃窃私语和无意间听到而传播，而不是闭门复盘来获得。因此，大型房间建造得更像是圆形剧场，高管人员可以号令全场，或者围绕核心设立办公室或隔间，使其可以方便地接触每个人。我们也可能会期望在视觉上更加开放的环境，例如大开间办公室，主管人员可以查看整个部门，以轻松发现那些可能需要帮助的人或看到那些不工作的人。

建筑物和办公室根据某些预期的工作模式设计时，通常需要在实际布局中考虑距离和时间（Allen, 1977; Steele, 1973, 1981, 1986）。信息和通信技术越来越能够压缩时间和空间，如果在设计时没有给予考虑，将使设计问题变得非常复杂。例如，私人办公室中的一群人可以通过电话、电子邮件、传真和可视电话进行通信，甚至可以通过视频会议成立虚拟团队或召开会议（Grenier & Metes, 1992; Johansen et al., 1991）。

人类的本质和基本动机

每种文化都有一些共同的假设——关于人的意义、我们的直觉是什么，以及什么样的行为被认为是不人道的并需要被从人类群体中剔除出去的。整个历史发展的长河也告诉我们，人类既是物质财产又是文化的产物。奴隶制因为将奴隶定义为"非人"而获得了合理性。在种族和宗教冲突中，"其他"通常被定义为非人。在那些被定义为人类的范畴内，差异性也非常大。克拉克洪和斯多特贝克（Kluckhohn & Strodtbeck, 1961）在他们的比较研究中指出，在一些社会中，人类被认为本性是恶的；在另一些社会中，人类被认为本性是善的；还有一些社会中，人类则被认为本性是混合或中性的，可以是善的，也可以是恶的。

与此密切相关的是关于人性完美的假设。我们的内在究竟是善还是恶？由此，我们是可以简单地接受当下的我，还是必须通过努力工作、慷慨或者信仰来克服我们的不足，从而获得救赎和涅槃呢？在一个特定的宏观文化中如果说讨论到关于分类的问题，那么这常常与主导该文化单位的宗教有关。但我们也会看到，这个问题有很大一部分是领导力的核心。

领导者对工人的基本动机做何种假设？在美国，我们看到了一系列假设的转变：

（1）工人是理性的经济行为者。

（2）工人是需要满足基本社会需求的社会动物。

（3）工人是问题解决者和自我实现者，其主要需求会受到挑战，但他们也会发挥其才能。

（4）工人具有复杂性和可塑性（Schein，1980）。

早期关于美国员工激励的理论几乎完全被这样的假设所主导，即管理者可用的唯一激励因素是货币激励，因为它假设员工唯一的基本动机是经济利益。霍桑研究（Roethlisberger & Dickson, 1939; Homans, 1950）推出了一系列新的"社会性"的假设，即假定员工的动机之一是需要与他们的同伴和成员群体保持良好关系，而且这种动机超越其自我经济利益。这些假设的主要证据来自对产出限制的研究，研究结果清楚地表明，工人宁愿减少他们所获得的实际工资，也不去违背"在公平日工作，获得公平的工资"的社会规范。此外，工人会对高产者（"定额破坏者"）施加压力，使其减轻工作量，获得较少的报酬，以保护公平日工作的基本规范。

随后的研究工作，特别是对装备流水线影响的研究引入了另一套假设：员工是自我实现者，他们需要挑战和有趣的工作来获得自我认可，需要充分发挥其才能的有效渠道（Argyris, 1964）。动机理论专家，比如马斯洛（Maslow, 1954）提出，人类需求是有等级的，一个人只有在较低级的需求得到满足之后才会体验和处理"更高级"的需求。如果个人处于生存等级，经济动机将占主导地位；如果生存需求获得满足，社会需求就会脱颖而出；如果社会需求得到满足，自我实现需求就会凸显。

1. 关于恰当的人类活动的假设

人类与其生存的环境如何相互关联？跨文化研究已经确定了几种基本不同的导向，这些对我们在组织中可见的变化有直接的影响。

"做"（doing）的导向。在一个极端情况下，我们可以确定一个

"做"的导向，该导向与以下几条紧密相关：（1）自然可以被控制和操纵的假设；（2）对现实本质的实用取向；（3）对人类完美性的坚信（Kluckhohn & Strodtbeck，1961）。换句话说，该导向理所当然地认为人类应该做的事情就是掌握并主动控制自己的环境和命运。

"做"是美国的主导倾向，当然也是美国管理者的一个关键假设。该假设在二战口号"我们可以做到"，在"玫瑰和铆钉"海报以及股票方面的美国短语"完成任务"和"让我们做点什么"等中可以管窥一二。"不可能变为可能只是时间问题"这一概念是美国商业意识形态的核心。各种组织会通过这一假设推动自身发展并主宰它们所处的市场。

"是"（being）的导向。 在另外一个极端情况下，可以确定一个"是"的导向，该导向与以下假设紧密相关：自然强大而有力，人类应该屈服于它。这种定位意味着一种宿命论：因为我们不能影响自然，所以我们必须接受并享受我们拥有的东西。我们必须关注此时此地、个人享受以及坦然接受任何事情。许多宗教都是基于这个假设运作的。按照这个导向运作的组织在它们的环境中寻找一个适合它们生存的合适位置，它们试图适应外部现实，而不是创造市场或主宰某些环境。

"将要成为"（being-in-becoming）的导向。 第三种导向，介于以上两者之间，指的是个人必须充分发展自己的能力才能与自然和谐相处，从而实现个人与环境的完美结合。该导向的重点在于着眼于发展而非静态条件。通过对那些可以控制的事物（例如情感和身体功能）的分离、冥想和控制，个体可以实现完全的自我发展和自我实现。其重点在于这个人是什么，可以成为什么，而不是这个人能够完成什么具体的事情。简而言之，"将要成为的导向强调这种活动——其目标是将自我的各个方面发展为一个有机结合的整体"（Kluckhohn & Strodtbeck，1961，p. 17）。

关于是什么构成了成长的界定以及是否应该鼓励这种界定存在很大的差异。

在 Essochem 公司，一位才华横溢的某国分公司经理没有成功晋升为欧洲总部经理，因为管理层认为他"太情绪化"——这反映了母公司对于管理层是"非情绪化"的假定的重要性。相比之下，在允许和鼓励各种形式的自我发展上，DEC 比较极端——这后来反映在某种程度上，DEC"校友"，无论是目前在职，还是在其他组织工作，都会使用"我在 DEC 成长"的短语。

在汽巴嘉基公司，很显然，每个人都必须融入并成为组织结构的一部分，因此进入现有模式的社会化过程就界定了这种发展过程。为了成功进入高级管理层，一位经理必须有一个成功的海外任职，必须已拓展出该公司所授权的跨文化技能。

对于人员的成长和发展是不是一项重要的管理职能，各国及其内部组织的态度各不相同，尽管学者们主张个人的发展和组织的成功可以兼得（Chapman & Sisodia, 2015; Keegan & Lahey, 2016）。

2. 关于人际关系本质的假设

每种文化的核心都是关于为确保团队安全、舒适和富有成效，个体彼此联系、相处的正确方式的假设。一旦这种假设没有被广泛接纳，我们会认为这是无政府状态或者范式丧失。这套假设创造的规范和行为规则，主要处理以下两个核心问题：（1）上下级之间的关系（以及个人与群体之间的关系）；（2）同级同事和团队成员同伴之间的关系应该是什么样子的。

这些规则在每个个体的生命早期就被教导，并被标记为"正确的行为"，是礼仪行为、机智行为、礼貌行为和情境恰当的行为——也就是说，需要了解你在组织结构中的位置并理解什么是恰当的行为。这些规则改变和反映了当前的社会问题，其中一个最好的例子是知道"政治正确"的重要性。什么行为是恰当的、是"情境适宜的"的问题会因为关系的"亲密程度"而各有不同，而这在大多数文化中可以分为四个"层次"（Schein, 2016）。

关系的层级。这些关系层级之间的界限因国家、宗教和种族而异，但每个宏观文化都有一些宽泛的版本，如图 6-5 所示。尤其是当宏观文化相互作用时，理解情境适宜性的规则显得更为重要。例如，一家跨国化学公司位于巴西的子公司，新上任一位来自德国的首席执行官，他以非常正式的议程开了第一次会议，其中包括每个项目的时间分配和非常精确的指示。他很自豪地讲解了会议议程规划，但人们却嗤之以鼻。他受尽屈辱，与当地高管之间的关系也岌岌可危。他和习惯于非正式管理的巴西人都不理解对方的行为，他们不理解什么是情境适宜性。

层级 -1. 利用，无关系或消极关系

示例：囚犯，战俘，奴隶，（有时候是）在极其不同的文化或我们认为欠发达文化下的人，（有时候是）非常老的或非常情绪化的人，受害者或罪犯或被"标记"为犯罪分子的人。

评论：当然，我们认识到，这些团体内部存在一种紧张关系；当然，我们也可以选择和这个类别的人建立关系。但是，我们也不欠他们任何东西，也对他们没有什么信任和开放的关系的期待。

层级 1. 要公开致谢的，礼仪客套，交易角色关系

示例：大街上的陌生人，火车和飞机上的同伴，为我们提供帮助的服务人员——其中包括各种专业的助手，他们的行为受到文化中角色定义的支配。

评论：各方不相互"认识"，但是把对方视为可信任的人，相信其在一定程度上不会伤害我们，也不会与我们在谈话中保持开放的态度。专业助手属于这一类，因为他们的角色定义要求他们保持"专业距离"。

层级 2. 认为独特的人；工作关系

示例：非正式的友谊，我们认识的"某个人"，工作团队成员，我们通过共同工作或教育经历认识的人，与他们的助手或老板有过私人但非亲密关系的人。

评论：这种关系意味着更深层次的信任和开放：（1）互相承诺并尊重承诺；（2）同意不损害对方或损害我们已同意的行为；（3）同意不相互说谎或隐瞒与工作任务相关的信息。

层级 3. 强烈的情感——亲密的友谊，爱和亲密关系

示例：涉及更强烈的积极情绪的关系。

评论：这种关系在工作或互助情况下通常不受欢迎。这里的信任比层级 2更进一步，因为参与者不仅同意不互相伤害，而且认为他们会在可能或需要时积极地支持对方，并且更加开放。

图 6-5　社会关系的四个层级

在关系层级上，来自德国的首席执行官把这次会议视为层级 1 的正式交易，并没有意识到巴西团队已经将其发展成为层级 2 的私人关系。当陌生人会面并且对个性如何的问题感到手足无措时，彼此会感到尴尬和不安；但是如果这种情况发生在一个重要的科层制高管层面上，这种结果可能是侮辱性的和破坏性的。

务实主义的、以行动为导向的美国管理人员来到亚洲和拉丁美洲国家工作之后，往往并不了解其实他们的层级 1 的正式"专业"行为并不会引发当地管理人员所想要的信任和开放，这也导致他们在谈公务前都需要先一起吃个饭或者有一个非正式的会面。亚洲和拉丁美洲国家的人们希望在层级 2 的个人化的关系上建立某种程度的信任，而美国高管主要依赖合同和签名。

同伴关系和团队合作也会产生类似的问题。在任何关系中，我们都可以选择将其定义为层级 1 的正式交易关系，也可以通过提出私人的问题将这种关系升级成为层级 2 的关系（Schein, 2016）。这里一个重要的问题是，是否可以在层级 1 的关系中建立适当的信任和开放性以保证工作的有效开展，或者良好的工作关系是否总是需要某种程度的层级 2 的个人化关系。随着技术的复杂性增加了个体之间的相互依赖性，这个问题变得更加紧迫。这不仅仅限于团队成员之间，甚至需要跨越层级界限。管理者和领导者发现，他们越来越多地依赖于那些知识更多、操作技能更强的下属。当然，这也凸显了领导者需要变得更加谦虚，以及需要学会习惯接受他们自身不足的趋势（Schein, 2013, 2016）。

在进入一个文化更多元的世界时，我们面临的巨大挑战在于，我们需要寻找建立共同的情境适宜性规则，并共同确定我们以何种层级关系共同努力。

概要与结论

本章回顾了一些为了解国家和种族宏观文化中的文化差异而提出的主要维度。当我们试图理解组织文化如何依存于更广泛的宏观文化时，我会选择那些更有用的维度。截至目前，我们回顾了那些可以对语言、现实、时间、空间、真理、人类活动、自然和人际关系进行归类的主要方式。

正是围绕着对这些潜在假设的模式化，我们创造了我们最终称为该国"文化"的整体，同时认识到还有其他方面没有纳入但是确实存在的文化。文化是深刻的、广泛的、复杂的、多层面的，所以我们应该避免像问卷调查模型所建议的那样去贴标签。

要探索多元文化群体在何种情况下愿意共同工作的问题，跨层级和跨职能边界关系的监管规则也许是最重要的领域。多层次关系概念模型的提出有助于开展分析，并且达成共识：是否有可能在交易性的、专业性的层级 1 建立一个开放的、互信的关系；随着工作的复杂性不断提升，是否需要建立一个基于人性化的层级 2 的关系形式。我们将在下一章探讨可能的做法。

思考与问题

（1）这其中的哪个维度因为你从来没有从这个视角分析过文化，最让你感到惊讶？

（2）当你与来自其他文化背景的人互动时，哪些问题最让你感到困扰？

（3）你对时间是什么态度？你会容忍一个人迟到多久？你会容忍自己迟到多久？

（4）哪些迟到的借口是合理的？

（5）你是否观察到在各种关系中建立信任和开放沟通，需要更加"人性化"？

第七章

处理宏观文化的焦点研究

如果我们根据前一章提到的所有维度来评估宏观文化，那将会是一项艰巨的任务，而且它只适用于对特定国家有特殊兴趣的研究人员或想要比较宏观文化者。对于组织的领导者或想加入该组织的人来说，需要更多的应用性和聚焦性方法。开启这项工作的最好方法就是观察到多文化工作团队和项目不仅会在未来变得更加普遍，甚至会有一个新名字——"协作"。《文化智力手册》中的一篇文章详细描述了这种性质的工作团队形式（Ang & Van Dyne, 2008）：

协作的参与者可以一次性聚集在一起，而不需要后面长期的互动。协作的核心成员可能会长时间参与其中，但其他参与者可能会随时变动，只完成"基于需要"的零散工作。此外，协作可能有紧密的互相依赖的互动时期，也可能由相对独立的行动者组成。许多人不是依存在单一的组织环境中，而是代表组织参与跨组织合作，或者参与者根本就不属于任何一个组织。参与者可能会觉得他们在某个项目期间有共同的目标，但可能不会将自己视为一个"团队"成员。协作者可能永远不会面对面，可能在地理上分散，可能主要通过通信技术手段联结在一起。因此，与传统团队相比，合作更松散，更具临时性，流动性更强，通常更依赖电子信息功能。

——吉普森与迪布尔（Gibson & Dibble, 2008, pp. 222-223）

要考虑两种初始情况：（1）团队或任务组，其中每个成员来自不同的国家；（2）诸如外科诊室之类的团队，其中每个成员来自等级各异、职业文化各异的团队。这些群体的独特之处在于我们正在同时处理国家差异和地位差异。从文化管理和变革领导力的视角来看，这些团队该如何学习多层次的文化，以及应如何使该团队发挥效用呢？

在每种情况下，团队必须共享一些经验，使其成员能够发现其他成员与当前任务相关的一些基本文化特征。要做到这一点，他们必须超越原有的举止规范，进行跨地位级别的开放式沟通，形成同理心和同情心，找到彼此的共同点。特别是，他们必须洞察处理权威和亲密关系的规范和潜在假设，因为这些方面的共同点对于发展可行的工作关系至关重要。这项任务会变得特别困难，因为每个文化的社会秩序都有"面子"的规范，这使得公开谈论这些方面的问题尤其困难和危险重重。我们自己的无意识的礼节方面的规则和对冒犯别人的恐惧使得团队成员很可能不会轻易地向他人透露他们对权威和亲密关系的更深层的感受，也不会想到向他们询问这些。

我们并不是在谈论如何管理一个合并或合资企业，因为那只涉及两种文化并且正式培训教育可能会起作用。相反，我们现在谈论的是如何将阿拉伯人、以色列人、日本人、尼日利亚人和美国人——即使他们都说英语——塑造成一个可行的工作组。在这种情况下，要促进理解或同理心，因为向小组成员介绍每个国家在霍夫斯泰德或全球（globe）研究的维度上的位置毫无意义。或者可以考虑一下这种情况，外科医生、麻醉师、护士和技术人员如何成为一个成功的团队，从而实现新的手术技术。他们需要开放地交流，并且在这样一个存在等级界限的团队中超越界限阻碍，完全地相互信任（Edmondson, Bohmer, & Pisano,

2001；Edmondson，2012）。你再考虑一下这种可能，在这个医疗团队中，有一些成员是来自不同的国家并是在这些国家接受的培训，那么他们将如何找到共同点？如果成员需要开展建设性合作，那么给他们讲授医生文化和护士文化所产生的效果只是表面的。什么样的教育或经历可以使这些团队发展工作关系，彼此信任，并进行与任务相关的公开交流呢？

　　为了解决这个难题，有必要利用上一章所提出的"关系层级"概念。当多元文化成员聚集在一起工作时，他们将在本国的层级 1 的交易模式中进行互动，并且特别谨慎，不会冒犯他人或"威胁其他人的面子"。我目睹了那些贯穿整个学期的跨文化课程，没有任何人会冒个人化的风险，结果他们最终还是根本不理解对方的民族文化。如果是一个工作团队，团队成员关系停留在层级 1 只会导致错误和低生产力，因为成员不会发言，以免冒犯更高级别的人。有必要记住的是，每个社会中的社会秩序都将层级 1 中的礼仪、机智和脸面维护作为文化的一个重要组成部分，从而保证社会秩序的正常运转。

　　每一种宏观文化都会形成一种社会秩序，但实际的规范却因文化而异。例如，在美国，作为绩效考核的一部分，员工可以接受层级 1 的面对面的当面述职，因为这是绩效考核的一部分，但是在日本，这种当面的述职就不可行。在一些文化中，雇佣熟人是与员工建立公开信任的层级 2 的关系的唯一途径；在另一些文化中，雇佣熟人被称为裙带关系并被禁止。在一些文化中，信任是通过握手来建立的；在另一些文化中，信任只能通过利益相关和贿赂才能建立起来（这里的"贿赂"这个词也是文化上的）。跨职业界限的差异可能并不是那么极端，但当既跨层级边界又跨职业的团队在一起工作时，这种差异就尤为重要。

文化智力

　　给每个成员开展关于所涉及的每种文化的规范和假设的培训是解决

这种多元文化问题的一种方法。但是我也已经说明，这种方法不仅因为涉及诸多不同文化而异常烦琐，而且比较抽象，学习者甚至不知道该如何应用。

第二种方法是将重点放在文化能力和学习技能上，这种能力越来越被称为文化智力（Thomas & Inkson, 2003; Earley & Ang, 2003; Peterson, 2004; Plum, 2008; Ang & Van Dyne, 2008）。因为世界上有太多宏观文化，所以学习各种文化的内容似乎不太可行，而开发学习技能，可以快速获取特定情境所涉及的文化所需的任何知识。多元文化情境的基本问题在于，每个宏观文化下的成员都可能对"他人"抱有意见和偏见，或许对"他人"的行为有一定的理解，但这一点仍然是建立在自身文化是"正确"的基础上的。因此，与单一宏观文化中演变或管理文化的变革相比，和多元文化组织、项目和团队共同合作，具有更大的文化挑战。

文化智力的概念引入了这样一个命题：为了具有理解力、同理心和与其他文化的其他人一起工作的能力，个体需要培养四种能力：（1）对所涉及的其他文化的一些基本知识的了解；（2）具有文化敏感度或文化警觉；（3）学习其他文化的动机；（4）学习新的行为方式的行为技能和灵活性（Earley & Ang, 2003; Thomas & Inkson, 2003）。因此，多元文化团队的工作意味着必须具备某些个人特征才能进行跨文化学习。

在《文化智力手册》（2008）中，安格（Ang）和范·戴阳（Van Dyne）发表了一组描述文化智力量表开发的论文，并且表明在该项具有高成绩的团队其工作表现优于低得分的团队。个体在文化敏感性和学习能力方面存在着明显的差异，也有大量的心理学文献研究了人们具有或多或少文化能力的原因。但是，甄选具有这种文化能力的人并没有解决两个问题。第一，在许多工作情况下，由于掌握执行工作所需技术技能的人才资源有限，我们无法选择将工作分配给谁或者不分配给谁。其次，如果领导者决定增强员工的文化能力，他们应该具备什么样的经

历？领导者应该如何设计学习过程来激发这种能力，而不考虑参与者的
文化智力初始状态如何呢？

如何助推跨文化学习

因为文化深深扎根于每个人的心中，所以跨文化学习必须面对这样
一个基本现实，即每种文化的每个成员都坚信这样一个假设：他做的是
正确的。我们每个人都来自一种社会秩序，我们已经将其社会化，因此
将其假设视为理所当然。理解其他文化可能需要我们首先承认存在其他
合理的方式来处理事情，但是这对于我们建立同理心帮助不大，而且也
很难帮助我们找到一起工作的共同点。在这个过程中，我们可能会首先
意识到"其他的工作方式或者流程也不会发生错误"。

为了获得同理心以及找到团队所共同奋斗的目标的情景，可能需要
暂时将社会秩序放在一边。我们必须反思自己的假设，同时接受其他文
化假设有效的可能性。这个过程始于自我质疑，而不是确信他人的正确
性。这是如何完成的？需要创造什么样的社会学习过程才能达到这种反
思状态？

1. 临时文化岛屿的概念

文化岛屿是这样一种情境，在这种情境下，为了更好地探索自我概
念，维护面子的规则暂时搁置，从而探索我们的价值观和默认的假设，
特别是关于权威和亲密关系方面的内容。缅因州的贝瑟尔（Bethel）在
实验中最早在组织领域第一次使用该概念，其人际关系培训小组花费数
周了解领导力和团队动态（Bradford, Gibb, & Benne, 1964; Schein
& Bennis, 1965）。这个培训过程的本质是基于学习必须是"体验式"
的理论，因为小组成员必须从如何构建一个团队开始学起。所有团队的
构建都是经过慎重考虑的，即所有的成员相互之间都不认识，只有这样

才能确保大家都不必在别人面前保持一种特定的身份。与此同时，培训师或培训群体的培训员对于一切议程、工作方式以及社会结构有意识地不给任何建议，目的在于迫使团队成员去创造自己的社会秩序、社会规则和共同工作的方式。此类培训的主要效果是，人们在面对自身文化假设的同时会观察到与他人文化假设之间的区别。

人们必须通过个人实验、通过观察人际相互影响来尽早面对权威性、亲密关系和身份的问题。团队成员清醒地意识到现实中根本不存在一种最佳工作方式。所谓的最佳工作方式一定是有待挖掘、有待商议、有待批准认可的，且最终会发展成为强势的团体规范并衍生出属于每个培训小组的独特的微观群体文化。在这些群体中，这些微观群体文化往往一两天之内就会形成，并被每个群体视为做事的最佳方式——"我们是最好的群体"。成员们还发现，他们不需要相互青睐，但他们必须有足够的同理心才能接受他人并与他们一起开展工作。本书在下一部分的介绍中会对这种学习进展背后的理论进行简要回顾。

培训小组的经验式学习可以获得成功的原因在于，这种学习是发生在成员不需要维护他们所秉持的原文化假设的情况下，此时，他们彼此陌生，处于被定义为"学习"而不是"执行"的情境，因此他们有充足的时间和人力资源来培养自己的学习技能。这种总体情境可以由工作人员设计，目的在于创造一个可以使参与者感到心理安全的"空间"。

为了开展多元文化下的合作，各成员必须首先在临时文化岛屿上相互了解。要相互了解，首先需要共处、共事，而这远比在培训小组中和陌生人开展合作困难得多。当然，这几种情况下，经验式文化假设同样适用。没有人会告诉小组成员如何开展工作，人们需要从经验中学习。小组成员必须超越层级 1 的交易规则，而冒一些个人风险使得情境个人化，并衍生出层级 2 的关系。因此，创建这些群体的变革型领导人和经理人必须培养出一定的技能，创造出临时文化岛屿，确保员工可以高效地开展工作。

这其中的基本逻辑是，要真正理解团队中所涉及的宏观文化的更深层次的假设，我们必须创建一种微观文化，将这些深层次假设个性化并使其可用于反思和理解。美国文化是"低权力距离"，墨西哥是"高权力距离"，但除非我们通过自身的行为和感受将这些文化内涵具体化，否则这些概念对我们而言毫无意义。我需要靠自己去发现我与权威的关系，我需要以同理心去倾听墨西哥队友对他与权威关系的感受。如果团队成员有两个以上，我们每个人都必须培养出彼此之间的理解和同理心。

试图去促进相互之间理解水平的文化岛屿可以通过以下几种方式创建：安排队员参加户外拓展训练，使团队置身模拟场景、角色扮演情景，参与事后反思或行动后回顾环节，对整个过程进行反思的目的在于最大化削弱层级观念，最大化在跨层级之间展开开放式交流（Conger，1992；Darling & Parry，2001；Mirvis，Ayas，& Roth，2003）。这些情况的共同之处在于他们将参与者带入了文化岛屿，虽然随后根据演练的目的，他们在文化岛屿环境中所做的工作各不相同。为了将文化岛屿内活动的目的聚焦于获得多元文化的洞察力和同理心，参与者需要以对话的形式开展交流（Isaacs，1999；Bushe & Marshak，2015）。

2. 在文化岛屿情境下的焦点对话

对话作为一种谈话形式，允许参加者在充分放松的情况下开始考察隐藏在他们背后的文化假设（Isaacs，1999；Schein，1993a）。对话的目的不在于快速解决问题，而是通过放慢交谈节奏，确保谈话的参与者认真考虑自己与他人的话语。启动这种对话式谈话的关键在于创造一种让参与者感到足够安全的环境，唯有如此，他们才会暂停想要赢得争论的想法，从而清晰地表达他们的想法，并敢于对不同观点提出挑战。

在美国的"正式"的层级 1 的交流中，我们一般是回答问题，阐明相左的意见，并"积极地参与"。在对话的交流形式下，协调人将"暂停"的概念合理化。如果某人刚刚阐明了一个我不认同的观点，我可以先暂停一下，不直接说出我的意见，而是默默地问自己为什么我不同意，以及我的不同意的潜在假设是什么。因此，"暂停"促进自我了解，这在跨文化对话中至关重要，因为如果我们无法"看到"我们自己的文化假设并以客观的非评价方式发现这其中的差异，我们就无法了解他人的文化。

这种形式的对话源于本土文化，通过"围炉夜话"，提供充足的时间和鼓励反思性对话而不是对抗性对话、讨论或辩论，最终形成决策。与"篝火"交谈是这一对话过程的重要组成部分，因为缺乏目光接触会使得反应、分歧、异议以及可能由面对面谈话触发的其他反应更容易避免。"围炉夜话"的目的不仅仅是要有一个安静的反思性的谈话，相反，它是让参与者开始发现他们更深层次的思想和默认假设的不同之处。矛盾的是，这种反思导致更好地倾听，因为如果我首先识别了自己的文化假设，我对他人话语中微妙隐意的误听、误解的可能性就会显著降低。如果对自己的文化假设都没有丝毫洞察力，对其他文化的理解就无从谈起。

要起到作用，对话的各方都必须愿意暂停自己在反对、质问、澄清和解释方面的冲动。交谈的过程要有一些规则，比如禁止打断他人，对着象征性的"篝火"讲话而不是对着他人，限制眼神交流，最重要的是谈话前要做"身份确认"。在会议开始前的身份确认意味着所有与会人员要依次面对整个群体和"篝火"，讲述自己的心理状态、动力或者感受。只有当所有成员都确认过后，整个团队才能算是为进一步顺畅地交谈做好了准备。身份确认确保每个人在最初都为团队作出了贡献，也就是为创建团队出了一份力。

人们通常会在面对"篝火"讲话或者避免眼神交流的时候突然就对自己的文化有所认知。对于一些人而言，这非常简单，但是对于那些习惯于认为交谈中的眼神交流是很好的交流方式的人而言，比如美国人力资源专家，就尤其困难。人力资源专家认为眼神交流能够使对方感觉到你在认真聆听。当然，在一些国家中，直接对视会被认为是无礼的。

面对象征性的"篝火"讲话具有很多重要功能。首先，成员不会为听众的反应和注视而分心，因而鼓励成员更加注重反思。其次，每个人的评论都会被象征性地汇聚在一起，而非针对一个或者两个成员，即便这些评论是由某些人引起的，因而就保留了大家作为整体而存在的感觉。例如，如果我想对成员 A 发问，那么我直接对 A 说："请问你刚才说的……是什么意思？"与我对着"篝火"说："A 刚才的发言让我想到一个问题……"这两者之间存在巨大的差别——后者是将群体成员作为一个整体来提出问题的。最后，两位成员的交谈很容易转化为深入的讨论，而团队的其他成员则被动成为观众，"围炉夜话"恰好可以避免这一点。这样做的目的在于尽量忽略来自不同文化社会秩序的影响，并创建一个新的场景以确保成员能够更加开放地沟通和表达思想。

3. 多元文化探索中的文化对话

在对话团队中建立起来的规则适用于关键性文化差异的探索。对话过程允许个人层面对宏观文化差异的阐释，因而参与者不仅能够在总体层面明白宏观文化的差异，还能立即亲身体验。这样的学习过程通过身份确认的方式来操作，借此把议题聚焦于权威性和亲密关系。

案例 7.1　MBA 班级

麻省理工学院的十位来自不同国家的 MBA 同学组成了一个小组来探索团队内部的文化差异。虽然每个人都讲英语，但是他们感觉无法很好地相互理解，很难齐心协力完成一项任务。因此，我们达成协议，通过一场两小时的会议来探索一下团队中的文化差异。

步骤 1. 设定对话规则

作为教师协调人，我向大家解释了对话的概念和基本规则：只能面对"篝火"而不是彼此进行交谈；不需要对组员提问作出回答；任何时候都不允许打断别人；交流从身份确认开始，每个人必须回答和自己相关的两个问题。

步骤2. 第一个身份确认问题：聚焦于权威性议题

我要求每个人都回想一个过去的场景，在其中他的老板或其他权威人士将作出一些与他参与的任务相关的错误的决策。然后，要求大家依次、不被打断和提问，面对"篝火"说出在这种情况下他们是如何做的或者将会怎么做，并尽可能地给出细节。同时强调，我想听到的不是关于文化泛泛而谈的东西，而是详细的个人故事，只有这样，我们才能够通过个人经历来体验文化。之后，我们可以再针对文化提出总体的问题。随后，我要求从坐在我右边的同学开始，依次讲下去，直到每个人都分享了自己的故事。在这期间，我不断强调禁止提问和打断他人，直至所有人都发言结束。

一旦有人不明白我的意思，我就会重复强调：我们想听到的是每个人所经历的真实事件；如果有人没有经历过此类事件，那么他可以说说在遇到老板犯了错误后他会怎么做。我的目的是降低事物的抽象程度，从而得到一些实际的例子。我同时强调，我们需要注意倾听在场的其他成员会如何做，而不是某个文化中的人可能会怎么做，因为我们的目的是了解小组中的特定成员，而不是抽象的文化代表。

步骤3. 反思及开放交流

当每个人讲完自己的故事后，我要求大家进行几分钟的反思，想想这些故事中有哪些差别，有哪些共性。随后要求大家提出评论、观察结果并提问，但前提是必须对着"篝火"讲话。一开始，成员对于这种方式非常不适应，不过几分钟后，整个团队都学会了这种方式。他们觉得如果讲话的时候不看着某位成员，会更加容易表达想法，哪怕自己所作出的评论或提出的问题是针对某个特定成员的。如果同一团队中的成员处于明显不同的层次或地位，我则会让大家对他们刚才听到了什么作出反应。该谈话持续15～30分钟。接下来介绍第二个问题。

步骤 4. 第二个身份确认问题：关于亲密关系和信任

我告诉大家接下来要讨论另外一种情况——当你考虑是否应该信任某位同事的时候，你会如何作出抉择？你在判断一个人是否值得信任的时候会看重哪些行为？在决定信任的程度时你会考虑哪些标准呢？这些标准起了怎样的作用？同样，每位成员依次讲述自己的故事。

步骤 5. 对亲密关系和信任的开放交流

在大家探究故事之间的差异性和共性的同时，我再次强调了要对着"篝火"发言的规则。随后我要求成员仔细思考一下，他们刚才听到的故事存在哪些对整个团队协作能力产生影响的潜在因素。在时机恰当的时候，我引出了下一个步骤。

步骤 6. 反思与探索

我问大家，当每个人在反馈其他人所说内容的时候，你们认为这是否有助于你们更好地理解彼此的文化。然后，我们讨论了对话形式如何影响成员对自己和对方的理解。

分析性评论。这种学习的目标是向成员表明，跨文化理解可以通过对话过程实现，他们可以在将来遇到困难时通过这种过程来解决问题。我强调从每个人那里获得个人经验对于处理他们文化中的权威性和亲密关系具体问题的重要性。宏观文化的其他方面也可以纳入讨论范围，但团队能够一起工作的关键问题仍然是权威性和亲密关系。

这种谈话形式非常强大，因为它将文化问题个人化。该方法不是谈论一个特定国家的等级和权威演变路径，而是将这个问题带入了必须一起共同努力工作的个体的房间中。个人将谈话从层级 1 的角色交易转换到每个小组成员都可以识别的故事。因为模仿和识别是基本的学习过程，所以当我们转移到层级 2 时，我们将对话的对方视为个人而不仅仅是角色。在与那些曾经发生过冲突的团队开展合作的过程中，解决冲突的唯一方法是让每一方都讲述自己的故事 (Kahane, 2010)。

4. 在跨文化交流中使个性化合理化

我已经指出，在跨文化交谈中，人们通常选择保持层级1的交易式角色的关系模式，因为这种模式是安全的。我通过对斯隆同事的班级观察发现，在一个有20个非美国籍同学的50人的班级里，即使经过了几个月课程的交流和社交活动后，我也感觉到他们没有突破自己对彼此文化的更加深层次的理解。我们假设，如果他们与家人在麻省理工学院待上一整年的时间，一定会出现层级2甚至层级3的关系。确实，这里有人建立了一些亲密的友谊，但是总的来说，我认为，作为他们教育的一部分，必须提供一个更系统的文化探索过程。我沿着这条路线尝试了如下一个实验。

案例 7.2

在春季学期项目结束前几个月，我宣布我希望更深入地探索宏观文化和国家差异，如果有足够的人自愿参加，将在某个晚上开三个小时的课。大约30名成员想要尝试这一做法，一些人要求允许他们的配偶也参加。日期已经确定，也预定了一个大型的灵活的开放式教室。

晚间课程的开场白："谢谢大家参加这个实验。我们今晚要做的事情完全不同，所以请做好今晚之后你将有完全不同的思考和感受的心理准备。我的目标是为你提供一个更深入、更个性化地了解其他文化的机会。你现在已经认识并将认识更多来自其他国家的成员，你现在已经与其共事，并且对于如何与他们共事有了一些初步的感觉。"

"但我的直觉是，你也发现自己想知道其他人如何感受或看待你想问但不敢问的某些事情，因为它可能太个人化。如果你同意，今晚我们将花费至少三个小时，将一些礼节规则暂且搁置，给予对方询问我们不敢问的问题的机会。你会和我一起参加这个实验吗？"（大家频频点头，表示没有任何问题。）

"好的，在接下来的半小时里，我希望你可以找到一个来自不同文化的合作伙伴，找到一个可以安静谈话的房间。你们中的任何一个都可以这样开始交流：'你知道，我一直想知道……'或者'我从来没有理解你的国家为什么……'或者'当你的孩子不服从时，你会怎么办'。我假设你们已经足够了解彼此，对问这些问题彼此都十分信任并能告诉对方这个问题是否过于个人化。这是一个实验，让我们看看将会发生什么。"

半小时的自发谈话。我观察到人们很快就形成了两个或三个人的群体，几分钟之内他们就进行了深入而激烈的交谈。

审查和反思。半小时后，我把整个班级带到一起听取汇报和反思。当不考虑内容的细节问题时，我们一致认为对话在揭示民族文化方面彰显了非常有力的作用，并且对于那些之前没有被理解的文化的挖掘也有非同寻常的意义。

第二轮自发交流。大约 15 分钟后，我询问大家是否准备好另外一组对话。在这一点上，出现了各种各样的想法。一些人想要继续与他们的合作伙伴交流，一些人想要尝试新的配对，一些人想要与来自另一个国家的人一起进入更大的群体——例如，五位美国斯隆研究员希望与亚洲国家的两名同事面谈，另一组希望与一位身为非裔美国人的斯隆同事面谈，因为他们一直不敢问，但非常想知道他是如何克服他的南部农村背景的。他表示他很乐意分享。我们分组讨论。

半小时的自由交流。然后各小组去了房间的不同角落，立即开展了非常激烈的对话，我在 45 分钟之后将他们打断。

审查和分析。当这些小组再次聚在一起时，大家都对该练习表示了高度的认可，并且从练习中获得了很多有益的评论。他们一致认为每个班级都有必要开展这样的练习，当然并不是立即就需要。为了让更深层次的层级 2 的对话发生，人们认为有必要进行为期 6 个月的暂时性层级 1 关系的建设，并加上一些社会性层级 2 的关系。还有大家一致认为，需要设立一个安全的场所，以保障晚间活动的安全性。

宏观文化理解的悖论

我所回顾的这两个案例都凸显了要理解另一种宏观文化所存在的悖论，即你和你的同行必须违背你自己文化的深层原则"不要冒犯其他文化中的人"——这意味着"留在较为安全的级别1的交易层面"。组织内多元文化工作组的意义在于团队成员需要经历文化岛屿，在这些孤岛中，为了相互学习，礼仪和面子的规则可以暂时搁置。文化岛屿可以由领导人和协调人着意创建，有时也可以由工作危机等环境形成。

索尔克（Salk，1997）的一项对一家德国 – 美国合资企业的研究为我们提供了一个很好的例子。每家母公司都会提供关于"其他文化"特征的讲座，这些讲座给大家留下清晰的刻板印象。每个小组都会在与另外一个小组共事的过程中印证刻板印象的正确性，还会试图去适应这些文化特征——虽然这些都使合作变得非常尴尬。这种在层级1层面相互适应的情况存续了好几年，直到出现了罢工威胁。两家母公司都要求子公司："解决问题，立刻解决。"这种危机局面迫使公司立即采取紧急行动。突然之间，两个群体必须在危机情况下聚集在一起。在这种情况下，他们都将自己作为一个完整个体完全展示在对方面前，而扔掉了雇员这样的正式角色包袱。最终，问题得以解决。从那一刻起，他们的相互合作变得更加容易。正如他们所说："我们终于了解了彼此！"

职权等级宏观文化

讨论迄今为止都聚焦在国家文化上，但在科层制组织中，层级之间的沟通不畅和误解问题可能同样严重。白人主管不理解员工不敢直视上级是一个极端的例子，但特别是在我曾与之合作的高危行业中，即使在讲同一种语言时，也存在这样明显的误解。其原因在于文化形成于共同的经历，而在大多数组织中，一线操作员的经历与监督员的经历不同，也不同于中层管理者和高管的经历。

在科层结构中的上传下达过程中，最主要的问题在于对指导和命令的误解；在指挥链条从下而上的过程中，最主要的问题在于信息的失真，从而导致生产力、质量和安全问题的搁置和忽视。行业技术越复杂，潜在的问题就越严重。在本章中我想着重讨论这个问题，因为这是一个在宏观文化中长久以来被误解，迟迟没有得到重视的问题。

例如，在核电、航空和医疗等高危险行业的安全领域，有效工作的最大障碍是向上沟通的失败。我们很遗憾地看到这些年来有那么多致命事故是由根源于文化的沟通失败造成的。对于跨国集团来说，问题当然更严重，因为甚至没有一种通用语言来对话。在这种情况下，实际学习一种共同语言可能是一个具有促进作用的文化岛屿。

正如格拉德威尔（Gladwell, 2008）在1990年哥伦比亚航空公司灾后重建时指出的那样，灾难的根源在于：（1）哥伦比亚航空公司副驾驶未能将肯尼迪国际机场航空管制员所说的"燃料不足"理解为"紧急情况"；（2）副驾驶并不知道只有在宣布紧急情况时，飞机才能被置于等候着陆飞机队列的最前面。交通管制员指出，在一般情况下也会有四五架飞机会报告"燃料不足"。

格拉德威尔进一步指出，韩国航空公司在20世纪90年代发生的一系列灾难，均是因为驾驶舱内各个层面交流上的障碍，这种问题直到最后将驾驶舱语言转换为英语才得以改善。语言的变化创造了一个文化岛屿，它允许引入新的规则，从而引导驾驶舱内人员更好地沟通，但不幸的是，这种沟通仍然没有揭示"燃料不足"和"紧急情况"作为职业用语语义之间的微妙差别。

按照这种思路，"流程"和"清单"可以作为一种发挥文化岛屿作用的"设备"，因为走完这些步骤是一种文化中立过程。如果是一个清单项目，下属就有权向监管人员提出具有挑战性的问题，而这不会威胁监管人员的面子。核对清单和程序在医学方面非常有用，因为它们可以消除护士、技术人员与医生之间的地位差距，特别是当他们也可能具有不同的国籍时。清单或程序可以成为上级职权，使医生、护士和技术人员在执行程序时处于同等地位。坚持"围炉夜话"对话的交流方式在跨国集团具有相同的中和功能，这意味着每种文化都具有相同的等级和有效性。

分析性评论。这里需要重点强调我们对高危行业和医疗保健领域安全问题的分析所揭示的一些重要事实，因为它们既在文化内部运作，也跨文化运作。按照逻辑，依次如下：

（1）如果可以开展跨越文化界限的更好的沟通，许多安全领域的问题和事故都可以避免。

（2）其中一些边界是技术性的；如果人们不懂微妙行话的含义，可能陷入误解。

（3）其中一些边界是由于尊重文化规范导致的沟通失败，这种尊重保护了面子，但没有公开分享与工作相关的信息。

（4）其中一些边界是宏观文化，它反映了国家或职业规范和价值观，这首先导致信息传达的失败，或者直接忽视那些被认为具有"错误"文化的成员的意见。

（5）这三种文化边界问题在涉及国家或主要职业群体的多元文化群体中非常常见，这些问题在某个特定国家宏观文化下的组织里同样常见，因为组织其实是由各个层级和功能组成的亚文化群体。

（6）组织有效性理论强调纵向的和横向的信任和开放式沟通的重要性，但没有说明这种沟通必须跨越文化边界才能发生，并需要在文化岛屿环境中进行一些学习，以确保相互理解和同理心。仅仅劝解外科医生和护士之间彼此开放还不够；他们必须有共同文化岛屿的经验，才能拥有共同基础来建立相互的理解。

（7）承认存在国家和职业的宏观文化、职能性的亚文化以及基于等级和共同经验的亚文化的文化视角是组织领导力的重要组成部分。

（8）组织领导者必须因此意识到何时以及如何创建临时文化岛屿，以使组织中的各个成员达到可以进行更开放沟通的层级2的关系。

（9）何时以及如何完成这项工作本身就是组织和领导人运作于其

中的宏观文化的一个功能。例如，在一种将时间划分为非常细小单位的文化中，人们认为时间是生产力，所以，对话过程的速度可能需要加快。这其中非常重要的一点不在于对话过程用了多长时间，而是是否可以创造一种将社会秩序规则搁置的中立的氛围。

概要与结论

随着组织和工作团队的文化更加多元，有必要探索建立可行的关系的新方法，因为如果仅仅培训个人使其更加具有文化智慧，且组成最聪明的组合，这种做法显然不切实际。现有的团体必须通过创建文化岛屿和学习新的交流形式，比如对话等找到体验式方法。这些新的交流形式最本质的学习特征是它们是个人故事，只有通过这些故事才能让来自不同文化的人相互认同。

由于组织越来越去中心化，越来越依赖电子设备开展沟通活动，所以有必要发掘一些新版本的文化岛屿，以使得未曾谋面（甚至可能永远不会见面）的个体也会产生相互理解，产生同理心。如果参与者可以通过电子邮件、脸书或其他现有技术了解他们彼此的权威和亲密关系，那么在网络时代对话形式很可能有很好的效果。世界在迅速变化，但有一个问题始终不变：我们如何对待彼此以及我们如何处理地位和权威。也许就这些问题进行更多的对话会激发一些关于如何更好地相处的新想法。

对变革领导者的建议：进行对话实验

组织一次对话的步骤

（1）确定需要探索跨文化关系的团队。

（2）所有人围坐成一圈或尽量靠近彼此。

（3）阐明开展对话的目的："能够更多地反思自己和对方，了解我们文化的异同。"

（4）开场是让团队成员介绍自己的身份并回答关于权威关系的相关问题——例如："如果你看到你老板错了，你会怎么做？"每个人都与"篝火"交谈，避免目光接触，并禁止任何问题或意见，直到每个人都介绍完自己，进行了身份认证。

（5）在每个人都完成身份认证之后，问一个非常普遍的问题——例如："有人注意到有什么区别和共同点吗？"这期间要求团队成员即使在向特定成员发表评论时也要继续对着"篝火"交谈。鼓励每个人就刚刚听到的内容进行公开对话，没有顺序，也不强求每个人必须提出问题和意见。

（6）话题讨论进入尾声时，引入第二个问题——例如："你如何确定你可以信任你的同事？"同样，每个人都在一般对话开始之前轮流给出答案。

（7）让差异和共同点自然而然地呈现出来；不要试图作出一般性的概述，因为对话的目的是相互理解和同情，不一定是达成明确的描述或结论。

（8）在这个话题讨论进入尾声后，要求小组进行民意调查，要求每个人轮流分享一两个关于自己的文化以及在对话期间听到的其他任何文化的见解。

（9）根据他们听到的有关权威或权力、亲密关系或信任的信息，请小组找出共同点，以及他们在共同工作时发现的问题（如果有的话）。

（10）向小组成员询问他们认为在下一步共同工作中要采取的措施。

对召集者的建议

将一群朋友聚集在一起，围坐成一圈，宣布"围炉夜话"的有关规则，并在中心放置一些象征性的物品，从"你现在感觉如何？"这一问题开始。按照每个人在房间的顺序开始介绍；这个过程持续半小时，看看你在结束时的感受。有何不同？从谈话中你学到了什么？

对学者与研究者的建议

构建一个与几位朋友可以对话的环境，向他们介绍相关的概念和规则，快速进行自我介绍，然后花一个小时练习"围炉夜话"。在这里，主题无关紧要；事实上，有时候可以更加简洁，比如你说"让我们先自我介绍一下吧"，然后转向右边："就从你开始，你觉得如何？"

对顾问或者帮助者的建议

当你与一个由文化或地位各异的成员组成的团队一起开展工作时，请他们以对话的形式谈论涉及权威和地位的经验。

03

第三部分

文化与领导力贯穿
企业成长阶段

文化是如何被创造的？它如何演变？它是如何被管理、被操纵，以及被人为干预影响的？正如我之前指出的那样，确定领导独特作用的绝佳方式是说明领导力即文化管理。但是，我们所说的领导力的含义必须在组织或团体发展阶段的背景下加以理解。

领导者是创立团体、组织和运动的企业家、先知和政治家，从而创造新的文化。但是，一旦组织成功建立了自己的信仰、价值观、规范和基本假设（即创造了一种文化），那么文化会成为界定何种领导力有价值以及何种领导力被容忍的标尺。领导者的角色此时转向为维护和巩固现有文化。初期，是领导者定义了文化的基本价值；现在，是文化定义了领导力的期望特征！

但是，一种文化依存于其他文化中，并且为彼此创造了动态和变化的环境。组织由此可以发现自己的信仰、价值观和规范在某些程度上功能失调，由此通常会涉及一些典型的"文化变革"。此时，领导者挑起重担，需要界定问题，评估当前文化对于变革的阻力和动力，并发布恰当的"文化变革计划"。这是领导者管理文化的第三种方式——领导者管理文化的演进方向。

第三种领导角色常常被一些评论者浅显地理解为"文化创造"，其实质是忽略了组织既有的文化既可以成为优势（因此需要大部分被保留）又可能是制约因素（因此可能会只需要部分改善）。

本部分的各个章节将会讨论这些文化问题以及所需的领导作用。第八章描述了文化是如何从一个群体开始的，提供了一个过程分析模型，并讨论了创始人在这一过程中所扮演的角色。第九章回顾了组织在生存和成长过程中面临的所有外部和内部挑战。第十章展示了成功的领导者如何植入他们所珍视的文化元素。第十一章分析了成长和年龄所带来的变化，尤其是对于领导角色的改变。

第八章

文化的形成以及组织创始人的作用

为了充分理解文化演变及领导在该过程中所扮演的角色，我们必须从群体理论开始。正如个性和性格最终是个体的特征一样，文化最终表现为一个群体的特征。正如人格理论与理解个体相关，群体动力学理论和模型可以更好地帮助我们理解文化。团队和组织的创始人可能不知道他们正在处理的动态问题，但这些问题确实存在，同时需要被纳入文化类型的决定因素之中。

新团队文化形成的模型

群体研究虽然贯穿历史，但却是在二战之后数年才由以美国库尔特·卢因（Kurt Lewin）和英国塔维斯托克（Tavistock）诊所的威尔弗雷德·比昂（Wilfred Bion）等为代表的社会心理学家确切表达了被广泛应用于各种新老群体的各种概念（Lewin, 1947; Bion, 1959）。在美国，本尼斯和谢帕德（Bennis & Shepard, 1956）很好地总结了这一群体进化阶段的模型，后来被塔奇曼（Tuchman，1965）"诗意地"描述为形成、冲突、规范和表现。下面的小节将讨论其潜在的心理动态逻辑。

第1阶段，形成：找到自己的身份和角色

群体因某种目的而集合在一起，比如在前一章提到的小组学习或执行某项任务。除非环境原因或像事故等危急情况将一群人聚在一起，使他们陷入共同的境地，一般群体都有一个召集人、领导者或创始人。

新群体成员会自动面临身份和角色的问题（在这个群体里我是谁？），权威和影响力（谁将控制这个群体，我自己的影响力需求是否会得到满足？），以及亲密关系（我将如何以及在哪个层面上，与这个群体的其他成员互动？）。

无论组织结构如何，也不管召集人如何分配角色和陈述规范，新成员首先会面临这些问题。当然，召集人的所用方法和风格将决定成员如何解决这些问题，正如我们将在案例中看到创始人创建公司的情况一样。如果没有专门为建立关系而设计一些非正式的活动，那么这个阶段的完成既可以像午餐一样简短，也可能持续好几年。但无论如何，该阶段将不可避免地与下一阶段重叠。

第2阶段，冲突：决定谁有权力和影响力

为了理清他们的身份、角色、影响力和同伴关系，群体成员首先明确地或含蓄地面对彼此，相互试探。毫无疑问，这种测试会从权威和影响力问题开始，将在面对召集人和任何新出现的领导人时凸显。召集人可以通过强硬地担任主席或强制性地依赖"罗伯特秩序规则"（Robert's Rules of Order）来"掩盖"这个问题，但该问题依然会在工作过程中围绕分歧和挑战浮现。正是由于这个原因，直接给一个全新的群体分配一项任务是不明智的：成员们会首先解决他们自己的身份问题，而不会对任务本身给予足够的关注。

召集人或创始人可以将群体冻结在层级 1 关系，让其自发成长和定位，或者通过更加个性化的自我个性展现从而激发层级 2 关系。企业创始人在这个阶段会产生巨大的影响力，通过招募、雇佣和培训过程向团队充分展示自己，同时设定团队为完成工作而建立的正式系统。该问题将在后面的章节详细介绍。

分析性评述。如果你是一个新团队的观察员，那么关注重点应该是某人发表对抗性评论、挑战或提案之后团队所发生的反馈。如果有人试图采取行动对团队施加影响力，那么这个群体对其态度如何？是忽视还是举棋不定？是抗争还是接受？谁做了什么？正式领导者做了什么？如果明确或暗含的战斗继续进行，该团队如何前进？

观察者会看到，并不是每个人都想要施加影响力，某些个体的个性本身就是不太关心谁是领导者。与权力冲突较少的个体会在某种程度上识别斗争过程并将其对号入座，并使问题得以在某种程度上强制性地解决。这使得团队在"谁是领导"以及"如何领导"的问题上达成共识，由此会使得团队成员产生一种"解脱感"和"成功感"，幻想团队成为一个"彼此喜欢的团队"，认为现在可以开始正常开展工作。

但是，一旦团队试图工作，尤其是与其他团队开展竞争时，团队成员会发现他们并不是"彼此喜欢"，而且，在时间压力和竞争压力下，某些成员会更加活跃，某些成员会相对被忽视——这表明有的成员比其他成员更加有贡献，即组织内部已经形成一种地位体系。认识到这一现实后，团队进入下一个阶段，来处理成员之间如何互动以及团队内部的个性化和亲密关系。

第 3 阶段，规范：认可在何种层面上维护关系

这种"认可"是如何产生的？——这又是一个通过对号入座来明确地或者隐含地说明发生了什么的问题。一些团队成员说，"为什么我们总是无视玛丽想要说的话"，或者"让我们完成这件事吧，乔似乎有正确的方向"，或者"我们都必须平等参与吗？"如果团队是相对开放的，

有人可能还会说："对于这项任务，我认为我们应该让海伦成为领导者，因为她知道得最多；当需要快速执行时，皮特总是能够更快达成。""我们都希望保持专注和高效（层级 1 关系），还是想互相多了解一点（层级 2 关系）？"

亲密关系是每位成员终将面临的问题。召集人或领导者对此负有关键责任，他们需要明确指出成员各不相同、具有不同的才能和需求、团队力量多样化，而不是具有同质性。这种洞见使得成员有可能用"我们互相理解、接受和欣赏"的现实来取代"我们彼此喜欢"的错觉。这种洞见助推第 4 阶段的到来。

第 4 阶段，表现：任务达成遇到的问题

只有达到这个阶段，该团队才能真正利用资源有效开展工作。不幸的是，很多团队都陷入了第 1 阶段，成员们继续为影响力和权力而奋斗，或者在第 2 阶段，他们相信团队很棒、彼此喜欢。在这两种情况下，成员们仍在思考自己及其在团队中的角色，因此无法充分关注团队的任务。

领导者现在必须就任务的内容以及如何最好地解决问题达成共识，尤其是在问题解决方法、决策过程以及进展情况追踪和评估方法问题上。借鉴这个通用模型，现在让我们来看看组织是如何创建的以及创建文化。

创始人在文化创建中的作用

本章介绍的几个案例说明了组织如何通过作为强大领导者的创始人的行动开始创建文化。亚马逊、脸书、奈飞和谷歌的案例可以用同样的方式分析，但我没有足够的第一手资料来讲述它们的故事。公司有时会讲述自己的故事，但这些通常只是被信奉的理念和价值观，并

且不容易通过实际行为来检查它们是否反映了基本假设（Schmidt & Rosenberg, 2014）。

我并不是说领导者要有意识地教导他们的新团体以某种方式感知、思考和感受（尽管一些领导者可能正是这样做的）。相反，创业思维的本质就是对于该做什么以及如何去做有强烈的想法。创始人一般都有明确的关于团队应该如何发挥作用的理论，而且他们通常选择那些和他有一样思考方式的同事和下属。

新组织来源于有人想要做不同的事情。如果他要搭建团队，一种新的文化就会诞生。肯·奥尔森创建了 DEC，因为他想构建在 20 世纪 50 年代早期尚且不存在的小型互动电脑。汽巴嘉基的出现是因为巴塞尔的几位领导人看到了化工公司与电影公司联营的潜力。经济发展局和新加坡的奇迹会出现是因为李光耀和他的同事想要把一块垂死的英国殖民地变成一个可行的第三世界的城市国家经济体。

苹果、微软、脸书、谷歌、惠普、英特尔和亚马逊的历史都揭示了单一的创始人或少数创始人希望做点不同的事情。或者我们可以说，领导力创造了变革；如果这些变革为一个团体带来了成功，并且领导者的愿景和价值观被采纳，那么文化就会发展并生存下来。如果有人想要做一些不同的事情，或者没有能让其他人和他一起去做，或者如果他们一起工作，但这个团队没有成功，那么我们就有"失败的领导力"的说法，但是从来没有听说过。只有成功时，我们才称它为领导力。

当领导者创建一个全新的组织、一个新的政党或一个新的宗教时，我们把它们作为伟大领导力的"典范"。然而，这些创始行为总是嵌套在已经存在的宏观文化中，因此我们必须小心谨慎，不要忽视那些会引起变动的文化条件。领导力是必要的，但只有这些新的方式与需求匹配，领导力才能成功。

创始人通常对团队最初的界定以及解决其外部适应和内部整合问题有重大影响。因为他们有最初始的想法，所以他们通常会根据自己的文化历史和个性形成想法。创始人不仅拥有高度的自信心和决心，而且通常对世界的本质、组织在这个世界中扮演的角色、人性和人际关系的性质、真理探索以及如何管理时间和空间具有独到的见解（Schein，1978，1983，2013）。因此，当新生组织为生存而战时，他们会很自然地对他们的合作伙伴和员工灌输自己的初始观点，他们会坚持到自己退休或者直至团队失败（Donaldson & Lorsch，1983）。

案例一：肯·奥尔森和 DEC

DEC 文化在第三章已经详细描述。DEC 的创始人肯·奥尔森（Ken Olsen）是如何创建一个管理系统，最终促使文化形成的呢？奥尔森成长在一个有着强烈新教信仰的家庭，就读于麻省理工学院，在这些背景之下，他形成了自己的信仰、态度和价值观。正是在麻省理工学院，他参加了第一台互动电脑 Whirlwind 的研制工作。他与另外一位同事在 20 世纪 50 年代中期创立了 DEC，此时，他们坚信自己可以创造一台小型互动电脑，而这终将具有非常大的市场。由于他们自身的信誉以及他们对公司核心使命和基本愿景的清晰规划，他们说服了时任美国研究与开发公司总经理的多里奥特（Doriot）将军做初始投资。几年后，两位创始人发现他们就怎样创建一个组织无法达成共识，于是奥尔森担任了首席执行官（Schein，2003）。

奥尔森关于世界本质以及如何发现真相并解决问题的潜在假设都在 DEC 成长阶段留下了深刻的烙印，这些假设也体现在他的管理风格上。他认为，任何人，无论其级别或背景如何，都会产生好的想法；他也认为，他或其他任何人都无法确定某个想法的正确性。奥尔森认为，在一个小组中进行公开讨论和辩论是检验真理的唯一方法，只有在激烈辩论的旋涡中存活下来的想法，人们才应该采取行动去实施。人们有时可能会产生某种直觉，但只有在智力市场进行过测试之后，才能对其付诸行动。因此，奥尔森成立了一些委员会和内部理事会，以确保所有的想法在他们采取行动之前进行充分的讨论和辩论。

奥尔森通常会通过故事来支持他的潜在假设，从而验证他对团队成员所提出的问题。他承认自己常常不愿意直接作出决策，因为"我并不聪明，如果我真的知道该怎么做，我会这样说。当我和一群聪明人在一起，听他们辩论某个想法时，我也会变得更加敏锐"。对于奥尔森来说，团队是他智力的延伸，他经常让团队成员大声表达出他们的思考，从而促使自己的思路直接成型。

奥尔森还认为，对于任何人的想法，如果人们不完全支持，那么这些想法就很难获得很好的实施，而获得支持的最佳方式就是让人们对问题进行辩论并自我说服。他经常讲这个故事："我记得自己曾经作过一次决定，但是当我大步向前之时，回头一看，却发现身后没有支持者。"因此，在作任何重要决定时，奥尔森坚持展开广泛的辩论，众多小组齐聚一堂，检验该想法，如果通过，则将其灌输给组织并开始执行。只有当每个人都同意该想法，并且充分理解该想法时，奥尔森才会"批准"它。如果其他人不参与，他甚至会推迟某些重要的决定——尽管可能他本人已经确信要这么执行。他说，他不想独行，不想冒团队之前没有遇到过的风险，如果讨论没有成功，他甚至可能会拒绝这个决策。

奥尔森的理论是，必须给予成员明确和简单的个人责任，然后严格按照该责任领域开展个人评价。团队可以帮助作出决策并获得承诺，但它们不会在任何情况下承担责任。如果对于产品和市场的未来方向不清晰，那么他之前在团队成员中鼓励采用的想法智力测试方法将会应用到组织或者企业层面。他愿意创造出功能重叠的产品和市场单元，并让它们相互竞争，但是他没有意识到这种内部竞争最终会破坏沟通的开放性，会使得团队谈判难以开展，决策较难达成。

一旦意识到情况变化可能会改变结果，即便是当初甄选的最佳计划，奥尔森也会希望他的管理人员在发现偏差后立即对这些计划重新磋商。例如，如果年度预算设定在一定的限额，但是主管经理六个月后发现他会超出预算，那么他应该会按照最初的假设来控制局面，或者回过头来找上级重新协商。但是，超出预算的事情没人知晓，或者没有告知高层管理者并开展重新磋商，这种情况是公司绝对不会接受的。

奥尔森完全相信开放式沟通的效果，也相信，当人们公开地面对问题和事件、找出他们想做的事情并愿意辩论他们的解决方案时，人们有能力作出合理决策和适当承诺并信守承诺。他认为个体具有"建设性意图"——对组织目标和共同承诺的相对忠诚。在公司，人们认为以下这些属于恶行，应该公之于众：截留信息，玩权力游戏，在公司内部与同事一争高下，指责别人的失败，破坏已达成一致意见的决策，未经授权私自离开。

DEC 的这种模式对于最大限度地发挥一个组织的个人创造力和提高一个组织的决策质量取得了非常大的成功，DEC 也经历了 30 多年的飞速发展，员工士气高涨。然而，随着公司规模越来越大，人们发现彼此谈判磋商的时间越来越少，彼此之间也并不熟悉，这些因素都使得谈判和磋商的流程令人沮丧难安。各种潜在假设之间的矛盾逐渐浮出水面。例如，鼓励个体站在自己的角度独立思考，同时去执行那些他们认为对 DEC 最好的工作（即便这意味着不服从）——但是这些显然违背了人们必须信守承诺并支持既定决策的格言。在实践中，"履行承诺"的规则被"坚持自己认为正确的事"的规则所取代，这意味着团体既定决策有时无法持续下去。

在组织过程中，DEC 想要施行任何形式的纪律越来越困难。如果某位经理出于对企业的考虑，决定采取更有纪律性的独裁方式，他会冒着让奥尔森不满的风险——因为他的这种独裁方式会被认为剥夺了下属的自由意志，会破坏下属的企业家精神。与此同时，奥尔森也认为，在公司的某些层面，纪律对于完成任何事情至关重要。但是困难在于识别哪些领域需要纪律，哪些领域需要自由。

当公司规模很小时，每个人彼此熟知，谈判可以随时随地进行。由于个体之间基本的共识和信任足够高，可以确保人们即使不服从最初决策并迫于时间压力而快速作出自己的新决定，事后大部分人也还是会赞同这一因地制宜的决策。换句话说，如果高层的最初决策没有得到有效坚持，这并不会影响任何人。但是如果组织变得更大、更复杂，就另当别论。随着组织的发展壮大，最初那种适合创新的、具有高度适应性的系统会越来越被视为混乱不堪——混乱且不适应更成熟的市场环境。

DEC 一直以聪明、自信、个人主义的员工为荣，员工愿意并且能够争辩和推销自己的想法。公司的招聘实践反映了这种偏见，即每个通过的申请人都必须得到大量面试官的认可。在公司发展的第一个十年中，组织倾向于聘用和保留那些符合假设条件并愿意在该体系中生存下来的员工，尽管该体系有时可能比较令人沮丧。只有那些在公司环境中感到舒适的人，对于建立一个成功的组织而感到兴奋的人，才会越来越觉得自己成为公司大家庭的一员，他们由此也获得了情感上的归属感。由此，在人际关系层面，员工之间彼此支持。在这个过程中，奥尔森象征性地扮演着一位出色的、要求严格但提供支持且有魅力的父亲形象。

分析性评述。奥尔森是一个企业家典范——对于如何在外部与环境相关的层面以及如何在组织内部安置事务的层面，他有一套清晰的处事逻辑和假设。他愿意公开他的理论并为支持该理论设立奖励和惩罚措施，这最终使其可以甄选出那些认同其理论的个体，从而将理论强化和不断延续。因此，该创始人的假设反映在该组织是怎样良好运转至20 世纪 90 年代的。DEC 在 20 世纪 90 年代后期的经济崩溃以及最终向康柏公司（Compaq）出售也说明了一套假设在某种情况下运转良好，但是在某些情况下可能会功能失调。

这个故事引发了组织如何摆脱创始人烙印的问题，因为创始人的存在将文化稳定下来，并使其"神圣"不可侵犯——因为即便是象征性地改变文化也会破坏"父亲"的形象。反过来，这又引发了谁拥有公司，谁有权聘任一位新的领导者来取代创始人的问题，这些新领导者可能会拥有完全不同的信仰和价值观，但是他们更加符合环境中新的经济和技术现实。奥尔森几乎是选择了属于自己的董事会，并且只会认真听取初始投资人多里奥特将军的意见。不幸的是多里奥特于 1987 年去世，以至于当公司在 80 年代末和 90 年代初状况开始恶化时，奥尔森和备受尊敬的首席技术顾问戈登·贝尔（Gordon Bell）都无法影响这样一个功能失调的经济实体。贝尔 1983 年患心脏病，此后不久便从 DEC 退休。在接下来的章节中，当我们讨论组织中期的文化进化问题时，我们将回到 DEC 为什么以及如何发生功能障碍的问题上来。

案例二：山姆·斯坦伯格与加拿大的斯坦伯格公司

山姆·斯坦伯格（Sam Steinberg）是一位移民，他的父母在蒙特利尔开了一家街角杂货店，1917 年发展成为斯坦伯格公司（Steinberg's）。他的父母，特别是他的母亲，教会了他对顾客的基本态度，帮助他形成了建立成功企业的愿景。他从一开始就认为，如果做正确的事，他终会成功，可以建立一个能够给他和他的家人带来财富的宏伟组织。最终，他创立了连锁超市、百货公司和相关企业，这些企业成为魁北克省和安大略省的主导力量（已有数十年）。

斯坦伯格是公司历史上最重要的思想力量，直到他 20 世纪 70 年代后期去世之前，他一直持续不断地将自己的假设灌输给公司。他认为公司基本的愿景是在干净、有吸引力的环境中向客户提供高质量、可靠的产品，同时，客户需求是所有重大决策的首要考虑因素。关于斯坦伯格与他的妻子一起经营街角杂货店，给予顾客赊购，展示对客户信任的故事有很多。公司接到任何投诉，他会立即召回产品。他使商店不着一尘，从而激发客户对其产品的信心。这些经营态度后来都成为他连锁店的主要政策，并通过严格的监督进一步教育和强化。

斯坦伯格认为，只有以身作则和严格的监督才能确保下属的充分表现。他会不打招呼出现在商店，甚至会检查一些细节，然后——通过个例，通过其他商店如何解决所发现问题的故事，通过阐明规则和劝诚——"教"会员工应该如何工作。他脾气不好，会批评那些不遵守规则或原则的下属。斯坦伯格希望他的门店经理高瞻远瞩，重视工作，像他一样严格监督下属，树立一个好榜样，并教下属学会以"正确的方式"做事。这家公司的创始团队主要由斯坦伯格的三个兄弟组成，其中一个副经理不是家庭成员，他在创业初期就被招募进公司，成为除了作为主要领导人和文化载体的创始人之外的另外一位高管人员。他分享了创始人关于"有形管理"的基本假设，并建立了正式的系统，以确保这些原则成为经营现实的基础。在斯坦伯格之后，这名男子成为首席执行官，延续这些管理实践。

斯坦伯格认为，只有在高度创新和技术领先的情况下才能赢得市场。他总是鼓励管理人员尝试新的方法，引入各种倡导人力资源管理新方法的顾问，早在其他公司尝试这种方法之前就通过评价中心启动了甄选和开发计划，并将这些方法植入公司大会和其他正在展示技术创新的新业务中。这种对创新的热情促使斯坦伯格公司成为超市行业中首批推出条形码技术的公司之一，以及最早使用评价中心选择店铺经理的公司之一。

斯坦伯格一直愿意尝试实验，以改善业务。他认为，人们必须在任何可能的地方寻找真理和现实，一个人必须对自己的环境开放，永远不要认为自己拥有所有问题的答案。如果新实验有效，斯坦伯格会鼓励大家采纳；如果实验无效，他会命令大家放弃。他只相信那些对经营的假设与自己类似的经理人，但显然他拥有更多的权力。

该公司的权力和权威仍然非常集中，因为每个人都知道斯坦伯格或其首席副手杰克·莱文（Jack Levine）可以并且会在没有咨询的情况下经常以非常强硬的方式否决部门经理的决策。权力的最终来源——股票的投票权份额，完全由斯坦伯格和他的妻子所有，这导致在他去世后他的妻子和三个女儿完全控制了公司。虽然他有兴趣在整个组织中培养出优秀的管理者，但他从未通过授予股权来分享所有权。他向主要经理人支付了很高的薪水，但他的假设仍然是所有权完全属于家庭，他甚至都不愿意与他的亲密朋友杰克·莱文分享股权，而其实际上是公司的共同建设者。因为他嵌入在一个家庭至上的宏观文化之中，他只想让自己的孩子继承所有权。

斯坦伯格将几名家族成员召入公司，给他们重要的管理职位。随着公司多元化，家族成员成为部门主管，但他们的管理经验相对比较缺乏。如果一个家庭成员表现不佳，会得到一位优秀经理的支持。如果绩效得到改善，家庭成员可能会获得信誉。如果情况继续恶化，家庭成员会离职——当然会有冠冕堂皇的借口。

尽管他希望有开放的沟通，建立组织内所有成员之间的高度信任，但他从来没有意识到，他对家庭角色和正确管理方式的假设在很大程度上是相互冲突的。他没有察觉到自己的冲突和不一致，因此无法理解为什么他的一些最优秀的年轻经理没有回应他的竞争激励，甚至离开公司。他认为自己给予了员工充分的鼓励，也没有发现公司中存在政治化氛围。但是股权分享的缺失以及家族成员的恣意妄为使年轻职业经理人的职业进步太过不确定。斯坦伯格对此感到困惑和愤怒，会指责年轻的管理者，但同时会坚持自己相互冲突的假设。

对迄今给出的描述我们应该注意几点。根据定义，只有使组织获得成功并减少成员焦虑，某件事才能成为文化的一部分。斯坦伯格关于如何做的假设与他所处的环境一致，所以他和创始团队的这些假设进一步得以强化。斯坦伯格去世后，其他几位重要文化载体领导人也相继退休，该公司经历了长期的文化风暴，但公司经营的基本理念已彻底嵌入并烙印于斯坦伯格的首席副手脑中。在他也退休之后，公司出现了一段不稳定时期，其标志性事件是公司发现当时斯坦伯格所发掘和培养的职业经理人并不像以前那样强大和有能力。由于斯坦伯格的女儿或她们的配偶没有能够果断地接管这些业务，所以其他家族成员继续经营公司。他们中没有一个人拥有斯坦伯格那样的商业技能，一位外部职业经理人受雇经营公司，但也以失败告终，因为他无法适应公司的文化和家族环境。

在后续两次从外部引入首席执行官均失败后，该家族将橄榄枝伸向了一位原来在公司工作后在房地产企业中获得成功的经理人。这位经理人一度稳定了公司业务，因为他了解公司的历史，与家族成员打过交道，他具有更高的可信度。在他的领导下，公司一些最初的假设开始朝新的方向发展。但不幸的是斯坦伯格的三位女儿之间的分歧引起了新的动荡、诉讼，1989 年公司最终被出售——已出版的家族史对此有所说明（Gibbon & Hadekel, 1990）。

分析性评述。这个例子的一个明显教训是，如果主要的文化载体离开组织，并且该组织在成长期间受到了领导者的混合信息影响而导致组织中的大多数成员正在经历某种程度的冲突，那么，组织内部强大的文化将不复存在。斯坦伯格公司拥有强大的文化，但山姆·斯坦伯格将自身相互冲突的假设融入公司文化之内，会造成冲突并最终导致公司丧失稳定性。这些冲突可能归因于他的个性，但同样可以归因于内嵌于他内心的犹太人的宏观文化——发端于一个小微商店的大企业的成功，取决于非常紧密的家族关系和家族成员的贡献。

不幸的是，他的三个女儿都没有接管企业的能力，这显然也影响了结论。我花费数年时间，试图"训练"三位女儿中任何一位的丈夫，使其可以成为企业的接班人，但是他们都或者天赋不够，或者意愿不足，最后以失败告终。有一个偶然的历史趣事，斯坦伯格公司成立于 1914年，同年 Stop and Shop 连锁超市也由位于新英格兰的欧文·拉布（Irving Rabb）创立，他也只有女儿。一个女儿与一个积极进取、有管理才华的男子联姻，这直接促成了该连锁超市的长期成功。

案例三：弗莱德·史密斯菲尔德—— 一位"连续创业家"

从麻省理工学院斯隆管理学院毕业后，弗莱德·史密斯菲尔德（Fred Smithfield）就建立了一个金融服务机构，该机构使用当时美国的保险公司、共有基金和银行刚刚开始使用的先进的金融分析技术。他是倡导者和推销员，一旦有了这种新型服务组织的想法，他就会寻找他人投资、建设和管理。他认为，自己的资本应该只占据每个企业的一小部分，因为如果不能说服别人也投入资金，那就说明这个想法可能有问题。

弗莱德·史密斯菲尔德以最初的假设为始，即他对市场了解不够，不能用自己的钱赌博；在他的一个公开的故事里他用一个失败的案例专门作出说明。他曾在中西部城市开了一家零售商店，出售海鱼——只是因为自己喜欢。他以为别人也有同感，他也相信自己对市场需求的判断——但是项目最终失败了。他由此意识到，如果试图让别人投资企业，他会知道他自己的喜好不一定是其他人想要的东西——这是一个很好的预测指标。弗莱德·史密斯菲尔德将自己看作一个有创意并将其概念化的人，但不是一个经理人，他不仅把他的经济投资保持在最低限度，也没有亲自参与到他的企业中来。一旦他整理了一揽子计划，就找他可以信任的人来管理这个新组织。

这些人通常是像他本人那样在商业方式上相当开放，但又不过分强调工作一定要按照某种方式完成的人。他的创造性需求是随时变动的，比如在创立金融服务机构十多年后，他把注意力转向房地产业；比如他代表一个环保组织成为游说者，尝试了一段时间的政治言论，然后回归商业，首先是与一家石油公司，后来又与一家钻石矿业公司合作。最后，他开始对教学感兴趣，在一家中西部商学院开设了创业课程。

我们可以推断出弗莱德·史密斯菲尔德关于具体目标的假设——比如实现这些目标的最佳方法，如何度量结果，以及如何在出问题时进行修复——实质上是非常实用主义的。尽管弗莱德·史密斯菲尔德对于参与一切活动有强烈的需求，但当这个新组织得以建成并开始发挥作用，弗莱德·史密斯菲尔德似乎失去了兴趣。他的理论似乎是，对基本使命有一个清晰的概念，通过将其出售给投资者进行测试，引入了解使命的优秀人才，然后让他们独自实施和运营组织，最后只使用财务标准作为最终的绩效指标。

如果弗莱德·史密斯菲尔德有一个组织应内部运作的假设，他就会把它们留给自己。因此，他的每个企业所发展出来的文化都与他带来的管理人才的假设有关。事实证明，他对这些组织的假设差异很大。此外，如果将弗莱德·史密斯菲尔德的企业作为一个完整的组织来分析，很难发现有"企业"文化的证据——因为没有一个组织具有共同的历史和共享的学习经验。但是，每个独立的企业都会有一种源自弗莱德·史密斯菲尔德所任命的经理人的信仰、价值观和假设的文化。

分析性评述。这个简短的案例表明，创始人不会自动将其意志强加给他所在的组织，这取决于他们个人将各种内在假设外显化的需求。对弗莱德·史密斯菲尔德而言，个体获得认可的最终方式在于让他的每个企业都能够取得财务上的成功，并且有能力继续创造新的企业。

如果我们在今天的硅谷等创新领域研究企业家精神，会看到另一种文化产生模式——它不依赖于创始人的信念和价值观。它与弗莱德·史密斯菲尔德模式类似——是那些作为所有者的投资者，他们决定在企业成长周期的某个阶段用职业经理人取代创始人。新的总经理开始围绕已经被解聘的技术企业家的创始价值来构建组织文化。

最终，我们在一个成熟的组织中看到的文化可能是几位领导人长期工作的结果。如果不了解企业的历史，我们可能会作出错误的归因，如下面的例子所示。

案例四：史蒂夫·乔布斯和苹果公司

苹果的故事在当下的书籍和电影中炙手可热，其中有一些文化问题不可避免要被提及。苹果公司由史蒂夫·乔布斯（Steve Jobs）和史蒂夫·沃兹尼亚克（Steve Wozniak）于 1976 年创立。他们都是在 20 世纪 60 年代旧金山地区的"变革"时代成长起来的。乔布斯最强烈的使命感之一，是彻底改变人们使用电脑的方式，而沃兹尼亚克提供了大量的技术人才。他们最初的目标在于创造儿童产品的教育市场与创造易于使用的产品满足"雅皮士"乐趣。他们的基础显然是技术性的，就像 DEC 一样——我在 20 世纪 90 年代初的咨询会遇到积极的个人主义的"做你自己的事情"的心态。

从公司创立至 1983 年，公司还有另外两位首席执行官——来自另一家公司的经验丰富的经理迈克尔·斯科特（Michael Scott）和早期投资者及朋友迈克·马库拉（Mike Markkula）。尽管如此，乔布斯显然是公司文化发展动向的"道德罗盘"。当苹果公司试图更加以市场为导向时，乔布斯于 1983 年同意将百事公司的约翰·斯卡利（John Scully）引进公司。斯卡利为了施加更大的影响力，1985 年，他坚持解雇乔布斯。

乔布斯苦恼不已，但壮志未酬，于是开创了一家电脑公司 NeXT，并参与了电脑动画电影公司皮克斯的工作。斯卡利最初获得了成功，但最终于 1993 年被解雇。据说斯卡利从未获得苹果公司技术社区的尊重，这表明苹果文化的核心是技术创造力、简单、优雅和审美吸引力——这些价值都来自史蒂夫·乔布斯。

苹果公司与另外两位首席执行官迈克尔·斯宾德勒（Michael Spindler）和吉尔伯特·阿梅里奥（Gilbert Amelio）一同挣扎，当董事会决定购买 NeXT 时，公司已面临破产，从而将乔布斯带回了这个圈子。他于 1997 年被任命为首席执行官，从那时起，苹果公司逐步升至今天的强大地位，现任首席执行官由公司内部晋升的蒂姆·库克（Tim Cook）担任。

分析性评述。 一个重要的文化问题是：苹果公司是否一直保持相同的、基本上是基于其创始人的信仰和价值观的文化，即便苹果是经历许多其他首席执行官发展而来？史蒂夫·乔布斯的最终回归对苹果公司具有根本性的重大意义。如果从 2009 年开始观察苹果公司的方向，人们可以看到产品创新的根源，例如更小更轻的台式机和笔记本电脑，iPhone，用于播放音乐的 iPod 以及用于视频会议的 iChat 相机——将美观、易用和乐趣融于一身的产品。具有高度吸引力的产品设计和用户友好型的店铺扩张表明，苹果现在囊括多种营销方向，但这些方向都必须与其技术技能相结合，这可能只有史蒂夫·乔布斯才能推动。

苹果公司现在取得了巨大的商业成功，当公司决定在加利福尼亚州的库比蒂诺建造一座巨大的圆形总部大楼时，这种成功就可见一斑。当然，苹果公司现在也是一家古老而又非常庞大的公司，依存于一个多元的、更复杂的国际环境中，这终将不可避免地迫使其文化演变。

案例五：IBM——托马斯·沃森和他的儿子

许多人指出，通过引入外部营销主管郭士纳（Lou Gerstner），IBM 在 20 世纪 90 年代重振业务的工作成绩出色。为什么其效果可能比苹果的斯卡利更好？部分原因似乎是文化。苹果公司拥有的是技术出身的创始人和一系列首席执行官，而 IBM 是由国家收银机公司的销售经理托马斯·沃森（Thomas Watson Sr.）及其儿子创立（Watson & Petre, 1990）。

文化分析认为，IBM 不是由技术创业者创立的，并且最初从未建立过基于工程的组织。托马斯·沃森是销售和市场营销经理，在其整个职业生涯中都被认为是推销员和营销人员，而他的儿子小托马斯·沃森也有着同样的营销心态。与公众共存的形象成为 IBM 的特征，其所有销售人员都坚持穿着蓝色西服和白色衬衫的形象也成为 IBM 的标志。销售团队经常见面并参与各种团队熔炼，包括一起唱歌、以各种方式彰显他们是谁以及他们为什么成为现在的自己。

托马斯·沃森显然有使技术变得强大的智慧，但更深层次的文化假设更多地来源于销售和市场营销。所以，出乎意料但又在情理之中的是，一位优秀的营销执行官会作为外部人员被接受，帮助公司重新获得竞争优势，而且他会成功，不是通过真正改变文化，而是围绕其原始标识将其重新振兴（Gerstner，2002）。

案例六：惠普公司的休利特和帕卡德

什么是惠普？大卫·帕卡德（Dave Packard）和比尔·休利特（Bill Hewlett）都毕业于斯坦福大学，最初把目光聚焦在测量和仪器技术领域，意在建立一个技术业务部门（Packard，1995）。计算机仅在后来才作为这项核心技术的附属带入，这就导致后来我们会发现在这些技术领域中工作人员类型彼此不同，甚至在某种程度上互不"兼容"。这最终导致了将安捷伦公司（Agilent）分立出来，追求最初的技术；而惠普演变成了生产经营计算机、打印机和各种其他相关产品的企业。

惠普的成长和成功体现了帕卡德和休利特之间的有效分工：休利特主要是技术领导者，帕卡德则更像是一位商业领袖。他们彼此良好合作的能力无疑是"团队合作"成为"惠普之道"的核心价值的基础。我们所了解的帕卡德的管理风格与肯·奥尔森形成强烈对比，因为惠普早期就强调团队合作和共识，尽管当时个人竞争仍然是更深层的隐性假设。惠普对于整个公司的流程标准化要求变得更加教条化，并且比 DEC 更加正式和审慎——这使得惠普计算机品类业务在里面有些水土不服。

惠普和 DEC 对团队合作的观点可以说明在任何文化分析中非常仔细地定义如"团队合作"这般抽象的概念的重要性。在惠普，团队合作被定义为达成一致意见，而不是为了自己的观点而奋斗——如果共识朝不同的方向发展的话。但是在 DEC，团队合作被定义为为自己的观点而斗争，直到你说服其他人或者真正改变了你自己的想法。正如我在对惠普计算机部门的工程经理展开咨询工作时所了解的那样，惠普之道要求"善待他人"，并在小组会议上达成共识，但"决策并没有坚持下去"。相反，人们必须在会后持续跟进，并与每个彼此依赖的同事进行个人交易。惠普认可"惠普之道"的价值观，但每个人的基本假设，与其他美国公司一样，是凭借个人绩效和竞争技能取得回报。

在安捷伦拆分之后，惠普故事中最重要的事件是引入了外部人员卡莉·菲奥莉娜（Carly Fiorina）担任首席执行官。看起来，她通过对康柏公司（Compaq）的大规模兼并战略来发展惠普文化，让惠普成为计算机相关市场上成功的全球参与者，在此过程中同时获得了一大部分仍留在康柏的 DEC 员工。彼时，计算机市场已经商品化，公司转到到像打印机和墨盒等商品的高效率、低成本生产商，变得更具有战略优势，这就需要公司放弃惠普之道的一些原始价值观。

人们可以推断认为，菲奥莉娜是作为局外人来启动变革过程的，但是她在几年后由本部管理人员替换的事实，反映出公司希望在随着一些因素变化的同时，仍然保留原始惠普文化的考虑。在现任首席执行官梅格·惠特曼（Meg Whitman）的领导下，公司进一步拆分——这说明我们现在不是在处理惠普单一的企业文化，而是一系列反映惠普所提供的不同产品和服务的亚文化。

概要与总结

本章的目标在于主要通过展示任何新组织在演变其自身文化时必须处理的基本问题的模型，然后展示领导者如何以创始人身份开启该过程，从而介绍文化起源这一广泛的概念。基本上该过程可以理解为，领导者对下属灌输自己的一些信念、价值观、假设和行为规则；如果组织取得成功，这就会被视为理所当然，文化就此诞生。

创始人不太可能会意识到群体形成过程会有一个围绕权威和亲密问题的动态过程，但是创始人一般会创造各种结构和过程去处理团队问题，这实际上是在处理这些动态问题。在接下来的章节中，我们将研究伴随着成功、成长和时间，将会发生什么。

对读者的建议

（1）选择一两个你所感兴趣的组织，并在互联网上查看它们的历史。

（2）如果有创始人传记，请仔细阅读，加深你对文化形成的理解。

对创始人和领导者的建议

从上述故事以及我们对过去几十年内许多初创企业和新公司的了解中，都可以总结出一些重要的经验教训，即新兴企业家和创始人需要从以下几个方面学习：

你的新想法必须符合宏观文化当下的需要。肯·奥尔森的灵感部分来源于冷战时期需要开发交互式计算机以便可以实时追踪可能由苏联发射的导弹。史帝夫·乔布斯感觉计算机用户对复杂的界面感到沮丧，并试图简化它们，这曾被称为创造"雅皮士玩具"。杰夫贝佐斯（Jeff Bezos）创建了亚马逊公司，这是在快速发展的电子商务时代，在一个用户选择和快速交付价值最大化时代下的技术文化。

你所说的和所做的一切都会被观察到，并且会影响团队的运作方式。因为一个新的组织会令人焦躁不安，所以成员们警惕地观察你的行为。如果你发送冲突的信号，将会削弱该组织未来的运作能力。

每个团队都必须经历包容、身份、权威和亲密关系的成长阶段。需要提供足够的反思机会、过程分析和非正式活动，以便在完成任务期望之前，顺利度过这些阶段。

第九章

通过外部适应和内部整合构建文化

文化的界定是一个团队在解决外部适应和内部整合问题的过程中习得的。在前一章中，我们回顾了创始人如何创建组织以及他们需要处理的社会心理性团队问题（无论他们是否意识到该问题的存在）。在本章中，我们谈谈创始人在创建一个组织时必须明确什么。他们的目的可能并不是"创建文化"，但是在创建组织或业务时，他们必须明确地参与那些最终会成为文化一部分的某些议题。为什么要将"外部"与"内部"区分对待呢？

自20世纪40年代以来，团队和组织问题一直受到广泛关注——部分原因是为了更好地理解第二次世界大战事件，部分原因是为了理解美国历史上的一些异常现象，如奴隶制和种族主义。与此同时，英国在世界大战后需要重建其惨遭蹂躏的工业，相关的研究也在塔维斯托克研究所和临床中心（Tavistock Institute and Clinic）并行开展。这两组研究都得出了基本相同的结论，即所有的团队，无论是小的决策单位还是大至整个国家，都有两个相同的基本问题：（1）组织自己如何对待它们赖以生存的环境（我把生存的外部问题称为外部问题）；（2）组织内部如何来处理集体生活中不可避免的与人相关的问题（我将其称为内部问题）。

处理这种二分法的其他术语和概念还可能包括"任务和团队的维护""双重底线""平衡计分卡""战略与使命 vs. 结构与过程"（Blake & Mouton, 1964; Kaplan & Norton, 1992）。当然，文化现实是所有这些任务中不可避免的问题，并且与各个任务高度关联——这是"社会技术系统"这一实用概念产生的来源，并且使我们对待文化有一种整体观。当组织发展到中期阶段，领导者试图做一些变革来改变文化元素并忘记组织处理外部问题和内部运作的所有方面已经成为一个混杂系统（社会技术系统）时，理解在组织的创立和成长期间处理这些问题的后果变得至关重要。

从某种意义上说，这些类别反映了"组织设计"课程中的基础内容。本章将对其进行简要讨论，我试图强调每个类别对文化形成会产生特殊影响的那些方面。讨论的前提假设是该组织已经建立，并且创建了一种文化，而我会依据下文中各个类别在创建过程中的文化问题逐一进行分析。

组织成长与演化的社会技术问题

1. 外部适应

在本质上，外部适应的问题是：

- **使命**：对核心任务、主要任务及显性和隐性职能有共同的理解
- **目标**：基于核心使命，就目标达成共识
- **方式**：就实现目标的方式达成共识，如组织结构、分工、激励制度和权威体系
- **测量**：就衡量团队实现目标的标准，如信息和控制系统，达成共识

● **纠正和修复**：在没有达到目标的情况下，就制定适当的补救或修复策略达成共识

2. 内部整合

在本质上，内部整合的问题是：

● **语言**：创造共同的语言和概念类别
● **身份和边界**：定义群体边界和准入标准
● **权威**：就分配权力、权力和地位达成共识
● **信任与开放**：发展彼此互联的规范
● **奖惩**：界定和分配奖惩
● **无法解释的问题**：开发概念以解释无法解释的问题

我们必须逐一分析这些问题，以便更好地开展讨论，但实际上，作为组织创始人，总是需要同时处理这两套问题，因为每个问题的解决方案都嵌入或嵌套在新组织所处的宏观文化之中。因为共同语言和共同的思维类型最初来源于新组织形成时所处的国家，所以语言和思维必须成为我们分析的出发点。

3. 语言与思维类别

为了相互交流，人类需要一种共同的语言和共享的感知来思考自己及所处环境的类别。我在第六章的宏观文化层面上讨论过这一点。这里需要指出的是，当一个创始人创办一个组织时，只有共同的宏观语言是不够的；在创始人愿景中所使用的术语的含义也必须成为共识。受雇于 DEC 的年轻工程师必须了解肯·奥尔森关于"做正确的事"的含义。后来，他还有一句话曾经因为没有具体的语境而引起过误解——奥尔森的话"谁想在家里放一台电脑"，曾被人误解为个人电脑（PC）和其他台式电脑互不相容。这句话有其背景：当大家都提倡在实际生活中对所有家用电器进行计算机控制以实现自动化时，奥尔森实际上反对该观点，所以才说了这句话。事实上，他家里就有一台一直使用的个人电脑。

创始人通常会发明专门术语和缩略语来将自己的组织和其他组织进行区分，但这些专门术语和缩略语都会使新人感到困惑，尤其是当组织的语言本身含糊不清时。

4. 使命与缘起

每一个新的团体或组织都必须就其最终生存问题达成共享的概念，由此，组织最基本的核心使命、主要任务和缘起会逐渐被抽离出来。在大多数商业组织中，这些共享的定义聚焦于经济上的生存和发展问题，而这又涉及如何与组织主要利益相关者维持良好关系，这些利益相关者包括：

- 投资者和股东
- 生产所需材料的供应商
- 管理者和员工
- 社区和政府
- 愿意为产品或服务付费的客户

关于组织的许多研究表明，长期增长和生存的关键在于保持这些利益相关者的需求达到某种平衡。与此相应，组织的使命，作为该社群核心竞争力和基本功能的信念，通常会是这种平衡的反映（Donaldson & Lorsch, 1983; Kotter & Heskett, 1992; Porras & Collins, 1994; Christensen, 1997; O'Reilly & Tushman, 2016）。但是若只关注其中一个利益相关者的所有需求则终将犯错，因为是这些所有的利益相关者共同构成了组织成功所必须具备的环境。

在宗教、教育、社会和政府组织中，它们的核心或者初始任务明显不同，但是它们最终将从不同利益相关者的利益均衡中来达成任务的命题是相同的。比如大学的使命，必须平衡在校学生的需求（其中包括住宿、用餐、如父母一般的关怀），教授开展教学和研究的需求，社区要建设知识和技能库的需求，金融投资者对一个可存活机构的需求，最后，甚至还包括建立一个专门机构来促进年轻人进入劳动力市场并进行技能训练的社会需求。

显性功能和隐性功能。 虽然核心任务或主要任务通常是以某一个利益相关者的视角陈述的，比如客户，但是考虑最终或核心任务的更有效方法是将问题变为"从更宏观的角度来看我们任务的核心功能在哪里?"或者"我们可以继续存在的理由是什么?"这种提问方式可以反映出大多数组织是一个代表多个利益相关者的多功能组织。这其中有一些功能是公共利益或信仰价值观——被社会学家称为"显性功能"，而另一些功能则是被认为是理所当然但未公开表述的"隐性功能"（Merton, 1957）。

例如，学校系统的显性功能是教育，但仔细观察学校系统中发生的事情，还可以发现几种隐性功能:（1）防止/减少儿童（年轻人）在街头流浪，远离劳动力市场;（2）根据社会需要甄选和鉴别下一代人的智力和技能;（3）保持学校教育与社会职业的紧密衔接度，维护学校教育的专业权威。

当审视显性和隐性功能时，组织的领导和成员会认识到，要想生存，组织必须在一定程度上履行所有这些职能。随后，我们会在一个特定的组织文化分析中发现，当考虑组织如何履行那些隐性功能但又不给公众留下的那些显性功能冲突的问题时，组织会形成自己的默契。例如，肯·奥尔森承认他曾经将DEC工作单元划分到四个新英格兰州的部分动机在于，他认为把所有的单元都设置于同一或两个州的战略会对其他州的劳动力市场造成损失——这是他不想看到的事情，也是他不能公开承认的隐性功能。

身份与隐性功能。 一些文化研究者主张，从组织的"身份"角度思考是有益的，并提出生存和发展取决于能否将"我们是谁和我们的目的"这种身份以及来自市场环境的"顾客需要什么以及能够购买什么"联系起来（Schultz, 1995; Hatch & Schultz, 2004, 2008）。他们提出，企业生存在很大程度上取决于发展一种将组织的基本能力与市场需求联系起来的"品牌"，同时为员工提供目标和参与感。"在组织中"不仅是一份雇佣合同，更是员工为促进组织目标而作出的某种承诺。

当然，所信奉的价值观会强调一些明显的功能，这导致了测量的复杂性，随后我们会看到这一点。例如，人们常常批评大学完成核心教育任务的费效比不高，但批评者往往没有考虑到履行各种潜在职能的成本，而这些潜在职能也是任务的一部分。核心任务和公共身份因此变成了复杂的多功能问题，因为一些功能必须隐含于其中以保护组织的明显身份。让大学公开宣布其在教育职能之外，还有个体监护、分类和职业自治等功能会令人尴尬，但这些功能往往成为确定组织活动以及抵制变革的文化基因的一部分。需要注意的是，当我们评估一个组织的文化时，这些被认为是理所当然的潜在功能将是最难"衡量"的。

总体的企业文化维度将围绕这些问题展开，亚文化维度将出现于潜在职能涉及其利益的子单元中。直到一个组织被迫考虑关闭或迁移时，这些潜在功能的重要性才会浮出水面。如果这些群体的利益受到威胁，亚文化冲突就会爆发。当然，最常见的例子是当公司发现需要缩小规模或迁移时，劳工组织的亚文化就会爆发。例如，通用汽车放弃其成功的土星汽车计划的一个可能的解释是需要维持与工会的关系。当我们研究组织决策所服务的潜在职能时，组织的一个非理性甚至愚蠢的决策往往会变得可以理解。

战略是文化的一部分。使命直接关乎组织所称的"战略"。为了履行其明显和潜在的功能，组织发展了关于其"使命的缘起"的共同假设，并制定了长期计划来实现这些功能。这涉及关于产品和服务的决策，并将反映组织的"身份"。关于"我们是谁"的共同假设成为组织文化的重要组成部分，并将限制组织可用的战略选择。战略顾问在其建议没有被付诸行动时，常常会感到沮丧。但他们忘记了，除非这些建议与组织对自身的假设相一致，否则这些建议对于内部人来说是没有意义的，因此也不会被实施。

例如，在汽巴嘉基公司发展的某个阶段，高层管理人员就汽巴嘉基是否应该设计和生产"任何"产品的问题进行了长时间的辩论——或者是这种产品可以以盈利为目的出售，或者这些设计和产品应限于一些高级管理人员基于他们对公司创建的思想基石的理解以及他们独特的才能所认为的"明智"或"有价值"产品。辩论的重点在于是否保留 Airwick——该产品主要是用来去除宠物气味或其他气味的空气清新剂。

Airwick 在之前已被汽巴嘉基公司的美国子公司收购，以帮助汽巴嘉基在消费者导向型营销方面更有实力。在最高管理层的年度会议中，美国子公司的总裁非常自豪地展示了为其新产品地毯清香剂投放的一些电视广告。我当时坐在内部董事会的一位高级成员旁边，他是一位瑞士研究员，曾经开发了该公司的几个关键化工产品。电视广告使他非常激动，他最后挨紧我，大声地耳语道："你知道吗，沙因，那些东西甚至不是产品。"

在随后的关于是否出售 Airwick 的辩论中（尽管它在经济上合宜且有利可图），我终于明白汽巴嘉基为何要开展对该问题的辩论——汽巴嘉基对于自己只是一家微不足道的空气清新剂生产商的形象无法释怀。因此，出售 Airwick 的一项重大战略决策是基于公司的文化而非营销或财务理由。汽巴嘉基出售了 Airwick，从而肯定了公司业务应具有明确科学基础并且处理诸如疾病和饥饿等全球重大问题的企业形象这一假设。这是在管理未来收购过程应该考虑的战略原则。

总之，任何文化最核心的要素之一就是组织成员共享他们的身份和最终使命或职能的假设。这些假设与对假设的贡献不一定为人所熟知，但如果能够探究组织所作出的战略决策，那么这些意识可能会凸显出来。组织分析如果将"文化"和"策略"单独分开，那么可能正在犯一个基本的概念错误。战略是文化的一个组成部分。

5. 围绕使命所衍生的目标问题

关于核心使命和身份的共识并不一定能够保证组织的关键成员具有

共同的目标，也不能保证各种亚文化会适当地配合以完成该共同使命。实际上，任何组织中的基本亚文化都可能无意中与组织目标的部分要素相左。组织目标经常被默认，但没有被明确阐述。为达成目标共识，小组需要一种共同的语言，并对基本的运行方式有共同的假设。通过该假设，人们可以将抽象或一般的使命感转变为设计、制造和销售实际产品的具体目标，或在特定的和商定的成本和时间范围内服务。清晰明确的目标成为员工所拥护的文化的关键要素之一。

例如，在DEC，员工就要推出一系列能够"赢得市场"的技术复杂的创新产品的使命达成了明确共识，但是这种共识并未解决高级管理层如何在不同产品开发组织之间分配资源的问题，也没有具体说明如何最好地推销这种产品。使命和战略可以相当长期，但是目标必须明确细致到明年、下个月和明天要做什么。目标具体化了使命并促进实现方式的选择。在这个过程中，目标的制定往往会揭示尚未解决的问题或形成围绕更深层次问题的亚文化共识。

在DEC中，关于支持哪些产品以及如何支持这些产品的辩论表明，组织对"市场营销"缺乏语义共识。例如，一个小组认为营销意味着在全国性杂志上投放更好看的图像广告，以提高公众熟悉度，另一个小组深信营销意味着在技术刊物上投放更好的广告。一个小组认为这意味着开发下一代产品，另一个小组则强调商品化和销售支持是营销的关键要素。

由于运营目标必须更加精确，组织通常在确定年度或长期目标的背景下解决它们的使命和身份问题。要真正理解文化假设，必须小心谨慎，不要将这些关于目标的短期假设与关于愿景的长期假设混为一谈。汽巴嘉基关注的仅仅是那些制造"基于科学的、实用的产品"的企业，该问题此前并没有在关于企业目标讨论的会议中明显提及，直到公司面临是否需要收购另一家公司的战略问题。

事实上，理解"战略"意义的一种方法是认识到战略涉及基本愿景的演变，而运营目标反映了组织界定的短期战术生存问题。因此，当一家公司进入基本战略讨论阶段时，通常会试图以更根本的方式评估其长期使命与短期运营目标之间的关系。例如，新加坡将在经济上取得成功的长期战略转变为各种短期目标，如保持城市清洁、为每个人提供住房、创建奖学金计划等。

总之，目标可以定义在多个抽象层次和不同的时间范围内。我们的目标是在下个季度末盈利，下个月销售量达到 10 个，或明天打电话给 12 个潜在客户。只有就这些问题达成一致意见，才能产生可重复工作的解决方案，才能开始将组织的目标视为潜在的文化元素。一旦达成这样的共识，关于目标的假设将会成为该组织文化的一个非常强大的元素。

6. 关于方式的问题：结构、系统和流程

组织文化中一些最重要、最隐性的要素是共同的基本假设，这些假设是关于如何完成工作、如何实现使命以及如何实现目标的，并且是逐步演进而来的。创始领导者通常根据自己的信仰和价值观将结构、系统和流程强加给组织。如果组织获得成功，这些就会成为共同文化的一部分。一旦这些过程被认为是理所当然的，它们就成为可能最难改变的文化元素。

组织接纳这些结构、系统和流程的过程反映了它所存身的国家和职业的宏观文化。麻省理工学院斯隆管理学院的伙伴计划中有一个引人注目的案例：参加全日制硕士学位课程的年轻、高潜能经理们练习来创建一个组织。大约 15 人的团队会被要求创立"一家生产双线铃铛以用于装饰生日和周年纪念贺卡的公司"。产品由该活动的组织者"购买"，而他们所创建公司的绩效是其产出。毫无疑问，每个小组都立即甄选了高管、销售经理、市场经理、校对员、主管，最后还设了一些撰稿人。经过多次反思和分析，所有小组都会发现，最好的胜利方式是拥有 15 位撰稿人。这些小组的组织都自动落入了典型的分级指挥和控制结构中去，这种结构主要反映了这些人所来自的管理领域职业宏观文化。

倾向于回归已有的知识确实有助于迅速就实现目标的方式达成共识。这种共识很重要，因为要采用的方式必须与日常行为和协调行动相关。员工可能会有不明确的目标，但一旦有事情发生，就必须就如何构建组织，如何设计产品和服务、融资以及生产和销售产品与服务达成共识。这些共识的特定模式，不仅会呈现组织的"风格"，还会呈现任务的基本设计、人员分工、报告和问责结构，奖励和激励机制，控制机制，以及信息机制。

如果就这些技能是什么以及如何使用这些技能方面达成共识，那么一个组织在努力应对其环境时所获得的技能、技术和知识也将成为其文化的一部分。例如，库克（Cook，1992）在研究世界上最好的几家长笛制造公司时发现，工匠们制作出长笛后，艺术家立即会识别出这些长笛是由哪家公司制作的，但管理层和工匠们并不能准确地描述自己的产品如此具有识别度的原因。它嵌入在制造过程中，并反映了一系列可以通过学徒制传承但没有被正式描述的技能。

在团队实现其目标的方式不断演化的过程中，团队必须处理的许多内部问题会部分得到解决。劳动分工的外部问题会自动形成谁应该去了解谁以及谁是权威的结构。该小组的工作制度将界定边界和成员资格的规则。团队创始人和领导者的特殊信仰和才能会决定随着团队的发展，哪些工作会赢得更高地位，哪些职能会成为主导。例如，基于发明创立公司的工程师将创建完全不同于风险投资家所创建组织的内部结构，比如风险投资家创建的企业会将技术和营销人才置于财务驱动或以营销为导向的领导者的指导下。

在汽巴嘉基，创始人认为解决问题的方案来自艰苦的思考、科学研究和仔细检视市场上的研究结果。所以从一开始，这家公司就明确规定了研究角色，并将其与管理角色区分开来。

在DEC，规范确定了每个人唯一真正拥有的地盘是那些对特定任务和成就所负的责任。预算、物理空间、下属和其他资源被视为非由某一个体唯一影响的组织共同财产。组织中的其他人可能会试图去影响承担责任的经理或其下属，但这里没有正式的界限或"围墙"。

在新加坡，为建立经济发展局，领导者创建了一个正式的实施机制，赋予其所需的人力资源和财政资源，以各种方式支持其活动，同时利用强有力的专制权威创造一个可以支持其战略的内部环境。

总之，由于文化假设围绕实现目标的方式而形成，它们将创造日常规范和行为规则，这些规范、规则将成为文化的一些可见饰物。一旦这些规则和模式各就各位，对成员而言，它们就会成为稳定性的一个来源，因此也会被严格遵守。

7. 关于测量的问题

所有团体和组织都需要知道它们在实现目标方面的表现如何，并且需要定期检查以确定它们是否按照自己的使命在执行任务。这个过程涉及团体需要达成共识的三个方面，这三个方面导致文化维度后来退出意识层并成为默认假设。必须达成的共识包括：测量什么，如何测量，以及在需要纠正时应采取什么措施。围绕这些问题形成的文化因素往往成为组织新成员关注的主要焦点，因为这些衡量标准不可避免地与每个员工的工作方式挂钩。由于现实情况，这些问题对领导者同样重要，正如我们将在下一章中看到的那样，领导者所关注和衡量的内容成为他们植入文化元素的主要机制之一。

测量什么，如何测量。团队一旦表现出色，就必须就如何判断自己的表现达成共识，以便在事情没有达到预期时知道采取什么样的补救行动。设定目标并就需要什么样的反馈来检查目标进度成为设计任何任务的最基本的方面之一。反馈并不是对"事情进展如何"的旧评论或观察，而是关于结果是达成目标还是偏离目标的具体信息。因此，衡量标准必须基于对象和目标的共识。然而，这种共识不需要是一个正式的量化测量。例如，我们注意到，在DEC的早期历史中，工程项目的评估取决于该公司的某些关键工程师是否"喜欢"该产品。该公司假定内部接受度是外部接受度的可接受替代指标。同时，如果几个相互竞争的工程团队都喜欢它们正在设计的产品，那么评价标准转向"让市场决定"。只要有足够的资源来支持所有项目，这些标准就可以共同起作用，因为 DEC 处于迅速增长期。

Wellmade 长笛公司对生产过程中的每个节点都会进行评估，以便乐器走下生产线时会通过检查并被艺术家接受。如果在某个特定工序上的一位工匠不喜欢他所感受到的或看到或听到的东西，他只需简单地将该乐器交给前一位工匠。这里的潜在规范是产品会被返工而没有怨恨。每个人都信任生产线下一工序的人（Cook，1992）。

库克在一家法国白兰地公司也发现了一个类似的过程。每个步骤不仅由专家进行评估，而且"品酒师"的最终角色——最终确定批次合格情况的人员——只能由前任品酒师的儿子担任。在这家公司里，最后一位品酒师没有儿子。他并没有将角色传给大女儿，而是将其传给侄子，因为该行业的共同假设认为女性口味偏好与男性口味偏好存在某种根本差异！

20 世纪 80 年代，我参与了壳牌石油美国公司勘探和生产部门的管理工作。我的咨询任务是帮助其进行文化分析，以更好地衡量该部门绩效。当我们集体开始审视饰物与这一群体尊奉的信仰和价值观时，很明显的是，勘探团队和生产团队对它们想要如何衡量持有完全不同的基本假设。

勘探团队希望通过发现石油的证据来对其进行衡量，他们认为应该在长期统计的基础上确定标准，因为大多数井被证明是"干涸的"。相比之下，生产团队负责安全地从活动井中采出石油，他们希望在安全和高效的"生产"方面进行短期测量。对于勘探团队而言，工作绩效的风险在于很长一段时间内没有找到任何有用的油井；对于生产团队而言，工作绩效的风险是随时都可能发生的事故或火灾。最后，由于两个团队都希望为公司的财务业绩作出贡献，所以勘探成本和安全生产成本都必须考虑，但这两个团队都不希望使用与其工作不符合的一般标准来衡量其工作绩效。

更加复杂的测量问题往往出现在如何平衡可列出清单的绩效与潜在职能的绩效上，该问题在卫生保健行业尤为突出。医院和诊所的明显外在功能是保证病人的健康和安全，但其重要的潜在功能是组建医疗系统以满足医生的需求。随着医疗保健成本的攀升，整个系统出现了越来越多的本可预防的医疗错误，因而产生了新的安全措施及患者满意度衡量手段。通过职业会自我测量和监控假设的确立，医生对护士或患者的医疗错误和粗鲁行为已被悄然处理。目前正在出现的新的测量系统包括病人调查和投诉系统，这些系统使医院特殊的委员会能够锁定有问题的医生并要求这些医生接受"再培训"。

测量一定是定量的吗？ 本书已经给出了生产组织测量他们所从事的工作质量的各种定性方法的几个例子。然而，由于管理和金融文化要求更加精确和"可管理"，管理和金融文化就有必要量化测量事物。管理职业宏观文化一直强烈倾向于量化的措施，这毫无疑问反映出它始终关心可以定量测量的财务和金钱状况。因此，许多组织试图将它们测量的所有东西都转化为数字，最好的例子是将许多绩效评估和职业发展系统中的个人职业潜力和绩效转化为个人数字。

例如，埃克森公司（Exxon）要求每个经理按照这一标准对其下属进行排序，衡量经理的"最终潜力"。这些排名将公司的全球所有管理人员的综合统计系统整合起来，形成了一组可以为每种类型的工作锁定具有最高潜力人员的数据。当所需工作岗位空缺时，工作得分最高的候选人可以纳入考察范围。公司将排名数据编为一个高度机密的文件，该文件后来被称为"绿龙"，因为每个人都知道它包含了职业晋升最关键的信息。

正如我在埃索化学（Essochem）欧洲公司的一个项目中所发现的那样，将最终潜力作为职业晋升主要依据的文化规范实际上扭曲了绩效测评体系。有人问我和一位公司内部顾问："为什么绩效随着年龄下降？"统计数字清楚地表明，对于任何给定的工作，老员工的绩效评分都较低。在多方采访中我们发现，有一位将年龄大的下属评为"绩效高"但"最终潜力低"的主管，他的老板告诉他这种情况"不可能"。因为老板认为如果一个人没有"最终潜力"，也不可能产生很高的绩效。但实际上，因为"最终潜力"在测量体系中被认为是"圣牛"，必须非常精确，所以主管还降低了绩效方面的打分。对全球范围人才识别体系的需求实际上超过了对准确的绩效管理评级的需求。当然，老员工的实际表现不受他们最终评分的控制，但评分肯定会影响他们的士气和对管理信度的信心。

就我们的目的而言，重要的信息是要认识到，在社会技术系统中，围绕社会系统需求的文化规范有时比技术系统的规范更强。然而，技术系统可以引入在社会系统中毫无意义的测量规范，如使用钟形曲线进行绩效测量。大多数管理人员的目标是将所有下属的表现降至最低标准，评估系统将"强制"规定高、中、低表现者的百分比，甚至要求必须辞退一定百分比的员工。这种制度或这种相当于对所有下属进行"等级排序"的做法使得人们忽视了不同下属以不同方式作出贡献的现实，并且从根本上使人们非人化，认为自己仅仅是一个数字（层级1关系）而不是作为一个人（层级2关系）。

正如第十四章所示，鉴于将个人观点转化为不同文化元素的定量测量的调查的增长，对定量测量的同样需求超出了文化领域。该章将讨论这一点的优缺点。在医疗保健领域，围绕着患者满意度的测量出现了类似的现象——强烈偏向于使用基于问卷的数据而不是基于患者访谈的定性信息。

总之，随着围绕各自问题共识的达成，组织决定用来测量自身活动和成就的方法、其选择的标准，以及其开发的测量自身的信息系统都成为其文化的核心要素。如果未能形成共识，并且围绕不同的假设形成强大的亚文化，那么，组织将发现自己处于冲突之中，这些冲突可能破坏其应对外部环境的能力。由于组织是一个社会技术系统，处理工作设计和绩效的亚文化可能会与处理人员本身管理的亚文化相冲突。对人员本身的管理现在通常被称为"人力资源"，以前被称为"人事"，谷歌公司现在将其称为"人员管理"。

8. 纠正和修复策略

关于外部适应问题至关重要的最后一个要达成一致意见的问题是，如果开展文化变革，需要做什么事情以及如何达成变革的要求。如果有信息表明该组织没有达成组织目标——比如销售下降、市场份额下降、利润下降、产品推广延迟、关键客户质疑产品质量、客户满意度下降、事故率上升等等——通过何种方式可以诊断问题并解决问题？

以下问题需要达成共识：如何收集外部信息？如何将信息提供给组织中可以采取行动的部门？如何改变内部生产流程以纳入新信息？如果对信息收集和利用过程的任何一个部分缺乏共识，组织可能会变得无效（Schein，1980）。例如，在通用食品公司，产品经理利用市场调查来判断他们所管理的产品是否符合销售和质量目标。与此同时，管理超市的销售经理正在通过给门店经理分配具有位置优势或者劣势的货架来收集他们对不同产品的反应。货架位置与销售量密切相关，这是完全确定的。

销售经理一直试图将这些信息提供给产品经理，因为产品经理一直不认可销售经理的结论，认为销售经理的结论与他们自己"更科学地进行"的市场调查无关——这实际上在无意中影响了产品经理们自己的绩效表现。同样，在DEC早期，最了解竞争对手的人是采购经理，因为他必须从竞争对手公司那里购买零部件。然而他的知识常常被忽视，因为工程师们更加相信自己的判断，而不是采购经理的信息。

如果信息被传送到正确的地方，并且被理解和采取行动，此时，仍然需要就采取何种行动达成共识。例如，如果一个产品在市场上失败了，那么组织是否会解雇产品经理、重新审视市场策略、重新评估研发过程的质量，是否需要召集来自诸多职能部门的诊断团队，研究是否可以从失败中学到什么，或者私下处理失败的信息，不动声色地将优秀的人调整到其他工作中去？

在此过程中，宏观因素发挥重要作用，正如宏观文化会对测量造成偏差影响一样。在诸如美国这样的个人主义文化中，经常可以遇到被称为"问责文化"的案例。当出现问题时，需要确定谁应该承担责任并将其解雇。尽管事故分析多会表明失败或者事故是由多个系统事件引起的，这些事件可能涉及系统中各方的正确决定，但有着"问责文化"的组织仍然强烈希望找到造成严重错误的一个个体。例如，1994 年发生在伊拉克"禁飞区"的两起直升机击落事件造成 26 名外交官死亡，最后发现事故原因是覆盖直升机和监测该地区的士兵的共同无线电频率系统已经演变成两个系统，因为不同种类的士兵需要不同的频率。这是最后导致彼此无法沟通引致重大事件发生的最主要原因（Snook，2000）。飞越高空监视该地区的空中预警机新机组人员的共识是，不可能在雷达上观测到直升机，因为直升机总是冲入峡谷飞行。这导致他们当天警惕性不高，并向战斗机汇报说他们没有看到任何东西。战斗机对目标的视觉识别判断错误，因为为容纳更多的人员，直升机外面挂了副油箱——这导致其轮廓与敌机相似。此时，飞行员使用了所有的检查程序，并找到充足的理由将其击落！该事故最后被界定为一个系统故障，即使最初飞行员被控对直升机击落负有直接责任。

一般认为，类似医学和建筑这样的职业宏观文化在发现问题时，会发展出自己的矫正机制，但是对这些职业而言，当其产品是一套系统、一个手术、一栋建筑物或一座桥梁时，社会会自主地选择增加独立的测量和矫正系统。在社会层面，该系统包括整个警察、法院、缓刑和监狱系统。政府机构和军队都有自己的督察系统。然而，文化力量会介入这些系统的运作，也会进入在不同社会影响警察、法院和监狱系统工作的更宏大社会价值观。

这种自我矫正系统出现在组织层面。在 DEC，对需纠正问题的诊断和提出的补救措施很可能是来自组织内各级成员广泛展开的开放讨论和辩论，因为组织对技术人员的重视越来越超过金融、市场营销或者采购人员。经过讨论和辩论之后，组织经常采取自我纠正行动，因为人们现在认识到他们可以做些什么。因此，到高级管理层批准行动方案并宣布它时，大部分问题已经得到解决。然而，如果这些辩论会产生一些违反肯·奥尔森的假设或直觉的提案，他会介入辩论并试图影响大家的思维方式。如果这种方法行不通，他有时会授权不同的团队沿着不同的方式"安全地行动"，以刺激内部竞争，并"让市场决定"。尽管这个过程有时是随意的，但它很好理解，员工一致同意将该过程作为 DEC 在所处的动态市场中达成目标的方式。

在汽巴嘉基，如果可能，会在当地采取补救行动，以尽量减少坏消息的向上传播。但是，如果整个公司范围内出现问题，高层管理人员经常会在特别工作组和其他特定流程的帮助下进行正式的诊断。一旦作出诊断并决定采取补救行动，组织就通过系统会议、备忘录、电话和其他正式手段来传播组织决策。

在新加坡，纠正措施在很大程度上取决于问题在多大程度上被认为会破坏战略和目标，特别是在清理城市环境方面。即使是轻微的违法行为也会受到严厉的惩罚。然而，新加坡政府会仔细分析经济发展局未能成功引入投资的原因，以便寻求更有效的解决办法。例如，经济发展局没有激发内部创业机制这一问题一经被发现，就立即引致了各种方案来解决该问题。

"纠正"流程不仅仅限于存在问题的领域。如果有迹象表明一家公司正在取得成功，那么它可能会决定加快发展，会制定一个谨慎的可控制增长战略，或者采取风险较小的快速获利战略。关于这些问题的共识对于效率至关重要，这样就此类问题所达成的共识成为公司"风格"的决定因素之一。没有周期性生存问题的组织可能在这些问题上没有一致"风格"。然而，那些经历过生存危机的组织往往会通过对这些危机的回应过程发现自己的一些更深层次的假设。从这个意义上说，组织文化的一个重要组成部分可能确实是隐含的。没有人真正知道组织会对严重危机作出什么样的回应，但这种回应的性质将揭示文化的深层元素。危机情况还可以揭示员工亚文化是否是限制了输出，隐藏了员工改进管理的想法，或者这些亚文化是否支持生产率目标。

一旦采取补救或纠正措施，必须收集新的信息以确定结果是否有所改善。感知环境中的变化，将信息传递到正确的位置，消化信息并开发适当的响应措施——这是一个永久的学习循环，该循环最终可以揭示一个特定组织保持其有效性的方式。

分析性评述：简单修复 vs. 变革和改进。 大多数例子都强调了基于测量指出某些不对劲的问题。随着社会技术系统工作的日益复杂和更好模型的出现，人们经常发现，修复必须成为更广义上的变革和改进。"事情不对劲"的信息（我称之为"不确定性"）会揭示问题，但不一定会找出解决方案。管理变革过程并设法改进工作完成方式，需要新的"变革管理"模型，但是这些模型出乎意料地少有共识。即使是发展非常完善的模型（如精益管理、六西格玛、再造工程等）对于变革管理过程本身的机制也没有达成共识。在当前"文化变革"的氛围中，这些分歧愈加凸显——因为渴望变革的目标远远超出了组织实际进行变革的能力。

9. 界定团队边界和准入标准的问题

当创始人创建组织时，雇用谁和不雇用谁、内部人士还是外部人士的问题对新成员来说非常重要。当人们被雇用时，他们通常会获得带有数字的证章，并且这些数字稍后会成为身份的标志。在建立身份的过程中，创始人可以决定是否提供一种能立即识别组织成员的独特制服。在招聘过程中可能有不同的标准，例如在大学里，你被聘为"辅助人员"、"终身职位"、"普通教师但有限合同"或"兼职合同工作"中的哪一种具有至关重要的意义。界定初始"契约"直接导致了差别待遇规则的适用。内部人士被给予特殊利益，更受信任，获得更高的基本奖励，并且最重要的是，归属于组织，获得身份感。合同工等外部人员不仅获得较少的福利和奖励，而且更重要的是没有具体的身份。他们只是普通大众的一部分，被称为"外部人"。人们对他们会更容易形成刻板印象，会更加冷漠或敌意地对待他们。

　　谁是内部人，谁是外部人，不仅适用于最初的雇佣决策，而且在个人职业生涯中继续具有重要的象征意义。组织具有职业生涯变动的三个维度：（1）从一个任务或功能到另一个任务或功能的横向移动；（2）从一个等级到另一个等级的垂直移动；（3）从外部到内部的包容性移动（Schein, 1978; Schein & VanMaanen, 2013）。对于晋升和包容性移动的标准会逐渐形成共识。随着人们进一步"深入组织"，他们开始了解该组织更隐性的假设。他们学习某些词的特殊含义以及定义成员身份的特殊仪式——例如秘密组织、兄弟会的握手——并且他们会发现群体中最重要的地位基础之一是允许接触、知悉群体秘密。这些秘密涉及历史记录，说明过去一些事情如何发生，为什么会发生，谁是主要联盟或内部团体的核心，以及组织的一些潜在功能。

　　随着组织日益成熟和越来越复杂，明确地定义外部和内部边界的问题也更加复杂。越来越多的人——例如销售人员、采购代理人、分销商、特许经营商、董事会成员和顾问——将会成为复杂的边界问题。在一些行业中，经济环境使企业必须缩减"终身"劳动力的规模，导致临时工或合同工的人数增加，裁员也成为必要时的选择。宏观文化和组织对于组织和员工"彼此亏欠"的基本假设有所不同。

　　我们在 2016 年的美国可以发现，对于职业自由度的宏观文化变革以及以谷歌为代表的新型"家长式"组织让工作变得如此具有吸引力，以至于员工们希望留下来。当从政策角度提出一些问题时，文化假设也逐渐式微：什么是"临时工"？我们可以让人们保持这种状态多久？他们有权获得什么利益？组织如何快速培养起他们的文化要素？该组织如何应对临时员工与终身员工的对峙威胁？（Kunda, 1992; Barley & Kunda, 2001）

　　总之，确定组织及其子单位中谁是内部人、谁是外部人的标准是开展文化分析的最佳途径之一。而且，一个群体对这些群体进行判断和展开行动的过程就是文化形成和维护的过程，可以促使就外部生存问题和内部整合问题进行一些整合。

10. 关于权力、权威和地位的分配问题

在创建组织的结构和流程时，明确要实现什么目标以及通过什么人员来实现具有更重要的意义。创始人会对金钱、时间、空间和材料方面的关键资源如何分配给不同下属的决策有最大影响，并由此创建了基本的权力结构。通过确立劳动分工、明确组织的本质，创始人也创造了组织协调的需要，并最终将其转变为某种形式的层级结构，进而形成权威结构。基础技术（比如 DEC 的电气工程和汽巴嘉基的化学）也发挥巨大的作用，因为某些知识成为个人力量的基础。在以知识为基础的组织中，基础技术和知识成为地位结构的基础，尽管在汽巴嘉基，地位也可以来自家族关系或其他宏观文化标准。重要的是在组织内部需要清楚地了解谁拥有能力，谁拥有权力，谁拥有地位，但这可能是迄今为止外部人员最难以破译的地方。

任何新群体都需要解决的一个相关问题是，如何应对影响力、权力和权威，以及"尊重和举止"的规则是什么（Goffman, 1967）。人类社会的分层过程通常不像动物社会中建立统治性地位的仪式那样明目张胆，但在功能上是等同的，因为该分层过程涉及侵略管理和需求掌控方面可行规则的演变。人类社会像鸡群一样发展出啄食的秩序，但过程和结果更加复杂多样。在一个新群体中，梳理谁将支配谁或谁将影响谁，以及支配和影响的方式是什么等问题，可能是一个混乱和不可预测的过程。但是，大多数组织的创始人和领导者对于该过程应该如何运行有着先入为主的概念，因此他们会制定确定如何获得权力以及如何管理积极行为的最初规则。

社会学家已经有力地证明了，规矩及道德、礼貌、机智不仅仅是社交生活"精致"的表现，而且是防止我们在社会上彼此冒犯的基本规则（Goffman, 1959, 1967）。作为人类，我们需要发展出具有自尊的自我形象——种具有足够价值来持续发挥作用的自我认知。"面子"这个

词就包含了这个公众意义上的价值，而社会秩序的规则要求我们应该保护彼此的面子。如果我们因为不支持其他人的主张而冒犯或侮辱他人——如嘲笑某种严肃的事情，侮辱他人或令他人尴尬——这对双方都是一种丢脸行为。因为不仅仅其中的一方不能坚持自己的主张，另一方也表现得粗暴、具有破坏性和不负责任。

由此，鉴于我们的自尊来源于对他人的支持，各种社会形态中最根本的规则是我们必须支持对方的主张。当我们讲一个笑话的时候，无论笑话多么无趣，其他人都会笑；当有人在公共场合企图破坏氛围时，无论其声音多么大或发言多么难以入耳，我们都会假装没有注意到。任何形式的人类社会都要依靠文化契约来设法维护彼此的身份和幻想，即使这意味着撒谎。即使我们不承认，我们确实恭维他人让他们自我感觉良好；我们教孩子们不要无礼地说"看那边的胖女人"，即使那位肥胖的人就在那里。

为什么组织中的绩效考核会受到情感上如此强烈的抵制呢？原因之一是，管理人员完全知道，当他们坐下来向员工提供"反馈"时，他们其实违背了更大的文化规则和规范。可以直言不讳地说，当我们以激进的方式告诉同事"我们对他们的真正想法"时，这在功能上等同于社会谋杀。人们认为有这种行为的人是不安全的，如果他们继续这种行为，我们通常会宣传这些人患有精神疾病，甚至将其锁起来。在对精神病医院的分析中，戈夫曼（Goffman）在许多案例中精辟地展示了"治疗"其实是教导病人关于礼貌社会的规则，以便让他们能够自由地在社会中发挥作用而不会让别人过于焦虑不安（Goffman, 1961）。在更传统的社会中，小丑或傻瓜会讲述事情的真相，并且只发生于公众会轻视或忽略他们的角色这种情况下。

心理安全。根据定义，在任何等级秩序中，下属都比上级更脆弱，但是不同权威体系在高层和低层之间的心理距离大小是不同的，霍夫斯泰德认为这可以被称为"权力距离"。创始人创建组织和个人行为的方式会影响"权力距离"如何发挥最大影响并最终成为一种文化的过程。工作任务越复杂，层级之间的相互依赖程度越大，那么下属越需要心理安全，使其可以对上级提供反馈并说出真相（Edmondson，2012；Schein，2009a，2013，2016）。鼓励下属告诉上级什么是错误以及上级何时有可能会犯错的宏观文化差异非常大。高危行业鼓励"检举"，但是举报人的职业生涯常常会因此受影响。因此，这项工作的责任最终会落在高层身上，他们需要创造一种让下属感到鼓励说出真相并且会因此得到回报的环境，但是这样做的方式仍然取决于宏观文化中普遍存在的规范。

总之，每个群体、组织、职业和宏观文化都会围绕影响力、权威和权力的分配制定相应的规范。如果在完成这些外生的任务并使团队中的成员远离焦虑的意义上这些规则可以"发挥作用"，那么这些规则将逐渐发展成为文化基因中默认的假设和关键元素。随着世界在文化上更加相互依赖，更多的组织、项目、工作团队和各种合资企业终将会涉及更多来自不同国家、种族和职业的成员。在这些团体努力形成工作共识的过程中，与权威相关的深层假设将是最大的问题。领导者的一个特殊任务是创建文化岛屿，如第七章所述，成员们可以探索这些差异，以达成相互理解和管理自己权威关系的新规则。

11. 就信任与开放制定相互关系规范的问题

每一个新建团队必须同时决定如何处理权威问题以及如何建立可行的同伴关系问题。尽管权威关系问题源于处理侵略感的必要，但同辈关系和亲密关系问题源于处理感情、爱和性这些方面感觉的必要。因此，所有社会都会发展明确的性别角色、亲属关系，以及友谊和性行为规则，从而稳定当前的关系，确保生育机制，进而确保社会的生存。在大多数组织中，围绕亲密关系的规则与围绕权威关系的规则相联系，因为新人可以在与人的互动中迅速习得这些内容。他们会判断谁是那些可以与之开玩笑的人，谁是必须要认真对待的人，谁是可以分享个人亲密信息建立信任关系的人，谁是他们在与其互动中需要找寻合适的方式来处理个人关系的人，尤其是在地位和层级序列存在的情况下。

在工作组织中，"亲密关系"规则涵盖的问题非常广泛——彼此之间的称谓、分享多少私人生活、展示多少情绪、找谁去寻求帮助以及围绕什么问题、沟通中的开放度、是否宽恕与同事的性关系。因为在大多数宏观文化中，社会关系水平之间有明确的差异——正如第六章所描述的。我所称的层级 1 交易关系、层级 2 个人关系（如友谊），以及层级 3 爱人和亲密朋友之间的亲密关系都会在此有所呈现，但边界可能会有所不同。

总而言之，在层级 1 关系中，我们将对方视为"陌生人"，或者将其视为特定的角色——例如客户与销售人员或患者与医生——并了解管理这些关系的规则。他们没有情绪上的亲密关系，但医生可以提出有关正在讨论的健康问题的非常私人的问题。在层级 2 关系中，我们把对方当作完整的人，然后拥有对彼此更亲密和私密的友谊关系，但是仍然不一定涉及有可能涉及性关系的恋人和配偶层面的深度情感交流。

如果将这些级别引入工作关系，那么以下这些关系是否应该保持在层级 1 的问题就呼之欲出：因为在这种情况下，我们应该与上级、下级和团队成员保持适当的"职业距离"，还是应该在复杂的工作关系上发展层级 2 关系以培养正确的信任和开放水平（Schein，2013，2016）。任务相互依赖性越大，发展层级 2 人际关系所暗含的信任和开放越重要。所有以"团队建设"为特征的非正式活动都是为了信任和开放而将关系个人化的行为。

在新组织中，关系相关规则与任务绩效相关规则之间有深刻的相互影响，尤其是在宏观文化可能变化的多元文化领域。这种情况涉及的一个具体问题是，文化成员是否认为他们必须与同事建立一定的层级 2 亲密关系才能有效地处理任务，或者他们是否认为层级 1 交易关系就可以立即完成任务。会议故事俯拾皆是：一种文化（通常是美国文化）的成员希望直奔工作主题，而其他文化（通常是亚洲或拉丁文化）的成员首先想通过各种非正式活动相互了解。这再一次提醒领导需要认知这些差异，并创建会议和事件来解决和接受问题。

总之，制定相处规则对于任何组织及组织的运作至关重要。在像美国这样的文化背景下，各组织之间会有不同的亲密程度，各个组织的文化上认可的亲密程度在工作中和工作之外都可以是适当的。不过，正如关于权威关系的规则一样，如果在未来的组织中，国家、种族和职业方面的文化更加多元化，那么彼此之间发生误解和冒犯的可能性就会大大增加。在安全的"文化岛屿"中探索这些规则将成为组织发展的重要组成部分。

12. 关于奖惩分配问题

从某种意义上说，这是测量和纠正技术问题的人性一面。每个小组都会制定一套关于遵守或违反其规范和规则的奖惩制度，其中大部分与任务绩效有关，但也包括如何与他人相处的重要规则。这些违反彼此相处规则的行为往往成为文化至关重要的部分。这些规则也通常最难习得，因为它们在被违反之前通常是隐含的。一位朋友可能会告诉一位新员工："你绝不能像你刚才那样跟老板说话。这样非常不敬。"

这些规则的微妙之处来源于这样一个事实，即创始人可能不知道他发出的信号是好还是不好，以及什么层次的"敬重"才是正确的。年长员工与年轻人进行社交，可以将规则嵌入，由此，规则也更难以改变——当有一个新的变革领导者想要改变社会环境时。刻意改变奖励和惩罚制度最难实现。当然，这也是开始改变公开行为，从而开始改变某些文化元素的最快和最简单的方法之一。信念和价值观是否改变取决于新行为在适应新的外部任务方面的效果如何。

惩罚与奖励一样，在不同的组织中具有特定的意义。在一些高科技公司中，人们所信奉的价值观是不能裁员，因为如果在组织中工作时，还要同时去寻找其他工作，人们会丢掉他们所工作的任务，可能会成为"船民"①或"徘徊在大厅"②。组织将无限期地承担工资，但显然组织

---

① 乘小船逃到他国的难民。——译者
② 漫无目的。——译者

因此受到了惩罚。通常情况下，这些信号很微妙，但同事知道某人在什么时候在"狗窝"①或位列"受罚席"中。随之而来的可能是奖金的实际损失或未能得到加薪，但初步的处罚已经非常明显。

一些组织发展出"问责文化"，这意味着每当出现问题时，就会发现有人受到责怪，并且他的职业生涯被毁。阿莫科公司（Amoco）被英国石油公司收购几年前的一项文化分析结果可谓一个戏剧性例子。阿莫科的经理和工程师明确地称之为"问责文化"，其规范是如果项目出了问题，他们必须尽快确定责任人。重要的是谁犯错了，而不是为什么犯错。被"问责"的人不一定会以任何公开方式受到惩罚，组织甚至不会告知其他人谁负有责任。相反，高级管理人员在记忆中会由此认为这个人不可信任，因此也会限制其职业发展。没有得到更好的委任或晋升的人可能永远也找不到原因。因此，员工认为有必要尽快远离那些可能失败的项目，以免他们因失败而被"指责"。这种信念阻止了阿莫科与另一家公司的合资，因为如果一个项目失败了，那么该项目中的任何一位阿莫科员工都会脆弱不堪，即使公司明确表示失败是由另一家公司的人员导致的。

要解读何时应该奖励以及何时应该惩罚，这是组织中新人所面临的最困难任务之一，因为从外部人员的角度来看，信号往往模棱两可。老板的训斥可能是一种奖励，而被忽视也可能是一种惩罚。只有在对文化的理解方面更进一步的人才能让遭到训斥而事实上做得很好的新人消除疑虑。如前所述，团队合作通常被认为是获得晋升的重要特征，但团队合作的定义可能因为领域差异而各不相同。

奖励或惩罚取决于组织中的级别。对于初级员工来说，晋升或更好的薪酬是重要的奖励，而对于高级管理人员来说，只有沿着相关领域大幅度地晋升直至承担更重要的任务或项目，才是重要的奖励。被告知公司机密是一项重大的奖励，而不被告知、冻结信息可能是一个极大的惩罚，这标志着终极驱逐。不再是"局内人"提供了一个明确信号，表明

①　受冷落。——译者

个人做错了事。

总之，组织的奖惩制度及其对权威和亲密关系的假设形成了文化的关键性特征，决定着人们如何相互联系、如何管理他们的焦虑以及如何从日常交往中获取意义。你如何对待老板，你如何与员工相互对待，以及你如何知道自己是否做对或根本就不做都是文化基因的一种基础。因此，在组织文化更加多元的时候，我们会看到不同的系统相互冲突，导致感情伤害、攻击、急躁、焦虑和其他不正常的行为，直至在文化岛屿环境中相互探索从而产生理解和新的共识。

13. 管理难以管理的问题，解释难以解释的问题

每个团体都不可避免地面临一些不受其控制的问题——这些问题本质上是神秘的、不可预测的，因而令人心生畏惧。在物理层面上，需要解释诸如自然灾害和威胁性天气等事件。在生物和社会层面，需要理论来解释诸如出生、成长、青春期、疾病和死亡等事件，以及说明为什么要避免焦虑和无意义。

由理性和科学主导的宏观文化倾向于把所有事情都视为可解释的；神秘的原因只是没有找到合适的解释。但是，直到科学揭开了一个我们无法控制或理解的事件的神秘面纱之前，我们需要一个可选的基础来将发生的事情置于有意义的环境中。宗教信仰可以提供这样的背景，也可以为看起来不公平和毫无意义的事件提供解释。迷信解释了无法解释的问题，并为在模糊、不确定和威胁的情况下应该做什么提供了指导。

例如，在一项关于将计算机层析成像技术引入医院放射科的研究中，巴利（Barley, 1984）观察到，如果计算机在需要的时候临时出现问题，比如当病人正在扫描时，技术人员尝试了所有补救措施，甚至包括众所周知的可能去敲击机器。如果此时计算机偶然恢复运行，技术人员会仔细记录下刚刚的处理工作。当工程师赶到现场时，技术人员很清楚他们所做的处理工作与计算机系统的恢复几乎没有关系。但是，这个"知识"被仔细地写在一个小笔记本中，并作为新同事培训的一部分，

传递给他们。从真正意义上说，这是一种迷信行为，即使是在可以合理解释的领域。

故事和神话不仅有助于解释无法解释的问题，而且有助于肯定组织的自身形象、自身理论以及处理内部关系的方法（Hatch & Schultz, 2004；Pettigrew, 1979；Wilkins, 1983）。我们所"知道"的许多事情最终都是基于这里所说的社会共识，这常常使它们像迷信一样坚定。

概要与总结

本章中，我们回顾了文化假设是如何围绕创始人在组织发展和发展文化时面临外部适应和内部整合的所有问题展开的。最终，所有组织都是社会技术体系，其中外部适应方式和内部整合问题的解决相互依存、相互交织、同时发生。创始人的信仰、价值和行为是文化演变的最大决定因素，但基础技术、新组织在发展中所处的宏观体系文化和组织的实际经验也是重要影响因素。

从这个分析中得出的最重要结论是，文化是一个多维的、多元的现象，很难聚焦到个别维度上。文化既可以实现当前组织所需要的稳定性、意义性和可预测性，同时又是组织之前有效决策的结果。随着组织内部文化变得更加多元化，需要在临时文化岛屿上开展进一步的工作来解决寻找共同语言和意义的问题。

对文化分析者的建议

一个组织如何处理本章所描述的各种文化元素是其文化基因的关键部分，因此分析何时合并、收购或其他文化整体认知备受期待。本章中的每个类别，都可以设计成为面试问题，提交给各级管理人员，以了解

其尊奉的信仰和价值观。然后可以通过观察来检查这些可能是更深层的
假设。

对管理者或者领导者的建议

就本章中的每一个类别，自查所在组织如何解决所描述的问题以及
如何塑造公司文化。寻找你自己做事情背后隐含的基本假设。

第十章

领导者如何植入和传播文化

在前面的章节中，我们看到组织的创始人如何通过对其追随者和员工灌输他们自己的信念、价值观，以及如何做事的假设来启动文化形成过程；然后，我们审视了创建组织时必须解决的所有外部和内部问题。至此为止，文化正在形成。如果创始人或其继任者认为他们在解决外部和内部问题方面处于正确的轨道，他们如何将新的结构、流程、信念和价值观与原有的文化进行整合并成功植入？创始人和后来被任命或晋升上来的领导人可以通过诸多机制和流程来阐明和植入他们所创造的文化。

创始人和正式领导人如何判断他们是否有效地植入他们的信念、价值观和假设？主要的短期标准是来自外部——组织是否持续成功。但是许多信念、价值观和假设具有长期的后果，这又应该如何评估？一个坚信团队合作有效性的领导者就应该在组织内部强推团队过程、团队激励和团队奖励吗？所以，为创建新事物并同时将其嵌入组织的结构和过程中的主要内部标准应该是检查这些新组织的信念、价值观和假设与这些新组织必须运转于其中的宏观文化的一致性程度。

　　每种文化都嵌在另外一些更加宏观的文化中，并且只能在宏观文化所赋予、容忍和支持的内容里面进行拓展。例如，我不认为在 20 世纪 60 年代和 70 年代创建的公社的挫折具有偶然性，因为它们嵌套在一个根本不属于社区的文化中。又比如，像阿米什（Amish）或哈特派（Hutterites）这样的宗教团体成功了，因为它们嵌入在一个更大的宗教宏观文化中，并且，如果将它们与宏观文化直接隔离开来，可以被视为对其信仰和价值观的挑战。

　　如果创始人或领导者不认真考虑新的信仰、价值观和假设与宏观文化的适应性问题，它们则终将不会被采纳。我目睹过一家美国大型跨国公司的一线经理们一个引人注目的误判。该公司决定采用绩效改进计划，这个计划依赖于从上级到下级的定期的直接面对面反馈。人力资源部门通过其培训机构为各级管理人员提供几年培训。我恰好在夏威夷参与了针对其日本子公司经理团队的执行力拓展计划。该计划的指定对外发言人之一是该公司的国际人力资源总裁。她受邀向人们描绘该项目本身就是一个有效的绩效管理的案例。她还利用这个机会非常自豪地宣布，面对面的反馈机制现在已经在全球范围内被正式认可为公司文化的关键要素。

　　当天晚上，我和日本子公司的几位高管共进晚餐，并询问他们是否接受过培训以及后期效果如何。他们都参加过培训，非常有礼貌地假装前去参加培训；但当他们在日本和下属处理公务的时候，他们都会说："当然了，我们不会按照那种方式去做，那种方式在现有组织文化中不可行，我们有其他方式把事情传达给下属，但是永远不要直接面对面交流！"

　　假设组织取得成功，并且创始人或新领导人已经考虑到新文化与它所嵌套的宏观文化之间的一致性，那么植入新文化的主要机制是什么？对领导者如何传递信息有一条最简单的解释——他们通过"魅力"来实现，这种"魅力"即捕获下属注意力的神秘能力以及可以生动、清晰地传达主要假设和价值的能力（Bennis & Nanus，1985；Conger，

1989；Leavitt，1986）。魅力是文化创造的重要机制，但从组织或社会的角度来看，魅力不是一种可靠的植入或社会化机制，因为拥有魅力的领导者很少，其影响也很难预测。

历史学家一般会回溯并宣称某些人有魅力或远见卓识。然而，研究者始终不清楚有魅力的领导人是如何传达其愿景的。当然，没有魅力的领导人可以通过多种途径使他们的信息被接受。这些其他途径构成了本章的重点。图 10 - 1 列出 12 个植入机制。这里将其分为主要机制和次要机制，突出区分了领导者所做的最强大的日常行为事件与支持和加强主要信息的更正式但不太强大的机制之间的差异。

主要植入机制
- 领导者定期关注、衡量和控制哪些领域
- 领导者如何应对重大事件和组织危机
- 领导者如何分配资源
- 有意识的角色楷模、教学和辅导
- 领导者如何分配奖励和地位
- 领导者如何招聘、选拔、晋升和辞退员工

次要强化和稳定机制
- 组织设计和结构
- 组织系统和程序
- 组织的仪式和典礼
- 物理空间、外墙和建筑物的设计
- 重要事件和人物的故事
- 组织哲学、信条和章程的正式说明

图 10 - 1　领导者如何嵌入他们的信念、价值观和假设

主要植入机制

图 10 - 1 中显示的六种主要植入机制是领导者可用于训练其组织如何根据自己的有意识和无意识信念来感知、思考、感受和行动的主要"工具"。我们会依次讨论这些机制，但是这些机制是同时运作的。

它们是新兴文化的可见人工饰物层面的内容，直接营造了组织的典型"氛围"（Schneider，1990；Ashkanasy et al.，2000；Ehrhart et al.，2014）。

1. 领导者定期关注、衡量和控制哪些领域

创始人、领导者、管理者和父母可以用来传达他们所信任或关心的内容的最有力机制是他们系统性地关注这些内容。这可能意味着从他们关注和评论的所有事件到他们所评估、控制、奖励以及以其他方式系统处理的一切。即使是那些针对某一领域和问题的偶然性的言论和问题也可以像正式的控制机制和衡量标准一样有效。

如果领导者意识到这个过程，那么系统地关注某些事情就会成为信息传达的强有力方式，尤其是领导者的行为完全一致时。然而，如果领导者没有意识到这个过程的力量，或者他们的关注与此不一致，那么下属和同事将花费过多的时间和精力来试图破译领导者的行为背后真实反映的信息，甚至将动机投向领导者可能压根不关注的地方。该机制可以很好地用"你会得到你所努力争取的东西"这句话来反映。

这其中最重要的是一致性，而不是关注的强度。举例来说，在最近召开的工业组织安全会议上，来自美铝公司（Alcoa）的演讲人指出，该公司的前任首席执行官保罗·麦克尼尔（Paul McNeill）想让工人了解安全的重要性，所以此后每个会议的首要议程就是讨论安全问题。随后我将讨论，在阿尔法电力公司（Alpha），主管人员通过工作简报启动每项工作，包括讨论当天可能遇到的安全问题。该组织有许多安全计划，高管人员经常公开宣讲安全的重要性，但这种重要性信息是通过他们每天提出的问题来让员工接受的。

道格拉斯·麦格雷戈（Douglas McGregor，1960）讲述了一家希望他帮助设计管理发展计划的公司。公司总裁希望麦格雷戈提出应该做什么以及如何去做的制度。麦格雷戈却询问总裁他是否真正关心如何识别和提升经理人。在确信总裁是这样做之后，麦格雷戈认为，总裁应该

将他的关注点放在奖励制度的建立上,并形成一致的监督方式;换句话说,总裁应该开始关注它。总裁认可这种方向并向其下属宣布,从此以后,每位高管人员年度奖金的 50% 将取决于他在过去一年中为提升其直接下属所做的工作。他补充说,他自己并没有想到具体的计划,但是每季度他都会询问每位高级经理做了些什么。

有人可能会认为奖金是高管启动计划的主要动机,但实质上更重要的是他们必须定期汇报他们正在做的事情。高级管理人员开展了一系列不同的活动,其中许多活动都与组织内零零碎碎的工作相结合。某项连贯的计划已经被推动两年,并继续服务于该公司。总裁每季度会继续提出问题,每年评估一次每位经理为提升下属所做的工作。他从不强加任何计划,但通过自始至终地关注管理下属提升和奖励进展,他向组织明确表达了他认为管理下属提升非常重要的信息。

而另外一个极端是,一些 DEC 经理表明,不一致和转移注意力会导致下属对于管理层预期的关注愈来愈少,从而默认授权员工。例如,一个技术团队的明星经理会发起一个重要的倡议并要求团队人员全力支持,两个星期后,他又会发起一项新举措,而不会明确告诉人们是否应该放弃之前的计划。随着下属观察到这种看似不稳定的行为,他们开始越来越依靠自己来判断应该做什么。

创始人和领导者关心的一些最重要的信号是在会议期间以及其他专门用于制定计划和预算的活动中发布出来的,这是计划和预算成为一个非常重要的管理过程的原因所在。在就某些问题系统地询问下属的过程中,领导者可以传达自己的想法。计划的最终内容可能不如制定计划过程中的学习那么重要。

领导者情绪爆发。比常规问题更强大的信号是情绪反应——尤其是当领导者认为他们的重要价值观或假设被违反时。情绪爆发并不一定非常明显,因为许多管理者认为,不应该让自己的情绪过度参与决策过程。但是下属通常知道他们的老板什么时候不高兴,许多领导者确实会允许自己公开发怒,并将这些感受当作信息传达出去。

下属发现老板的情绪爆发会令人痛苦，于是试图避免。在此过程中，他们看领导的脸色行事——如果随着时间的推移，这种行为会产生预期的结果，那么他们就会采用领导者的假设。例如，在公司早期的一次执行委员会会议上，奥尔森就明确地表示他认为直线经理的工作是公司最核心的工作。他要求新聘的首席财务官（CFO）就其业务状况进行汇报。他分析了三大产品系列，并将分析结果带入了会议。他分发了这些报告材料，并指出，其中一个产品线陷入财务困境，主要原因在于销售下降、库存过多以及制造成本快速上涨。在会议上可以很明显地看到，负责产品线的副总裁之前并没有看到首席财务官的数字，当这些信息披露出来之后，尴尬立现。

随着报告的持续推进，会议室内紧张情绪不断攀升，因为每个人都感觉到首席财务官和副总裁之间即将发生真正的对抗。首席财务官汇报完成之后，所有的目光转向副总裁。副总裁说他没有看到这些数字，并希望有机会看到这些数字；因为他没有看到这些数字，所以他无法立即给出答案。此时，奥尔森（首席执行官）爆发了，但令整个集团感到意外的是，他发怒的对象不是首席财务官，而是副总裁。该小组的几名成员后来透露说，他们原以为奥尔森会对首席财务官发怒并认为他是在哗众取宠，因为他引入了对每个人都很新鲜的数字。没有人以为奥尔森会对产品线副总裁表示愤怒，因为他没有准备好处理首席财务官的争论和信息。奥尔森全然不顾副总裁的解释，他警告副总裁：如果你的工作方法正确，你会知道首席财务官所知道的一切，你必须对下一步行动给出令人满意的答案。

突然间，每个人都意识到奥尔森所发出的一个强有力的信息。他明确地期待并认为，产品线副总裁永远要完全掌握他自己的业务，永远不要让自己陷入财务数据的尴尬境地。副总裁自己没有掌握数据比他遇到的麻烦更严重。他无法解释数据问题比他遇到麻烦本身更严重。奥尔森对直线经理的情绪爆发事件比任何关于授权、问责制和类似情况的言论都更有说服力。

如果一个直线经理继续对自己的情况表现出无知或无法控制，奥尔森仍然会发怒，还会指责他无能。如果直线经理试图为自己辩护，说明情况要么是他无法控制的，要么是由奥尔森本人事先达成的协议而导致的行为的结果，奥尔森会非常情绪化地告诉他请立即将问题报告给上级，迫使上级重新考虑现实情况并对之前的决定重新协商。换句话说，奥尔森通过他的情感反应清楚地表明，糟糕的绩效表现可以免责，但问题根源不能发生在自己所负责的范围之内，并且永远不原谅那些不告知实情的行为。

奥尔森关于说实话的特别重要的深层假设在另一次执行委员会会议上也表现得非常明显。当时发现公司存在过量库存的原因在于每条产品线为了保护自己都会小幅夸大其订单。所有产品线上的小幅夸大累积起来就产生了大量的过量库存，但是制造部门并没有报告这些库存，因为它们只负责按照产品线订购的产品数量生产。在对这一情况的审查会议上，奥尔森说，他很少那样生气，怒不可遏就是因为产品线经理撒谎。

奥尔森坦然表示，如果下次哪位经理夸大了订单，无论什么原因，都会被立即解雇。制造部门可以弥补销售夸大订单过错的建议被否决了，因为这会使问题复杂化。一个部门撒谎，另一个部门想尽办法来弥补这一过错的情况完全背离了奥尔森关于一项有效的业务应该如何运行的假设。

斯坦伯格和奥尔森都认为满足顾客需求是确保企业成功最重要的方式之一，每当他们得知客户没有被很好地对待时，他们的情绪表达最明显。在这方面，可从领导者的反应中推断出的隐含信息与体现在公司信条和正式奖励制度中的正式信息完全一致。在山姆·斯坦伯格的案例中，顾客的需求甚至超越家族需要之上。如果你想要家族成员陷入麻烦，那么不善待顾客需求是一种有效方式。

从领导不重视的方面所进行的推论。下属可以获得的用来作为解释领导的价值观的证据的其他强力信号则是领导不重视的方面。例如，在DEC中，管理人员经常遇到成本超支、日程延误和产品不完善的实际困难，但如果管理人员可以佐证他已经控制了这种情况，那么这些困难实际很少需要公司讨论。公司认为困难是商业的常态；但是只有那些无法应对的困难和需要重新获得掌控权的困难不可接受。在 DEC 的产品设计部门，经常会有人员过剩、预算过高、成本控制管理松懈等问题，但是这些都没有引起太多评论。下属由此会理解，在公司，提出一个好的产品方案比控制成本要重要得多。

不一致和冲突。如果领导者在他们所关注或不注意的地方发出不一致的信号，就会给下属带来情绪上的困扰，正如斯坦伯格案例所示。斯坦伯格重视高绩效，却容忍家族成员表现不佳，这导致许多有能力的非家族成员员工离职。奥尔森希望赋予员工权力，但也表示他希望维持"父权制"的集中控制。一旦获得授权的工程经理对自己的决策能力产生了足够的信心，他们就被迫呈现出一种病态的不服从——在会议上与奥尔森达成一致，但会议结束之后，经理们会在下楼时告诉我，奥尔森不再位于市场或技术的顶峰，所以经理们会做一些不同于他想要的事。进入 DEC 的年轻工程师也会发现组织上的不一致性，因为对顾客的明确关注态度与对顾客相应阶层的含蓄的傲慢态度共存，根本原因在于工程师常常认为他们比客户更了解客户。当工程师表现出这种傲慢时，奥尔森没有采取纠正措施的默认态度实质上强化了这种文化。

领导者可能并没有意识到自己的冲突或情绪问题可能会导致相互矛盾的信息，进而导致不同程度的文化冲突和组织异常（Kets de Vries & Miller，1987；Frost，2003；Goldman，2008）。斯坦伯格公司和 DEC 最终都因为领导者自身无意识的关于明确的授权和分权理念与强有力的需要保持严密的集中控制问题上的冲突，而受到削弱。两家公司都会对非常细节的问题进行干预，越级指挥严重。下属容忍并且习惯于相互矛盾的信息；因为在某种意义上，创始人、所有者和其他高管人员总是理所当然地可以不一致，或者说他们太过强势，下属无法直接面对他们。

新兴文化不仅会反映领导者的假设，还会反映下属在组织内部或领导者周围创造的复杂的内部调节。团队有时会假设领导者是一个具有某种特质的创造性天才，他们可能会设计出补偿机制，比如管理的缓冲层，以此来保护组织免受领导者不正常行为的影响。在这些情况下，文化可能成为防范由不一致的领导行为所引发的焦虑的防御机制。在其他情况下，组织的运行方式会反映创始人所经历的那些偏见和无意识的冲突——一些学者称这种组织为"神经质的组织"（Kets de Vries & Miller，1984，1987）。在极端情况下，下属或董事会可能不得不设法将创始人全部撤出，就像在许多第一代公司中发生的那样。

总而言之，领导者的持续关注、奖励、控制和情绪反应，会更清楚地传达他们自己的优先事项、目标和假设。如果领导者注意太多的事情，或者他们的注意模式不一致，下属会使用其他信号或他们自己的经验来判断什么是真正重要的，从而催生了组织更多元化的假设和更多的亚文化。

2. 领导者如何应对重大事件和组织危机

当组织面临危机时，领导者和其他人处理危机的方式揭示了重要的潜在假设，并且在此过程中经常性地创造新的规范、价值观和工作流程。危机在文化创造和传播方面扮演了尤其重要的角色，因为在危机时期，情绪的参与加剧了学习的强度。危机感可以增加焦虑感，而减少焦虑的需求是开展新学习的强大动力。如果人们共享非常激烈的情绪体验并一起学习如何减少焦虑感，那么他们更有可能记住所学，并会非常郑重其事地重复这种行为以避免焦虑感。

例如，一家公司因为产品过度设计以及由此带来的昂贵价格面临破产危机。后来该公司通过以低质量、低成本的产品打入市场而幸存下来。几年之后，市场消费水平已经准备好接受更昂贵、更高质量的产品，但该公司对于生产这样的产品迟疑不决，因为它无法消除与昂贵的高品质产品相关的焦虑记忆。

当然，对危机的界定有一部分是属于认知。外部环境中可能存在也可能不存在实际性的危机，而且对于危机的界定本身往往是文化的反映。为了进行分析，危机就是那些被认为是危机的东西，就是那些被创始人和领导者定义为危机的东西。围绕主要外部生存问题而产生的危机可以成为揭示领导者深层假设的最有力的手段。

有关小汤姆·沃森的故事突出了他对人员和管理提升的关注。一位年轻的高管曾经作出了一个让公司花费数百万美元的错误决定。他鼓起勇气走向沃森的办公室，认定自己要被解雇。当步入办公室时，这位年轻高管说："我想，在那些错误之后，您会解雇我。"据说沃森回答说："并不是，年轻人，我们花了几百万美元来培养你。"

无数组织面临着销售萎缩、库存过剩、技术落后以及随之而来的要裁员以削减成本的危机。领导者如何处理这种危机，揭示了他们对人的重要性和人性观的假设。乌奇（Ouchi，1981）引用过几个戏剧性的例子，其中美国公司通过让所有员工和管理人员减薪或者改为短期工，而不是裁员，来降低管理成本。在2009年的经济危机中，我们可以看到很多这样的例子。

在危机期间，DEC的"我们是彼此照料的家庭"的假设表现得尤其明显。当公司绩效良好时，奥尔森经常的情绪爆发反映出他对于人们自满的危机的担心。然而，当公司陷入困境时，奥尔森从不惩罚任何人或表现出愤怒；相反，他成为可做坚强后盾的强大"父亲"，会向外界和员工指出事情并不像看起来那么糟糕，公司有很强的力量可以确保未来的成功，人们无须担心裁员，因为公司会通过减缓招聘来控制人力成本。

然而，斯坦伯格在危机情况下就表现出对自己年轻的经理人缺乏关爱，有时会在冲动的情况下解雇员工——说是冲动，是因为他会在事后意识到他们对公司的运营有多重要。这逐渐形成了一个建立在不信任和低承诺之上的组织文化，最终导致即便是更好的机会逐渐浮出水面，优秀的人也会逐渐离开。

围绕内部整合问题的危机也可以揭示并嵌入领导者的假设。通过密切观察组织从而获得最有效信息的最好时机是组织内部发生不服从行为的时候。各种各样的组织文化与等级制度、权威、权力和影响力紧密相连，冲突必须不断得到解决从而达成共识。让领导者发出关于他们自己对人性和关系的假设的信号的最好时机是当他们自己受到挑战时。

例如，奥尔森通过下属与他辩论或不服从他时他表现出的宽容甚至鼓励来反复地、清晰地表达他的假设：他不觉得他最清楚状况。他表示，他需要真正依赖下属来了解什么是最好的——如果员工觉得他们是对的，那么他们应该是不服从的。相比之下，我曾任职的银行的总裁也坚持鼓励下属自己思考，但总裁自己的行为却与他的公开主张相悖。在一次重要的全体员工会议中，一位下属试图表达自己的观点时犯了一点简单的错误，总裁直接嘲笑并奚落他。

虽然总裁后来公开致歉，并表示他不是有意为之，但是损害已经无法挽回。目睹该事件的所有其他下属都认为，总裁并不是真正绝对信任地委任他们，总裁仍然处于审判的宝座，并且假设他自己是最好的。

3. 领导者如何分配资源

组织如何制定预算可以揭示领导者的假设和信念。例如，一位个人层面上厌恶债务的领导者会倾向于拒绝过度依赖借款，并保留尽可能多现金的计划，从而可能会引导预算规划流程，但是其可能会破坏潜在的良好投资。正如唐纳森和洛乐施（Donaldson & Lorsch，1983）在他们关于高层管理决策的研究中所表明的，领导人对组织的信念，包括对组织的独特能力、可接受的金融危机程度以及组织在财务上必须自给自足的程度，都会影响组织目标的选择、完成的手段以及所使用的管理流程。这些信念不仅成为决策制定的标准，而且会成为决策制定的制约因素——因为它们限制了对备选方案的认知。

奥尔森的预算和资源分配流程清楚地表明了他对自下而上创业制度的信念。他总是反对高管独立设定任务、制定策略或制定目标，而是倾向于鼓励基层工程师和管理人员提出建议、业务计划和预算，他和其他高管会批准那些有意义的提案。他深信，人们只会尽最大努力、最大限度地承诺由自己创造、销售和负责的项目和计划。

随着 DEC 组织的发展以及越来越多地参与市场竞争，该体系的问题随之产生，成本必须得到有效控制。在成立初期，公司有能力投资各种项目，无论它们是否合理。在 20 世纪 80 年代后期，因为资金的有限性，公司最大的问题之一在于不得不在那些听起来都不错的项目中进行抉择。公司试图去支持所有项目，这导致几个关键项目被搁置，而这成为 DEC 最终失败的一个因素（Schein，2003）。

4. 有意识的角色塑造、教学和辅导

组织的创始人和新领导者似乎通常都知道，他们自己的明显行为对于向其他成员，尤其是新成员，传达假设和价值观具有重大价值。奥尔森和其他高管制作视频，专门阐述他们明确的理念，并将这些视频作为入职培训内容向新人展示。然而，视频内容或举办背景所传递的信息有所不同，例如领导者向新人致欢迎辞所传达的信息就不同于领导者非正式视察时所传达的信息。非正式信息具有更强大的教学和辅导作用。

例如，山姆·斯坦伯格表示，他需要通过频繁地视察商店以及仔细检查，来全身心地投入所有事务当中。当他休假时，他每天都会在特定时间打电话给办公室，详细询问各个方面的业务问题。这种行为一直持续到他半退休的时候，他每天都会从千里之外的退休居所打电话到公司。通过他的问题、讲座，以及他个人对细节关注的呈现，他希望向其他管理人员展示什么需要高度明晰，什么是工作的首要任务。鉴于其对家族成员坚定不移的忠诚，斯坦伯格还培训人们如何思考家族成员和所有者的权利。奥尔森显然试图通过驾驶小型汽车、非正式地着装，以及花大量时间与各级员工交流、亲自了解员工，在 DEC 中淡化地位和等级观念。

5. 领导者如何分配奖励和地位

任何组织的成员都可以从他们自己的晋升经验、绩效考核以及与老

板的讨论中习得组织奖励什么、惩罚什么。奖励和惩罚行为的性质以及奖励和惩罚本身都带有这些信息。领导者可以始终将奖励和惩罚与他们所关注的行为联系起来，从而快速实现自己的优先事务、价值观和假设。

这里，我指的是实际的实践——真正发生的事情，不是宣传、发表或传播的东西。例如，通用食品公司的产品经理每人都有望为其特定产品制定成功的营销计划，一般 18 个月后他们可能会获得奖励，调配到更好的产品业务中去。一般情况下，我们可能无法得知营销计划在 18 个月内的市场表现，所以公司真正认为有价值的是产品经理在创建"良好"营销计划方面的表现——主要是通过衡量产品经理将其推销给手握批复权力的高管的能力，而不是由市场上产品的最终绩效决定。

这其中隐含的假设是，只有高管人员才能被信任来准确评估营销计划；因此，即使产品经理对其产品负有技术上的责任，事实上高管也承担了推出昂贵营销计划的真正责任。初级管理者从中学到的是如何从高管的角度开发具有正确特征和风格的项目。如果初级管理人员错误地认为他们自己在制定营销决策时是独立的，那么他们只需要看看那些成功的产品经理获得奖励与其产品营销计划之间不显著的关系，就会管窥一二。成功的产品经理会获得一个更好的产品来管理，他们的办公室可能稍微好一点儿，他们得到了很好的提升，但他们仍然必须向高管展示他们的营销计划以供审查，而准备和演练这些展示材料每年需要四到五个月，即使是非常高级的产品经理也不例外。一个看似将大量权力委托给其产品经理的组织实际上是非常明显地并有系统地限制他们的自主权，使其像高管一样思考。

重申这里的基本点——如果创始人或领导人试图确保他们的价值观和假设会被习得，那么他们必须创造一个与这些假设一致的奖励、晋升和地位体系。

虽然这个信息最初在领导者的日常行为中得到了体现，但从长远来看，人们将会根据这些重要的奖励是否确实与日常行为一致来进行判断。

大多数组织信奉诸多价值观，其中有一些在本质上相互矛盾，迫使新员工自己探索出真正的回报点：客户满意度、生产率、安全性、最小化成本或最大化投资者回报。只有通过观察高管的实际行为，并经历实际的晋升和绩效评估，新人才能找出组织有效运转的基本假设。

6. 领导者如何招聘、选拔、晋升和辞退员工

领导者价值观嵌入和延续的最微妙但最有力的方式之一是新成员甄选。例如，奥尔森认为创建一个组织的最佳方法是聘用那些非常聪明、表达能力强、人格独立的个体，然后赋予他们更多责任与自主权。而汽巴嘉基公司会选择那些受过良好教育、聪明，能够融入一个多世纪以来发展起来的更加结构化的组织文化的员工。

这种文化植入机制是微妙的，因为在大多数组织中该机制的运作是无意识的。创始人和领导者通常会锁定那些在风格、假设、价值观和信仰方面与组织现任成员相似的候选人。当他们被认定是合适的雇员之后，他们就会被赋予一系列特点来说明他们确实是组织要寻找的人。除非招聘团队中有来自组织外部的人，否则很难知道招聘团队对候选人的看法受到组织现有的潜在假设影响之深。"匹配"本身就是一种价值。

一些结论性观察。如果领导者自己的信念、价值观和假设是一致的，那么这些植入机制就会相互作用并趋于相互加强。通过分解这六个类别，本章试图揭示领导者能够，并且行之有效地传达自身文化假设的多种方式。组织中的大多数新人都有大量的数据可供他们破译领导者的真实假设。

因此，社会化过程大都嵌入在组织的正常工作中。新进者没有必要参加特殊的培训或灌输式的课程来学习重要的文化假设。这些假设通过领导者的日常行为变得愈加明显。

次要强化和稳定机制

在一个年轻的组织中，设计、结构、建筑、仪式、故事和正式陈述都是文化创造者和文化加速器。一旦组织成熟化和稳定化，这些同样的机制则会成为未来领导者的制约因素。在一个不断发展的组织中，这六种机制是次要的，因为它们只有在与之前讨论的几个主要机制相一致时才起作用。当初始讨论的机制和次要机制一致时，这些机制就开始构建组织意识形态，从而将那些从一开始以非正式方式学习的许多东西正式化。如果它们不一致，这些机制将被忽略或会成为内部冲突的来源。我们将会看到，这种内部冲突往往会成为不符合组织文化的亚文化的主要来源，为领导者带来整合的难题。

所有这些次要机制都可以被归入文化的人工饰物层面，它们是高度可见的，但如果没有观察领导者的实际行为而获得深层次知识，它们也可能难以解释。当一个组织处于发展阶段时，关于驱动的假设和控制的假设总是首先显化，并且会清楚地通过领导者的行为表现出来，而不是从可见的设计、程序、仪式、故事以及公开的陈述中表现出来。但是，正如我们将在后面看到的那样，即使成熟组织中的新领导人意图改变这些假设，这些次要机制也会在延续之前的假设方面表现出强大的力量。

1. 组织设计和结构

创始人和早期领导者对组织设计通常会表现出高度的激情和偏见，但逻辑并不是非常清晰。主要任务的要求——组织如何在外部环境中生存——似乎夹杂着关于内部关系的强大假设，夹杂着基于创始人背景而不是分析而得出的工作理论。如果是家族企业，那么组织结构设计必须为关键的家庭成员或者值得信赖的同事、共同创始人和朋友腾出空间。即使在上市公司中，组织结构设计也通常是围绕经理人的才能而建立的，而不是围绕外部主要任务要求建立。创始人所植入的管理理论，而不是任务的要求，常常会主导创始人设计组织结构的方式。

创始人对于如何依据自己的历史和经验来发挥组织的最大效能也有很强的理论。有些创始人认为只有他们可以最终确定什么是正确的，因此，他们建立了严密的层级结构和高度集中的控制体系。另外一些创始人则认为其组织的优势在于员工，因此建立了一个高度去中心化的组织来尽可能分权到最基层员工。还有一些人，如奥尔森，坚信组织的力量来自协商解决方案；他们雇用强有力的员工，但同时也创建一套体系，要求这些人才就各自的解决方案相互协商，在此过程中创建矩阵式组织。

一些领导者坚信需要最大限度地减少相互依赖来赋予组织单元自由；其他人则坚信制衡机制，由此任何一个单元都无法自主运作。李光耀认为，要建立像经济发展局这样的部门，同时赋予"完全独立"的地位并要求"与其他政府部门协调其活动"，以便投资者可以体验到新加坡作为"一站式商店"，可以提供可靠的信息、作出承诺，并且"永不违背诺言"。

对于一个既有组织结构应该在何种程度上保持稳定，信念也不尽相同，有些领导人会找到一个解决方案并坚持下去，而另外一些人（如奥尔森）则会不断重新设计组织结构以寻找更适合不断变化的外部环境问题的解决方案。组织的初始设计和组织各个阶段的定期结构重组，都为创始人和领导者提供了充分的机会，使他们能够嵌入他们所秉持的关于任务及其达成途径、人性本质和人们需要培养的正确关系类型的假设。

一些领导者可以明确阐明为什么要按照当前方式来进行组织结构设计；但是有些领导者似乎将其合理化，并没有真正意识到他们正在作出的假设——尽管有时他们可以从结论中推断出假设。在任何情况下，组织的结构和设计都可以强化领导者的假设，但它却很少提供嵌入它们的准确的初始基础——因为任何给定的层级关系可以是从完全集权制到密切合作中的任何形式，所以组织结构通常会被员工以多种方式来解释。最终差异的来源是关系的质量，尤其是领导者是否将他与下属的关系定义为工作关系——与情感无关的层级 1 角色关系——或者试图创建更加个人化、更加开放和信任的层级 2 关系。

2. 组织系统和程序

　　任何组织生命周期中最明显的部分是每日、每周、每月、每季度和每年的周期都必须执行的例行程序、过程、报告、表单和其他经常性任务。这些例行程序的起源往往不为参与者所知，有时甚至连高管都不知道。但是，它们的存在使组织结构和组织可预测性变得模棱两可。因为系统和程序会使得生活具有可预测性，可以减少歧义和焦虑，所以，这些系统和程序的功能与正式结构非常相似。虽然员工经常抱怨这些系统和程序所导致的令人窒息的官僚作风，但他们需要一些重复性的系统和程序来避免不确定和不可预测的世界所带来的焦虑。

　　鉴于群体成员追求稳定性，试图减少焦虑，创始人和领导者因此有机会通过就此建立系统和程序来强化其假设。例如，奥尔森即通过创建众多不同类型的委员会和出席会议来强化他的信念：真理经由辩论而来。斯坦伯格通过创建审核过程来强化他对绝对权威的信念，在这个过程中他会快速聆听抓取信息，然后发出强制命令。汽巴嘉基公司在作出重要决定之前，会启动正式研究来强化对科学真相的假设。阿尔法电力公司撰写了数百个工作程序，辅以连续的培训和监控来确保合规性，以此来强化对传输电力、天然气和蒸汽的固有危险性的假设。李光耀坚持认为，只有最优秀和最聪明的人才能成为政府雇员，因此他创建一个奖学金计划，让优秀人才获得奖学金在海外大学接受教育，然后要求他们服务于政府部门。

　　系统和程序可以使"关注"的过程正式化，从而强化领导者真正关心某些特定事情的信息。这就是为什么每个领导者都希望推进管理 – 发展计划，通过将其对下属季度表现总结的正式化，从而极大地帮助其达成目标。正式的预算制定或计划制定流程通常附着于生产计划与企业预算之中，但是发挥着提醒下属需要注意什么的工具作用。

　　如果创始人或领导者没有将系统和程序设计为强化机制，那么他们将会打开制造组织文化或组织亚文化中与首席执行官首要价值观相矛盾的文化旋涡之门。奥尔森认为，直线经理应该完全掌控自己所经营的业务，却拒绝让它们成为独立的事业部。他允许非常强大的集中式管理的企业财务、工程、制造和销售组织演进；同时他期待产品直线经理成为员工最好的工作。这使得产品线倾向于建立自己的工程、制造和财务联络人队伍，所以公司的产品线愈加昂贵。随着组织的成熟，每个职能都将发展出亚文化，这些亚文化之间，这些亚文化与整体文化之间，可能会保持一致，也可能不一致。如果这些团队之间最终互相矛盾，彼此发生冲突，这将是组织设计逻辑从一开始就不一致的直接后果，而不是这些职能经理的个性或竞争激励的后果。

3. 组织的仪式和典礼

一些研究文化的学生认为仪式和典礼的特殊组织过程是破译和交流文化假设的核心（Deal & Kennedy，1982，1999；Trice & Beyer，1984，1985）。仪式和典礼是将某些假设正式化的典型方式，因此是可观察的人工饰物层面文化。然而，要破译仪式和典礼并非易事；因此我不认为它们是主要的植入机制。相反，如果主要的植入机制明确了这些假设，它们可能被认为是关键文化假设的重要强化手段。

例如，在 DEC 中，专门讨论重要的长期战略问题的月度"伍兹（Woods）会议"总是在高度非正式的环境中举行，会议鼓励非正式性、地位平等和对话。这些会议通常持续两天或更长时间，也涉及一些户外健身活动，如徒步或爬山。奥尔森坚信，如果在非正式环境中有令人愉快的体验，人们会彼此信任，更加开放。随着公司的发展，各个职能部门也采用了这种会议方式，定期举行非办公场所会议，而这成为包含各种各样名称、地点和非正式程序的公司仪式。

在汽巴嘉基，公司年会始终保留没有人擅长且令人吃惊的体育赛事，因此大家都在赛事中具有平等的身份。参与者会放下身段，尽自己最大的努力，最后失败，以非常幽默的方式被同事嘲笑。这就好像团队试图对自己说："我们是严谨的科学家和商务人士，但我们也会玩。"在赛事期间，正式工作世界中不允许传递的非正式信息可以任意传达，这种形式似乎是对严格的等级秩序的某种补偿。

在阿尔法电力公司，团队合作的价值，特别是在环境、健康和安全活动方面，会通过由高管提名三到四支具有突出成就的团队参加月度名为"我们的工作方式"的特别午餐而得到体现。每个团队需要告诉整个组织它们完成了什么以及它们是如何完成的。作为额外的奖励和表彰，团队照片还会在公司公开发布。此外，公司还有各种与安全生产相关的奖励。

人们可以在大多数组织中找到仪式化活动和形式化仪式事件的例子，但它们通常只能揭示构成组织文化的各种假设的很小一部分。当然，过分强调仪式研究也有一定的危险性。因为人们可能正确地破译了某一条文化，但是可能没有任何依据来确定还有哪些事情会发生，以及仪式化活动在更宏观的组织计划中扮演多重要的角色。

4. 物理空间、外墙和建筑物的设计

物理设计包含了客户、用户、供应商、新员工和访客会遇到的组织的所有可见特征。可以从物理环境中推断的信息，如同结构和程序所展现的那样，可能会加强领导者所传达的信息，但前提是他们设法完成这一任务（Steele，1973，1986；Gagliardi，1990）。如果他们没有明确地管理这些方面，那么这些物理设计可能反映了建筑师、组织规划和设施管理者、社区地方规范或其他亚文化的假设。通常建筑也反映了宏观文化的假设，即建筑必须符合它们所在社会的风格。

DEC 最初选址于旧毛纺厂以强调节俭和简单。访客在这个组织中可以最直观地体验到对深度秉持假设的准确反映。这种深度体现在，DEC 位于世界各地的办公室都对访客有如此影响。

汽巴嘉基非常重视个人的专业知识和自主权。但是，由于它假定某个工作的上岗者会最终成为该领域的专家，所以它通过物理空间来赋予

人们隐私权。两家公司的物理安排都不是偶然的。它们反映了组织中工作完成方式、关系管理方式，以及真理达致方式的基本假设。

当前，开放区域、小隔间和混合使用空间的趋势生动典型但不易破译。这些趋势是为了降低成本、刺激某类互动、促进管理人员监督员工、创建易于更改的灵活设计或者以上所有的结合吗？如果不进入组织来复盘决策过程的历程，那么我们无法了解该组织文化的真正内涵。

5. 重要事件和人物的故事

就团队发展和积累的历史而言，这些历史中有相当一部分体现于事件故事和领导行为故事中（Allan, Fairtlough, & Heinzen, 2002; Martin & Powers, 1983; Neuhauser, 1993; Wilkins, 1983）。因此，故事——无论是寓言、传奇还是神话——都强化了假设，并为新人传递了价值观。但是，因为故事中包含的信息经常是高度提炼的甚至含糊不清的，所以这种交流形式可靠性不高。虽然领导者肯定会在故事中强化他们感觉良好的部分，甚至可能会发布一些传达他们所希望信息的故事，但是在别人的口中，领导者的讲话是不受自己控制的。领导者可以通过故事提高自己的曝光度。但有时以这种方式来处理某些问题可能会事与愿违，因为故事可能会暴露领导者自己一些不一致或者相互冲突的地方。

试图通过收集组织故事来破译文化，可能会遇到与试图破译仪式同样的问题：除非有人了解领导者的其他事实，否则人们很难正确地推断故事的重点。如果有人了解组织文化，那么故事可以用来增强文化理解并使其具体化，但试图通过单独的故事来理解文化是非常危险的。

例如，让我们重温肯·奥尔森的故事，当他第一次看到 IBM 个人电脑时，他说："谁会想在家里安装一台电脑？"和"我会解雇设计这款垃圾的工程师。"该故事反映了奥尔森强烈的偏见，但事实证明，只有一条信息被正确解读。奥尔森确实认为个人电脑并不像他想要生产的产品那么优雅，但他关于家庭电脑的评论是在人们主张把电脑作为控制家中所有东西的一种工具的时候提出的。这个评论是建立在电脑会控制我们实际生活中的所有功能的担心之上作出的——电影观众会回想起 2001 年的《太空漫游》。奥尔森非常欢迎在家中使用电脑来工作和娱乐，但并不欢迎让电脑来组织和控制日常活动。虽然他表示他认为 DEC 实际上发明了个人电脑，因为 DEC 是第一家提供桌面互动功能的公司；但不幸的是，这个故事经常被用来说明奥尔森没有意识到家庭电脑越来越普及的事实。

6. 组织哲学、信条和章程的相关正式陈述或说明

需要特别提到的，发声和强化的最终机制在于正式的陈述或说明——创始者或领导者试图明确地传达他们的价值或假设是什么。这些陈述或说明通常只强调团队运行中的一小部分假设，并且很可能只是强调了领导者的哲学或意识形态中那些公开表达的部分。这种公开声明对领导者来说是有价值的，它作为集结队伍的价值观，以及作为不要忘记基本假设的提醒，助力领导者强调组织中应该注意的特殊事情。

对于给投资者、客户和员工传达组织的身份而言，发布正式陈述或说明的作用至关重要，但我们又不能将其视为组织整体文化界定的一种方式。可以认为，正式陈述或说明涵盖了文化中一小部分公开的内容——领导者认为作为组织意识形态所公之于众的有用的部分。我认为这些陈述或说明是组织所信奉的价值观的部分呈现，它们与组织深层基本假设的一致性程度必须通过之前所讲到的所有主要指标来进行界定。

领导者和研究者备忘录

● **文化是一个复杂的系统。**当创始人创建一个新组织时，正是这里所说的所有这些机制将创始人的思想全面地传达给新组织。这提醒我们，文化是一组相互关联的假设，而不是关于组织运作的一些孤立要素。

- **新文化必须与宏观文化保持一致。**新文化嵌入在职业和国家的宏观文化中，新文化如果不符合宏观文化的假设就无法存续。

- **创始人的自我矛盾和不一致造成组织亚文化和文化冲突。**大多数亚文化都是围绕组织如何区分工作任务而形成的。如果领导者的命令相互矛盾，有可能激发反组织文化的亚文化形成，该亚文化与组织文化整体相悖，难以解释和管理，除非领导者离开或下台。

- **二次植入机制中相当一部分是人为因素，因此不能成为推断创始人基本假设的核心依据。**

- **在组织成长过程中，文化是组织的身份象征。**如果组织获得成功，那么文化将会被认为是组织成功的源泉。

- **创始人必须认识到，无论他们是否明确打算如此以及是否意识到自己的影响，他们确实正在创造文化。**必须记住：如果一个成熟组织的领导者想要变革组织文化，那么他必须认真研读组织已有的基于创始人的活动和团队学习历史的文化。

概要与总结

本章的目的在于研究领导者如何植入他们所持有的信念、价值观和假设，从而为文化形成、稳定和进化创造条件。本章所讨论的机制中有六个是主要的手段，创始人或领导人可以通过这些主要手段将自己的假设植入组织的日常活动中。通过他们关注和奖励的重点，通过他们分配资源的方式，通过他们的角色榜样，通过他们处理关键事件的方式，以及通过他们招聘、选拔、晋升和辞退的标准，领导者也可以明确或隐含地传达他们实际上持有的信念、价值观和假设（即使他们不能清晰地口头表达出来）。即便是这些机制之间彼此冲突，那么就这种冲突和不一致也可以相互对话，并且它会成为文化的一部分，或成为亚文化和反文化的基础。

在组织的结构、程序和惯例、仪式、物理布局、企业故事和传说以及它自己的正式声明中所嵌入的信息并不那么强大，甚至更模糊、更难控制。如果领导者能够控制它们，这六个辅助机制可以成为主要信息的强化源。重要的一点是，所有这些机制会切实将文化内容传达给新人。领导者不需要选择是否进行沟通，只需要选择如何管理他们交流的内容。

在组织的早期发展阶段，结构、程序、仪式和正式支持的价值观的辅助机制只是支持性的，但随着组织的成熟和稳定，它们将变得制度化并成为重要的主要维护机制。它们越使组织成功，就越能成为筛选新领导者的过滤器或标准。"这是我们在这里做事情的方式"成为文化的一种明确定义。结果，随着组织越发成熟，新领导者越发不可能成为文化变革的推动者。社会化过程逐渐开始反映过去的工作，而不是新领导者进入之后的工作。因此，"中年"组织的动态与年轻和新兴组织的动态相差甚远，对此在下一个章节将展开讨论。

研究者、学生和雇员问题思考

（1）拜访当地的超市或银行，找个地方坐下来，尽可能长时间地观察员工和管理人员之间的互动。尤其注意管理人员之间的互动，并尝试推断层级权限之间的运行规则。观察员工彼此之间的互动，并尝试理解其关系的层级。他们是层级 1 关系还是层级 2 关系？

（2）询问一位在大公司工作的朋友：如何学习到在该企业与老板打交道时应该容忍什么？你的开放度有多大？老板如何回应坏消息？从朋友的介绍来判断自己是否可以在该组织工作。

第十一章

组织成长、成熟和衰退时期的文化动态

如果一个组织成功完成其使命，它就会成熟并发展壮大。创始人及其早期追随者终会老去，他们会被从组织内晋升或从外部空降的新领导人取代。公司由创始人或创始家族所有将演变为公开所有和董事会治理机制。关于是否保留私人所有权或"上市"的决策看起来主要是财务决策，其实它有着巨大的文化影响。

在私人所有条件下，领导者可以通过前一章中引用的所有机制继续执行自己的价值观和假设。当治理权转移到新晋升的首席执行官和董事会之后，领导角色变得更加分散和短暂，因为首席执行官和董事会成员的任期通常有限，并对股东承担更多的责任。

与此同时，组织迄今为止发展出来的文化将被视为组织成功的源泉，因此，新任首席执行官的人选将会被限制在那些坚持该文化基本假设的人身上。虽然领导层在创立阶段创造了文化，但是这种文化在当下创造了晋升上来的领导者需要发挥作用的标准和边界，除非董事会雇用了一个以改变文化为首要工作的"变革型首席执行官"。

新任首席执行官可能会逐渐削弱现有文化元素，试图引入新的文化元素，但只有在他清除文化载体，清理在现有文化中成熟起来的高管层的情况下，基本假设层面的重大文化变革才可能发生。否则，现有的管理层和员工将希望保留他们的文化，限制新任首席执行官的选择，或者破坏他可能想要作出的改变。

除成熟公司的领导力受到文化限制这个基本点之外，让我们来看看伴随着成功、成长和存续时间的变化，正常的文化演化中会出现哪些问题。这些问题涉及存续时间和规模的一般性影响，以及为创建自己的亚文化而分化为亚群体的特定影响（这些亚文化可能会也可能不会保持一致性）。

成功、成长和存续时间的一般性影响

为了充分理解增长和存续时间的影响，我们必须分析那些与领导力或文化没有直接联系的系统性影响，因为它对于领导者面临的主要挑战会产生巨大的影响。

1. 面对面沟通和个体熟识关系的缺失

随着组织规模的扩大和存续时间的增长，人们越来越不可能"认识"组织中必须与之合作和监督的每个人。因为人们更加分散，越来越多地使用电子通信，"认识每个人"越来越难。当发展到连电话都不打时，语调、语速和其他线索都会消失——而这些都是感知交际情绪所必需的。

2. "功能熟悉"的缺失

随着组织规模的扩大和存续时间的增长，越来越少的人知道别人在做什么以及如何与之联系。当 DEC 很小时，所有的不同工程和支持单位都是由那些了解彼此、知道对方需求的朋友经营的。随着公司的成长，越来越不能将工作依赖于不可预测的"其他人"。个人承诺和保证变成了陌生人之间的"契约"，客观性和形式性随之增强。这些契约演变成不同角色的工作描述，以及角色之间如何相互关联的一套程序规则；随后这些会发展成为"官僚主义"，慢慢地被视为组织"问题"——降低工作效率，降低关系的可靠性。

在成长早期，层级 2 人际关系自然而然产生；随着规模的发展，任何一个人际关系都会变成层级 1 的交易关系，而新人发现他们一般身处层级 1 的"陌生人"角色。

3. 合作方式的变化

职能和群体的整合与协调从人际问题转变成群际问题，因此需要更加正式和非个人化的沟通过程。

4. 衡量机制的变化

现在必须使许多职能和单元的衡量标准和测量方法保持一致，这对某些人而言似乎合乎逻辑也公平，而对其他人则不公平。

5. 标准化增加的压力

随着需要协调和衡量更多单元，在每个单元中使用不同的系统会使成本变得高昂，因此，寻找做事的标准方法可能给不同单元增添了不同压力。

6. 标准化的方法变得更加抽象和不相关

随着不同单元做不同事情的次数增加，适用于所有单元的标准不可避免地变得更加抽象，并且可能与实际工作相去甚远。在企业中，这个过程不可避免地导致了以量化方式衡量一切的准则，因为数字更容易标准化和进行比较。这个过程的最终结果是员工个体的绩效和潜力被简化为数量和排名。

7. 问责性质的变化

问责制意味着"完成数字",而不是找出数字未完成的原因。从衡量个体管理者对结果或问题的解释的可信度来看,这个过程转变为找到适当的正式指标,其可以公平地应用于各个小组和单元。该过程通常会导致管理人员只看到下属的数字,当数字绩效不达标时就会抱怨"我的员工如此不负责任"。这个过程强化了从层级 2 到正式的层级 1 的去人格化过程,从而形成个体之间相对疏远的"职业的"关系。

8. 战略聚焦变得更加困难

随着经济的增长,产品、服务和市场的激增,在战略上要求对资源进行差异化分配,因此各单元在争取"公平份额"时获得公允分配资源的难度越来越大。决定精简哪些业务变得异常困难。

9. 中央职能和服务的作用更加有争议

随着组织规模的扩大和存续时间的增长,决定每个单元是否应该有自己的服务或这种服务是否应该集中化的问题变得更加困难。哪些应该集中化,它们应该如何与单元中的相关方联系起来,都成为非常复杂的系统困境。

10. 对他人的责任增加

随着年龄和经验的增长,成长型公司的经理们会有要为之负责的下属。不能完成工作,就意味着不仅失去自己的工作,还会危及潜在的无数其他人的工作和生计。

11. 需要对他人负责,决策变得有失公允

这个过程在 DEC 中最为明显。当公司规模较小时,那些从自己的逻辑前提出发激烈争论的人成为较大单元的经理,这导致他们"听起来

是合理的"，但实际上是为了保护自己的单元。当人们认识到一个项目的失败可能意味着大量人员被解雇时，这种偏见才会有所触动。

12. 大家庭的感觉丧失

一个小单位可以保持"我们是一个家庭"（或者至少是一个社区）的想象，但随着成长，很明显，大多数人都是互不相识的"陌生人"。

13. 难以维持一个共享的文化

随着不断发展的组织日益分化出许多拥有亚文化的单元，"企业文化"这个词开始具有更多的意义。亚文化管理问题成为庞大的陈旧组织的主要文化问题。在本章其余部分，我们将重点放在差异化、分化所带来的更具体的文化问题上。

所有这些影响都是成长和存续时间增加带来的系统性结果。要充分理解这种情况发生的原因，以及其对领导力和文化产生的后果，我们必须更加密切关注系统中的差异化、分化和整合问题。

分化与亚文化的增长

所有组织随着存续时间的增长会经历一个分化过程。这被称为劳动分工、职能化、分工化或多元化。然而，共同的一点在于，随着员工、客户、商品和服务的数量的增加，由创始人协调一切的效率越来越低。如果组织是成功的，它就不可避免地需要创建更小的单元，与他们自己的领导者一起开始自己的文化建构过程。这种分化发生的主要基础如下：

- 职能或职业分化
- 地理上的去中心化
- 产品、市场或技术的分化

- 事业部制
- 层级制分化

1. 职能或职业分化

创建职业亚文化的力量源于职能的技术和职业文化。生产部门聘请受过制造和工程培训的人员，财务部门聘请经济和金融专业人员，销售部门雇用销售类人才，研究和开发部门聘请技术专家等。即使这些组织的新人最终将会被企业文化所社会化，他们也会带来其他文化假设，这些假设源于他们所受的教育以及他们与其职业社区的联系（Van Maanen & Barley，1984）。这种差异最初起源于导致人们选择不同职业的个性差异和随后进入这一职业所接受的教育与社会化（Holland，1985；Schein，1971，1978，1987c；Van Maanen & Schein，1979）。

就职业成员所持的共同假设而言，不同职业的文化会因职业所涉及的核心技术而有所不同。因此，工程师、医生、律师、会计师等会在基本信念、价值观和默认假设上有所不同，因为本质上他们在做不同的事情，接受过不同的训练，并在实践其职业时获得了某种特定的身份。因此，在每个职能领域，我们都会发现创始人假设和该职能或职业群体相关假设的混合体。

例如，信息技术（IT）就是基于技术的强大职业亚文化。IT 专业亚文化是"工程文化"的典范，人们主要致力于改善和创新。IT 的假设如下：

- 信息可以打包成小块并以电子方式传输。
- 信息冗余总是比信息缺乏更好。
- 更可量化的信息更好。
- 可以在计算机屏幕上及时捕获和冻结信息。
- 无纸办公是可能的，也是可取的。
- 技术引领，人们应该适应该趋势。

- 人们都应该学习 IT 的语言和方法。
- 如果 IT 提供更好的协调机制，管理将放弃层级制。
- 组织越完善地联结在一起，组织表现就越好。
- 人们应该负责任地并恰当地使用信息。
- 应该制定任何可以标准化、常规化和去人化的方法。

与此相反，员工或者非技术管理者的假设可能是：

- 与操作相关的信息必须包括人员的面对面接触以确保准确理解。
- 信息必须从原始数据中提取，并且只有在本身不断变化的特定环境中才有意义。
- 意义仅从复杂模式获取，而不是单个数据单位。
- 与速度相关的成本可能并不值得花费。
- 连接太多会导致信息过载。
- 你拥有的信息越多，你需要的就越多；因此，有时拥有较少的信息会更好。
- 某些类型的信息，如绩效评估中的个人反馈，不应该被量化，不应该被计算机化。
- 并非所有事情都应该是"无纸化的"；查看和操作文档的能力是多种任务的固有功能。
- 技术应该适应人们并且对用户友好。
- 无论网络通信效率如何，层级结构是人类系统固有的，并且是一种必要的协调机制。
- 信息控制是必要的管理工具，也是维持权力和地位的唯一途径。
- 标准化可能会抑制动态环境中的创新。

需要注意的是，这些假设集在许多方面彼此直接冲突，这就解释了为什么 IT 实施经常受到员工的强烈抵制。如果 IT 亚文化群体和其他亚文化群体没有获得认可，并且员工没有认知到他们彼此必须一致时，该组织就会陷入困境。但是，如果首席执行官了解这些亚文化的不同假设，就可以创建一个"文化岛屿"，让员工和 IT 专业人员共同合作，从而决定实施新系统的更好的办法。管理潜在的亚文化问题和冲突，成为成熟组织中领导力的重要职能之一。

随着组织的发展和持续的成功，职能性亚文化逐渐稳定下来而且清晰化。组织在为未来领导者的培训和发展制定轮岗计划时会深刻体会到这一点。年轻的经理通过销售、市场营销、财务和生产轮岗，将会学习这些职能中每一项职能的技术技能以及该亚文化的观点、视角和潜在假设。这种更深入的理解对于其在职业生涯后期担任总经理而言不可或缺。

在某些情况下，职能性亚文化之间沟通的障碍非常强大且具有长期性，组织必须创建新的跨界功能或流程来应对。这其中最明显的例子是"生产工程部门"，其功能主要是平滑产品从工程到生产的转换。工程部门通常是为了精致而设计，并认为生产部门可以生产出它们设计的任何东西，但生产部门则认为工程部门不切实际、缺乏成本意识，并且过于关注产品的精致，而不是产品的实用性。

总之，职能性亚文化为组织增添了与职能社群和技术相关的多样性。这种多样性造成了一般管理的基本问题，因为领导者现在必须根据他们在组织中的教育和经验，使具有真正不同观点的组织成员紧密团结一致。如果领导者预料到这些问题，他们就可以不需要按照职能来组织工作以促进员工相互理解其潜在假设，或者可以将不同职能部门人员组合在一个对话中以促进相互理解各自的假设。为了促进跨越亚文化界限的这种沟通，领导者需要保持文化谦逊，感知亚文化差异，并给予足够的尊重。

2. 地理上的去中心化

随着组织在地理上的扩展，有必要创建本地组织，原因如下：

- 不同地区的顾客需要不同的商品和服务。
- 在一些地理区域，当地的劳动力成本较低。
- 有必要接近原材料、能源或供应商所在地。

● 如果产品要在本地市场销售，它们也必须在本地市场区域生产。

随着地域的差异化，问题不可避免产生——企业文化是否足够强大到能够在不同地区都发挥作用。如果企业领导层对延续和扩大其核心假设有强烈需求，它会派遣本国高级管理人员进入该地区。另外，如果选择当地的经理人，企业会为其设计一个密集的社会化过程。回想一下我在新加坡会见的澳大利亚人的例子，他刚刚被任命为惠普当地工厂的负责人。虽然他受聘于澳大利亚，并且他的大部分职业生涯在新加坡度过，但他是一位敬业的惠普人。当我问他原因何在时，他解释说，受雇后不久，他就被送到加利福尼亚州，受到帕卡德先生的亲自会见，还与所有高级管理人员共度六个小时的时光。接下来的两周内，公司将"惠普之道"对他进行了彻底的灌输，还鼓励他经常访问总部。让他印象最深的是高级管理层愿意花时间与他深入交流，真正了解彼此，并愿意永久展现"惠普之道"所体现的核心价值观。

在 DEC，负责大区和某一国家的高级管理人员都在这些国家工作，但他们每个月都会花两到三天的时间与奥尔森和总部其他高管会面，因此 DEC 运营的基本假设得到不断加强——尽管大部分员工都是当地人。当地办事处彼此之间非常相似，都使用相同的工具和流程来开展工作。

然而，当地的国家宏观文化也不可避免地塑造了地域亚文化。我们可以在每个地理区域找到不同的假设，它们反映了当地的民族文化以及商业条件、客户要求等问题。当涉及商业道德时，当地化的过程变得最为突出。例如，向一个国家的供应商或当地政府官员捐款被定义为贿赂或回扣，会被认为是非法和不道德的；但在另一个国家，同样的活动不仅是合法的，还被认为是做生意的基本和正常的组成部分。

随着组织的成熟，地理单位可能会承担越来越多的职能。它们不仅仅是当地的销售或分销部门，而且可能演变成综合部门，包括工程和制造部门。在这些部门中，越过职能边界的跨文化协调困难显而易见。例如，DEC 位于欧洲的各个单位通常按国家组织，它们发现，不同国家的客户需要不同版本的基础产品，这导致公司需要依据当地需求开展过程设计。一方面，保持全球通用的工程标准非常重要；但是另一方面，这些通用的标准降低了该产品在特定地理区域的吸引力。当地单位则必须发展自己的工程业务来为他们所销售的国家开发定制化的产品。

3. 产品、市场或技术的分化

随着组织的成熟，组织通常会根据所使用的基本技术、由此产生的产品以及客户类型进行划分。公司的创始人和获得晋升的领导者必须意识到并正确决策在何种程度上区分产品、市场或技术是可取的，因为这会造成一系列新的文化的协调问题。例如，汽巴嘉基公司最初是一家染料公司，但对化合物的研究将其引入制药领域、农用化学品和工业化学品领域。如前所述，尽管核心文化是基于化学学科，但亚文化的差异清楚地反映了公司具有不同的产品组合。

造成这种亚文化差异的力量有两种。一是不同类型的教育和职业背景的人被吸引到不同的业务中。二是与客户的互动需要不同的思维方式，这导致不同类型的共享体验。例如，有一次，巴塞尔总部提出了一个将跨越各个部门的营销计划，但是一位来自制药部门的营销执行官说："我们真的认为，一位受过培训的推销员整天与医生和医院管理员所进行的交易与和一个农场的男孩谈论购买什么最新的农药，有共同点吗？"

阿尔法电力公司主要为城市提供电力，但它也有一个燃气单位和使用不同技术提供服务的蒸汽单位。此外，该公司在城市环境中也有自己不同的地理区域，这导致下属子公司大量地发展自己的亚文化。我们认为这是组织中的"炸药包"，通常被视为威胁企业整体安全和环境项目的问题，因为当地环境因素通常要求对项目进行修改。

4. 事业部制分化

随着组织不断成长并开拓不同的市场，组织通常会将大部分功能从产品、市场或地理单位的意义上进行"分工"。这个过程的优势在于，围绕给定的技术，产品集合或客户集合将所有功能紧密结合在一起，从而更好地实现亚文化之间的一致。要经营一个综合部门需要一个强大的总经理，而且该经理可能需要在其部门运营中拥有相当的自主权。随着该部门的发展，它将开始创建出一个反映其特定技术和市场环境的分部亚文化，即使它在地理上接近母公司。

除非母公司想要实施某些通用的实践和管理流程，否则强大的分部亚文化并不会给母公司带来任何麻烦。根据我自己的经验，有一个例子可以说明这个问题。我曾经与瑞典政府控股的某集团企业的高管合作，帮助总部决定是否应该为发展"共同文化"而努力。该集团业务包括造船、采矿以及另一个极端——消费品，如拉莫萨瓶装水。我们花整整两天时间来检查所有的优点和缺点，最后发现只有两个需要共同文化的活动——财务控制和人力资源开发。在金融领域，总部人员建立共同实践的难度相对较小，但在人力资源领域，他们遇到了一些实际困难。从总部的角度来看，发展一支未来的总经理队伍至关重要，因而要求各部门允许他们的高潜力年轻经理在不同部门和总部职能部门之间轮岗。但是，从分部的角度看，它们的亚文化在关于如何培养管理者的假设上与总部有着显著的不同。有一个部门认为，基于员工对业务知识的了解，所有员工都必须从内部得到晋升，因此其成员拒绝任何形式的跨部门轮岗。在另一个部门，成本压力非常重，所以将一个参与开发项目的高潜力经理人调离的想法几乎不可想象。第三个部门的规范是，个人凭借在本职岗位上的良好业绩而不断升迁，所以管理人员很少评估他们的综合潜力。当管理提升项目要求各个部门接受另一个部门的经理进行轮岗发展时，由于经理不了解另外部门的业务而被毫无余地地直接拒绝。分部亚文化获胜，而管理提升项目在很大程度上被放弃。

跨部门落实信息技术系统一般是一个公司的主要问题。例如，在医疗实践的演进中，电子记录保存的引入现在遇到了阻力。许多医生拒绝学习使用键盘，因为他们需要与患者保持长时间密切的眼神接触，计算机的使用减少了这种必要的时间。许多人认为，医学实践的宏观规范认为，需要与患者有更密切的个人关系以改善整体"患者体验"，而上述改变使人与患者的关系非人化。

DEC 发展演变的重要事实之一是，它确实创建了产品线，但没有创建新的事业部分工，这使得销售和工程等中央职能可以维持主导地位。相比之下，惠普在其历史上很早就开展了事业部分化。DEC 内部的许多管理人员推测，事业部分化的失败是导致 DEC 最终陷入财务困境的主要原因之一。

随着全球化进一步发展，越来越多的问题将聚焦于实施共同的人力资源流程。母公司的假设可能是每个人在薪酬和福利方面都应该以同样的方式来对待，但其他宏观文化可能使这一点变得不太可能。在美国，我们认为无论正式的职级或家族关系如何，都应该按技能付薪（通过成就获得地位）；但是，其他许多国家认为，无论绩效如何，雇用家族成员并给其付薪是必要的。美国公司有奖金和股票期权可以作为备选，但是许多非美国公司坚持非常严格的薪资体系。

5. 层级制分化

随着组织人员的增长，员工工作的协调变得越来越困难。所有团体、组织和社团处理该问题的最简单和最普遍的机制之一是在层级结构中创建额外的层级，以使得任何特定的管理者都保持一个合理的控制权限。当然，对"合理"的界定范围差异较大。但是，显而易见的是，每个组织如果获得成功并进一步发展，那么迟早会在组织内部划分出越来越多的层次。

某个特定层级成员之间的互动和共享的经验为形成共同假设提供了一个机会——一种基于等级或地位的亚文化（Oshry，2007）。这种共同假设的强度取决于互动的相对数量，以及相较于其他层级成员而言，该层级成员相互之间共享经验的强度。

获得晋升的管理者会讲述他们的管理风格如何随着他们在层级结构中位置的变化而变化的鲜明故事。一家超市连锁店的一位高管描述了他如何成为门店经理，并通过对所有员工的了解来获得成功的故事。当他被晋升为负责三家商店的地区经理时，他仍然试图通过造访所有商店并花费尽可能多的时间与商店和部门经理沟通来保持联系。当他被提升为管理超过十个地区的区域经理时，他意识到他不能再去门店，因为他现在是"一个会因为造访而引起店面忙乱并只是向店面经理耸耸肩膀的陌生人"。

现在，他必须开始通过规则和政策来管理，而且只能和他十余个地区的管理人员建立联系。当他升至公司国家级总部工作时，他意识到他现在必须找到办法来提升他的区域经理，帮助他们提升下属，但是他的业绩表现在每个区域的财务回报。他将越来越多的时间花在查看财务结果上，并向首席执行官和董事会汇报工作。他还意识到，在这段时间里，他不仅丧失了对员工个体，而且丧失了对工作本身的"职能性熟悉"。他越来越依赖于下属组织，因为他对工作实际运作了解得越来越少。

经理们意识到他们对市场竞争中实际工作的了解越来越少，这是成功、成长和年龄的一个主要后果。另一个后果是，组织的设计者，创造新思想和新流程的工程师，也落入了不知道发生了什么的陷阱，但是他们有一个额外的文化障碍，即他们自己的职业文化——对个体的努力的价值认可度更低，对精致设计的价值认可度更高。从亚文化的角度来看，这意味着每一个成熟的组织都会在管理人员、工程师／设计师，以及负责组织日常工作的实际运营人员之间存在潜在的脱节。

三种通用亚文化之间的一致性：运营者、工程设计师和高管

无论是公共部门还是私营部门，每个组织都必须确定和管理三个通用亚文化，以尽量减少错位或破坏性冲突。这种冲突往往被误诊为部门间的政治斗争、权力谋略或人格冲突。这种误诊可能会错过的是，这些不同的群体可能已经发展出真正不同的亚文化群，因为不同的群体具有不同的功能，面临不同的环境问题，并且通常基于不同的职业宏观文化。在一个年轻的组织中，它们被创始人混合并凝聚在一起，但是在一

个成熟组织中，群体将会演变出关于它们自己和角色的不同的基本假设，这会导致潜在的冲突。这里每一个"宏观职能"都服务于组织有效性，这意味着领导力的关键功能之一就是确保这些亚文化与共同的组织目标保持一致。

1. 运营部门亚文化

所有组织都有一些称为"一线员工"而不是"职员"的人，指的就是那些生产和销售公司的产品或服务的员工。我将这些员工称为"一线运营者"，以界定那些自我感觉在运营组织的员工。他们与工作设计者、"工程师"以及高级管理人员的区别在于他们的职能是维护组织的财务健康。

图 11-1 显示了所有组织中一线运营者的一些基本假设。

- 组织的任何行动最终都是人的行为。员工是关键资源；是员工在运营组织。
- 企业的成功取决于员工的知识、技能、学习能力和组织承诺。
- 所需的知识和技能是"本地化"的，是基于组织的核心技术和员工的具体经验。
- 无论生产流程设计得多么精心，设计了多么谨慎的规则和程序，我们都知道必须处理一些不可预知的意外事件。
- 因此，我们必须具备学习、创新和处理意外的能力。
- 大多数业务涉及流程各个部分之间的相互依存，因此我们必须能够成为一个协作团队，高度重视团队中的沟通、开放、相互信任和承诺。
- 我们依靠管理层为我们提供适当的资源、培训和支持来完成工作。

图 11-1 运营者亚文化假设

这种亚文化最难描述，因为它在当地组织内部和运营单位内部演变。因此，你可以在核电站、化工园区、汽车制造工厂，甚至是驾驶舱和办公室确定运营部门亚文化群，但仍然不清楚哪些因素会促使该文化辐射至超出本单元的更广的范围。为了解决这个问题，我们必须考虑到不同行业的一线运营者反映了本行业内广泛的技术趋势这一点。

在某些基本层面上，某个特定行业的人做事情的方法反映了创造该行业的核心技术。随着这些核心技术本身的发展，一线运营的本质也发生了变化。例如，祖波夫（Zuboff，1984）非常有说服力地指出，信息技术已经使许多行业的手工劳动过时，取而代之的是概念性任务。在制造油漆的化工厂中，工人不需要走动、观察、闻气味、触摸和操纵。相反，他们坐在控制室里，根据计算机屏幕上出现的各种指标推断工厂的生产状况。但是，在所有这些例子中，这种亚文化的定义就是这些员工真正在做事情，他们是组织运作的关键，即"第一线"。

一线运营者亚文化基于人际互动，大多数一线单位认识到，高水平的沟通、信任和团队合作对于高效完成工作至关重要。经营者还认识到，无论在怎样的运营条件下规定多么明确的规则，世界在某种程度上都是不可预测的，他们必须准备好用自己的创新技能来应对这些不可预测性。如果运营像核电厂那样复杂，一线运营者就会发现他们彼此高度依赖，他们必须团结合作，特别是在需要处理意外事件的时候。在不可预测的情况下，规则和等级通常会成为障碍。生产过程是一个相互依赖的功能系统，所有这些功能部分都必须协同工作才能高效且有效。一线运营者对生产过程的这种相互依赖和相互协同程度十分敏感。这种观点适用于各种"生产过程"，无论我们是在谈论销售部门、文秘部门、战略引领部门还是服务单位。

一线运营者要有效地完成工作，必须坚持如前所述的大部分假设，但是外部的环境随时变化，并不会一直和他们之前所接受培训提示的环境一样，他们必须学会偏离正常轨道来完成一些工作，有时甚至会颠覆管理层提出的不合理要求。对这个过程最有效的变更之一就是"按规则办事"，这意味着去做每一件事情都非常准确和缓慢，使得组织效率低下。大多数旅客都经历过这样的例子，当航空交通管制员严格按照规则严密控制系统时，系统就会瘫痪。使正式工作过程适应当地情况，然后通过向新人传授经验，规范化这一新过程的一般现象称为"实际漂移"，它是所有一线运营者亚文化的重要特征（Snook，2000）。这就是为什么研究组织实际运作方式的社会学家总是会从组织正式程序中发现足够多的变化以至谈论到"非正式组织"，同时还指出如果员工没有这种创新行为，组织可能就会丧失有效性（Dalton，1959；Hughes，1958；

Van Maanen，1979）。实际上完成工作方式的文化假设往往是组织文化中最重要的部分。

例如，所有生产单位的观察员都了解到，除危机情况外，员工很少能够全力工作。更典型的是，工作规范确定了"获得公平报酬的公平工作量"，而那些比这更努力工作的工人被定义为"破坏平均者"并且有被排斥的危险。为了充分理解工作在一个成熟的组织中如何运作，你必须观察一线运营中的非正式文化。

2. 工程师和设计师部门的亚文化

在所有组织中，都有一个代表组织工作基础技术的基本设计元素的团队，该团队掌握如何使用该技术的知识。在一个特定的组织中，该团队起着亚文化的作用，但是这个群体的重要性在于它的基本假设来源于成员的职业社群和他们的教育。尽管工程师、设计师在一个组织内工作，但他们的职业范围界定要广泛得多，并且跨越国家和行业。在以技术为基础的公司中，创始人往往是这种意义上的工程师，并会创建一个以这些假设为主的组织。DEC 便是这样一个组织，并且，我们将在后面看到，工程师亚文化在其商业职能中的统治地位是解释 DEC 经济成功及失败的一部分原因（Kunda，1992；Schein，2003）。图 11 - 2 中列出了工程师亚文化的基本假设。

- 理想的世界由无须人工干预即可完美、精确、和谐地工作的机器和流程构成。
- 问题的关键在于人——人会犯错误，因此应尽可能把人的因素排除在系统设计之外。
- 自然可以而且应该被征服："只要有可能就可以被实现"（积极乐观）。
- 解决方案必须基于科学和可用技术。
- 真正的工作涉及解决难题和克服问题。
- 工作必须导向有用的产品和成果。

图 11 - 2　工程师亚文化的假设（普遍适用的）

这种亚文化的共同假设是基于普通教育、工作经验和工作要求。所接受的教育强化了这样的观点，即任何问题都具有抽象的解决方案，并且，原则上这些解决方案可以在现实世界中使用产品和系统得以实现，而没有人为的缺陷和错误。从最广泛的意义上说，"工程师"这个标签是指产品和系统的设计者，他们讲究实用性、优雅性、持久性、高效性和安全性，并且可能与建筑媲美，甚至具有审美吸引力。但是，这些产品基本上设计了标准化的操作流程，或者在理想情况下根本不需要运营人员。

在诸如喷气式飞机或核电站等复杂系统的设计中，工程师更喜欢以技术性的例行程序来确保安全，而不是依靠团队人员来管理可能发生的意外事故。工程师会意识到人为因素，并会据此进行设计，但他们更偏好尽可能自动化，因为其基本假设是人类终会犯错误。DEC的创始人肯·奥尔森说，如果有人说"计算机的错误"，那他一定会发火——机器不会犯错，只有人类才会犯错误。安全性内置于设计之中。我曾问过一位埃及航空公司的飞行员，他是喜欢俄罗斯飞机还是美国飞机。他立即回答说，他更喜欢美国飞机。他的理由是，俄罗斯飞机只有一个或两个备用系统，而美国飞机有三个备用系统。同样地，我乘机在西雅图机场降落时曾经听到两名工程师说，驾驶舱内人员完全没有必要，这架飞机可以轻松地飞行，通过电脑控制着陆。

换句话说，工程师亚文化的关键主题之一就是将人从系统中抽离出来，而不是将人卷入系统设计中。回想一下，旧金山湾交通局被称为BART的自动系统是为运行全自动列车而设计。在该案例中，不是运营者，而是反对这种自动化程度的客户，迫使公司管理层给每一列火车设置一位操作员——即使他们没有任何事情要做，只是通过他们的存在让乘客安心。自动化和机器人越来越受欢迎，因为没有人类的系统成本更低，可靠性更高。但是，正如已经指出的那样，当条件改变并需要创新时，人类的存在不可或缺。

我专注研究技术型组织的工程师，但他们在所有组织中都同样存在：在医学方面，可能是医生，他们在开发新的手术技能；在法律部门，电脑系统的设计人员开发必要的程序；在保险行业，是精算师和产品设计师；在金融界，是新的和复杂的金融工具的设计者。他们的工作不是做日常性事务，而是设计新产品、新结构和新流程，从而使组织更有效。目前还不完全清楚应该如何看待"软件工程"。它是设计者还是运营者，或者是两者兼而有之？

一线运营者和工程师经常发现自己与第三种重要文化不一致——高管文化。

3. 高管亚文化

在所有组织中存在的第三个通用亚文化是高管亚文化，其基础是所有组织中的高层管理人员都有类似的环境和类似的关注。这种亚文化通常只由首席执行官及其执行团队代表。高管世界观紧紧围绕组织必须维持生存和财务健康来构建；它受到董事会、投资者和资本市场的关注。无论高管可能受到来自何方的关注，他们都无法摆脱担忧和管理与组织生存和发展相关的财务问题。在私营企业中，高管们必须特别关心利润和投资回报，但其实有关企业生存和发展方面的财务问题同公共和非营利性企业一样重要。图 11-3 描述了这种高管亚文化的本质。

财务焦点
- 如果没有财务意义上的生存和发展，股东和社会就没有回报。
- 财务生存等同于与竞争对手的永久战争。

自我形象焦点：孤胆英雄
- 经济环境永远具有竞争性，并可能带有敌意；"永远不要在一场战争中信任任何人。"
- 因此，首席执行官必须是"孤胆英雄"，孤立且孤独，但似乎是无所不知，掌控全局，责无旁贷。
- 你无法从下属那里获得可靠的数据，因为下属会告诉你他们认为你想要听到的内容；因此，首席执行官必须越来越相信自己的判断（缺乏准确的反馈会增加领导者的正确性和全知）。
- 组织和管理本质上是分层的；等级制度是衡量地位和成功的标准，也是维持控制的主要手段。
- 虽然人是必要的，但它只是一种必要存在，而不是内在的价值；人会像其他资源一样，被获取和管理，而不是以自己为终点。
- 润滑良好的组织机器并不需要人的全程参与，只需要他们适当的参与。

图 11-3　高管管理亚文化假设（普遍适用的）

例如，唐纳森和洛尔施（Donaldson & Lorsch，1983）在一项研究中发现，高管层通过"主流信念系统"作出所有决策，该系统传递了主要利益相关者的所有需求——需要从中融资的资本市场，需要从中获得雇员的劳动力市场，供应商，还有最重要的客户。高管们有复杂的智力方程，需要借此作出决策。显然，高管之间具有一个围绕财务金融的高管文化。如果文化围绕共同的经历形成，那么人们也可以假定，在大多数组织中将存在中层管理的亚文化，因为他们既没有权力也没有自治权，所以必须学会如何在这种模糊的权威环境中生活。同样，一线主管经常被确定为一个独特的亚文化群，因为他们被认为是普通管理层或者一线管理层。

高管亚文化的基本假设特别适用于从内部提拔并已经晋升到当前工作岗位的首席执行官。组织创始人或者是已被任命到该层面的家族成员会就此表现出不同的假设——他们的关注点一般更加广泛，也更加人性化（Schein，1983）。由于高层管理职业的性质，由内部晋升的首席执行官倾向于采纳纯粹的财务观点。随着管理者层次越来越高，随着责任和话语权的提高，他们不得不更加关注财务问题，对于组织的基本工作施加影响也变得越来越困难。他们发现自己不得不实施远程管理模式，而这一发现不可避免地迫使他们从控制系统和日常事务的角度思考如何实施，从而使得管理文化日益非人格化。

由于责任总是集中起来，最后流向组织顶层，因此高管们愈发需要实时掌握工作动态，但是他们同时也认识到获取可靠的信息越来越困难。对信息和控制的需求促使他们开发复杂的信息系统以及与之并行的控制系统，这也导致他们在层级结构上越来越孤立。

但一个悖论是，在管理者的职业生涯中，他们必须与人打交道，并且要非常理智地认识到最终使组织运行的是人。对此感触颇深的是一线经理，他们非常了解工作对人的依赖程度。但是，随着管理者在等级体系中不断晋升，两个因素使他们变得更加"非人格化"：

首先，晋升的高管越来越意识到，他们不再管理一线运营者，而是管理其他像他们一样思考的管理人员，这使他们的思维模式和世界观不仅可能与一线运营者不同，而且可能会差异越来越大。

其次，随着他们的晋升，他们所管理的单元越来越大，最后不可能知道每个人及其工作责任。在某种程度上，他们认识到他们不能直接管理所有人，所以必须开发系统、惯例和规则来管理"该组织"。人越来越被视为"人力资源"，被视为成本而不是投资。直接下属也存在一个问题：他们是人，但他们也在竞争首席执行官的工作，因此不得不以非人格化的方式对待，以避免被指责偏袒某个人。

因此，高管亚文化与工程师亚文化有一个共同点，即倾向于将人看作制造麻烦而不是提出解决方案的非个人资源。对此，另一种说法是，在高管亚文化和工程师亚文化中，人和人际关系都被视为达到效率和生产力的手段，而它们本身并不是目标。这两个亚文化在共同工作的特定组织之外也有共同的职业基础。即使首席执行官或工程师在某个组织内度过了他的整个职业生涯，他仍然倾向于与组织外的职业团体产生身份认同。例如，在执行高级项目时，首席执行官只有在其他首席执行官出席时才会出席。同样，设计工程师也希望能够参加专业会议，以便从外部专业同事那里了解技术前沿。

我强调了三种亚文化，因为在工作中它们经常互相交叉。如果我们不了解组织如何处理这些冲突，我们就无法理解组织文化。许多归因于官僚主义、环境因素或经理个性冲突的事实，实际上是这些亚文化之间缺乏一致性的结果。因此，当我们试图理解一个特定的组织时，我们不仅要考虑整个企业文化，还要考虑各种亚文化的特征，并评估它们之间的一致性。

高管团队的独特作用：亚文化管理

我已经描述了高管亚文化及其偏见。然而，还有待说明的是，大部分公共和私人组织的高管团队还具有管理其他职能的独特作用，并因此可以管理其他亚文化。正因为如此，组织的高管、正式的领导者必须理解和管理组织的文化动态，使组织运作良好。

正如以下有关文化演进和管理变革的章节所示，文化管理不善的最糟糕例子是领导者将文化管理责任转交给人力资源部门或咨询顾问。亚文化并不能自我调节。领导者创造文化，如果环境、技术、经济或政治变化给组织造成衰退的威胁，那么领导者必须管理组织中期和之后的文化（O'Reilly & Tushman，2016）。以过去的成功为基础的组织文化，此时可能有不同程度的功能失调，因此需要领导者感知到"文化变革"的需要。正如在后面的章节中需要进一步说明的，这种变革因时因地而异——从适应正常的变革过程，到推动文化变革而不改变文化基因，或者到直面更多根本性文化变革。

概要与总结

组织的成功通常导致进一步的成长；随着规模增长和存续时间增长，组织需要按照功能、地理、产品、市场或分层等单元将自己分化。在这个过程中，领导力的关键功能之一是认识到不同分化方式会有不同的文化后果。新的子团队最终会共享经验来创建基于职业、国家和独特的历史经验的亚文化。在这种分化发生后，领导者的任务是找到协调、联合和整合不同亚文化的方法。

规模和存续时间也会产生一些一般性问题，包括个人关系的丧失，面对面地协调、衡量和追究责任的丧失，对标准化程序、合同、非个人通信机制等保持战略聚焦的丧失……这些终将成为具有负面意味的官僚主义文化。

当领导者发现不同的职能部门似乎在使用完全不同的语言，地理上分散孤立的管理人员没有准确地解读总部备忘录，或者员工并没有共享上级主管对成本和生产力的关注时，领导者不应该感到惊讶。建立一个有效的组织需要通过融合不同的亚文化，鼓励共同目标、共同语言和解决问题的通用程序来达成。

有一个必不可少的基本要素是，领导者必须认识到文化协同需要领导者在文化上保持谦逊，有能力将不同亚文化聚合到一起，实现文化对话，以保持文化的相互尊重，形成协调一致的行动。这恰恰越来越需要本书第七章在描述宏观文化管理过程时所说的解决于组织内部的文化岛屿和对话问题。

对读者的建议

（1）找一个你感兴趣的组织，并对比设计师和工程师、一线运营者与管理者的活动。

（2）找出这些群体中的每一个人所依存的环境以及环境如何影响他们的文化。

（3）看看自己能否识别三组文化之间缺乏一致性。

第十二章

自发的文化演化和引发的文化演化

本章介绍了随着组织的成长和存续时间的增长，文化变化的自然过程，并讨论了变革领导力如何影响这些过程。这种影响可以通过以下几种方式实现：有意识地重新设计组织结构从而为子团队提供不同的组织环境；改变组织的一些工作流程，"强迫"注入一些新的行为，引导新的信仰和价值观产生；利用自发的事件，比如困境或者丑闻，迫使组织成员出现新行为。这些变化通常不是主观设计的，通常不会有正式的文化诊断或评估。相反，它们来自变革领导者对紧急事件的反应。

在接下来的章节中，我们将讨论一些变革型领导者需要解决的具体问题的案例，在处理这些问题时，领导者会启动一个受管理变革流程，这将不可避免地涉及文化问题。领导者需要了解正常的演进变化过程，从而可以从容引导。

能使文化演进的文化演变能力和其作用机制与过程都取决于组织自我认知的阶段。这些机制是累积性的，因为在后期阶段，所有早期的文化演变机制仍在运行，同时后来增加的演变机制与其密切相关。领导者尤其需要了解这些机制的运行方式，因为最好的文化变革计划通常是领导者作为推力来加强正常的文化进化过程，而不是反对文化基因中相对最稳定的因素。如果来自一个宏观文化的组织嵌套在一个与其自身的文化基因不同的宏观文化中，那么很有可能会产生基于文化基因的对抗。例如，发源于一个对官员受贿习以为常的国家的公司，会发现这一套在美国徒劳无益甚至有法律风险。

组织创立与早期成长

在第一阶段——新组织的创立和早期发展阶段——文化主要推动力来自第八章中描述的创始人及其假设。植入组织的文化范式成为组织的独特能力、成员身份的基础以及组织团结的社会心理"黏合剂"。早期阶段的重点是：组织与环境和组织与其他组织的区分；组织凸显文化，并尽可能地整合文化，坚定地传授给新人（或选择那些匹配性更高的新人）。

该阶段对文化演化的影响是显而易见的：（1）核心文化缔造者尚在；（2）文化协助组织自我定义并选择进入含潜在敌意的新环境的方式；（3）诸多来自文化的元素被习得以减轻焦虑，因为组织正在努力创立和自我维护。

因此，在该阶段，从内部或外部刻意改变文化的建议将被完全忽视或强烈抵制。相反，组织的主要成员或盟友会试图保存和加强文化。此时，对这种情况产生影响的唯一力量可能是外部生存危机，例如增长率急剧下降、销售或利润损失、核心产品失败、关键人员流失或某些不容忽视的环境事件。如果此类危机发生，创始人可能会失去信誉，可能会引入新的高级管理人员。如果初创组织本身完好运行，文化也会如此。那么在组织的早期发展阶段，文化如何演变？

1. 一般演化和特定演化引致的渐进式变化

如果组织没有承受过多的外部压力，并且如果创始人或其家族成员长期卷入公司业务，那么这种文化会以继续吸收多年来效果最好元素的方式从而呈现出小幅度增长。这种演变涉及两个基本过程：一般演化和特定演化（Sahlins & Service，1960）。

一般演化。向下一个发展阶段的一般演化涉及多样化、增长的复杂性、高水平的差异化和整合能力，以及创造性合成为更新、更复杂的形式。亚文化的成长，与其他宏观文化融合的多元化，创始团体的逐渐老化和退休，从私人所有到公共所有，以及兼并或收购其他公司，这些都需要新的结构、新的治理体系和新的文化取向。虽然已经有很多模型来阐释该演变过程，但是我们还是需要基于更多案例研究，才能更好地验证这些模型（Adizes，1990；Aldrich & Ruef，2006；Chandler，1962；Gersick，1991；Greiner，1972；Tushman & Anderson，1986）。

这一演变过程的一般原则是整体企业文化将适应其外部环境和内部结构的变化。文化中的基本假设可能会保留，但其呈现形式可能会发生变化，从而形成新的行为模式，最终改变基本假设的特征。例如，在DEC，人们必须通过辩论找到"真理"，始终坚持"做正确的事"的假设，就从基于纯逻辑的辩论演变为基于保护自己的地盘和组织的辩论。

特定演化。特定演化来自组织特定部分适应其特定环境的特定变化以及日益增加的宏观文化多样性对核心文化的影响。这是促使不同行业的组织发展形成不同行业文化并导致子组织发展不同亚文化的机制。因此，一家高科技公司会开发高度精炼的研发技能，而食品或化妆品行业的消费品公司将开发高度精炼的营销技能。在每种情况下，这种差异会反映出关于世界性质和组织实际成长经验的重要基本假设。

如果亚文化是以职业为基础的，那么它也将随着职业本身的变化而获得该职业的价值。例如，大多数公司的人事部门最初深深地嵌入在本公司的文化内，但随着该职业发展成为一种更"专业"的、适应于大都会的职业，该职能的经理越来越多地开始倡导"本专业"的价值观和信仰，即使与企业初始文化相背离。在许多组织中，"人力资源"开始掌握实权，开始改变一些适应该职业的规则，并且逐渐与企业初始文化基因不相一致。

这种企业文化理念与亚文化实践之间缺乏一致性是组织成熟后"管理文化演进"的主要来源之一（Cook，2016）。在企业早期阶段，这些差异是可接受的，并且组织会努力使其最小化。例如，很明显，DEC的服务部门运行更加专职化，但这是可接受的，因为每个人都认识到，如果客户要得到及时和高效的服务，服务部门就需要有更多的纪律。"做正确的事"的顶级原则可以佐证各个职能范围内的各种管理差异。然而，公司文化与亚文化之间缺乏一致性的现象会成为公司中期及以后变革的主要力量。

2. 洞察力引致的自我演化

年轻的组织通常会高度感知到组织文化，即使它没有将其称为"我们的文化"。在一些组织（例如 DEC）中，文化成为注意力的焦点，并认为是力量的源泉。因为 DEC 的经理们认识到文化是公司重要的激励因素和整合力量，所以他们创建了一个"训练营"，以帮助新人获取洞察力，同时他们还公布许多内部文件，其中明确地阐述了公司文化，并明确说明公司文化是力量来源。公司经理人认识到文化假设和他们所创造的规范可以成为一种强有力的控制机制（Kunda，1992；O'Reilly & Chatman，1996）。

3. 通过引进"混合人才"管理文化演化

上述机制有助于保持和加强文化的存续，但环境的变化常常产生不均衡，迫使作出更具适应性的变革——它挑战了原有文化范式的一些更深层的假设。一个年轻的组织如何确保其身份可以作出该种变化？一种平缓的、递增式的变革机制是由其假设能更好地适应外部环境的组织内部人来系统性推动的。因为他们是内部人，所以他们认可公司文化的核心并具有可信度。但是由于他们的个性、生活经历或者职业生涯所发展出的亚文化因素，他们持有的假设不同于组织文化的基本范式，从而可以使组织逐渐转变至新的思维方式和行为方式。当这些管理人员赴任某个关键岗位时，他们经常会带给别人一种感受："我们不喜欢这个人在工作场所所做的改变，但是，至少他是我们中的一员。"

为了使这种机制发挥作用，公司的一些最高级领导人必须首先了解需要改变什么以及他们的文化中缺少什么或是什么正在阻碍变革。他们可以通过参与正式的文化评估活动，激励他们的董事会成员和顾问提出问题，或者通过参加再教育项目与其他领导会见和交流来获得这种见解。所有这些活动的共同点是迫使领导者部分地脱离他的文化，从而可以更客观地看待文化。如果领导者认识到改变的必要性，他们就可以通过找到偏向于他们想要引入或提升的新信念和价值的内部人士，来为公司变革选择"混合人才"。例如，随着计算机行业从硬件创新转向软件开发，变革领导者可以让更多软件开发方面的管理人员担任到产品开发的关键职位。随着公司的发展，DEC 的运营需要更加专业化，因此越来越多的人从制造岗转为关键产品线的工作岗，因为他们已经在自己的职能中接受了良好的专业化训练。

组织向中年过渡：接班人问题

组织的中年时期在结构上可以定义为创始人所有者放弃对总经理的晋升或任命控制权的阶段。他们可能仍然是股东并在董事会占有席位，但业务控制权转交给第二代总经理。这个阶段可以缓慢也可以迅速到来，可以在组织规模非常小也可以在非常大时发生，因此最好从结构上而不是时间上考虑该问题。许多初创公司很快就达到中年期，而像 IBM 这样的组织只有在小汤姆·沃森（Tom Waston Jr.）放弃掌控组织权力的时候才达到中年期。福特汽车公司可能仍处于过渡阶段，因为家族成员威廉姆·克莱·福特（William Clay Ford）仍然是董事会主席。

从组织创始阶段的家族所有到组织中年阶段由总经理负责的过程往

往涉及多个阶段和过程。这些流程中首要的，也是最关键的，在于创始人放弃首席执行官的角色。即使新任首席执行官是创始人的儿子或女儿或其他值得信赖的家族成员，创始人和企业家也难以放弃自己创造的东西（Dyer，1986，1989；Schein，1978；Watson & Petre，1990）。在转型阶段，雇员喜欢创始人与否，会逐渐演变为他们对于某些文化元素的喜好与否，因为大多数文化可能反映了创始人的人格特性。

喜欢初始创业文化的"保守派"与想要变革文化的"自由主义者"或"激进派"之间会进行激烈的斗争，部分原因在于他们想要增强自己的权力地位。这种情况的危险在于，对创始人的感受会投射到组织文化，因此，为了取代创始人，组织文化会受到挑战。如果组织成员不认可组织正是基于这种文化才取得了一系列的成功、舒适和认同，并成为习得性解决方案，他们可能会尝试改变他们所曾经重视和依赖的事情。

这个阶段中，无论文化是如何形成的，人们常常缺少的是对组织文化是什么以及文化对组织的贡献的理解。因此，投资者和董事会成员中的变革领导者应该设计一些包含有助于获取身份认可、独特能力和规避焦虑型文化的领导人继任流程。新领导人不仅应该有能力使组织变得成熟，而且应该具有与文化相容的信念和态度。否则新任领导很难取得成功，就像苹果公司试验过的约翰·斯卡利和之后引入的其他几位外部首席执行官的故事一样。了解现有组织文化的 DNA 是什么以及组织所嵌套的宏观文化的基因是什么，这是变革领导者的关键任务。

对于创始人和潜在继任者来说，心理上的继任准备工作非常困难，因为企业家通常都喜欢控制感。继任者将成为正式的接班人，但在不知不觉中，他们可能阻碍某些有影响力、有能力的个体在现有的工作中发挥作用。或者，企业家虽然可能会指定继任者，但会阻止继任者在工作中承担起足够的责任去学习如何完成这项工作——正如"艾伯特王子"综合征，讲述的就是维多利亚女王并没有给她的儿子足够多的机会来学习如何做一个好的国王。这一模式极有可能成为像 IBM 那样的父传子的过程（Watson & Petre，1990）。

当创始人或创始家族最终放弃控制权时，如果继承人是合适的混合型人才并具有维持组织生存所需的元素，那么改变文化演变的方向就成为可能。如果没有找到合适的混合人才，那么组织有可能需要找离任的成员，这些成员会通过将自己在组织外的职业经验和之前在该组织的经验结合而成为混合型人才。例如，在苹果公司解雇斯卡利之后，也聘请了几位外部空降首席执行官，但没有人能够振兴苹果公司。只有当他们召回那位创建并运营 NeXT 的史蒂夫·乔布斯，并且由他带回来一些对于苹果公司而言有价值的新事物时，苹果公司才恢复了其势头。

在组织中年时期，文化中最重要的元素会嵌入组织结构和组织主要流程中。因此，文化的意识，以及刻意去尝试构建、整合或保存文化的态度变得不那么重要。组织早年所获得的文化现在被认为理所当然。该阶段唯一可能被意识到的文化因素包括信条、所信奉的主流价值观、公司口号、书面章程以及其他表达公司所希望或所代表即公司哲学和公司意识形态的公开声明——这些都不一定与其文化基因保持一致。

继任过程与一系列的变革机制相伴发生。它们可能由即将离任的创始人或所有人或新首席执行官发起，也可能自发发生。在中年组织中，这些机制可能会与之前提到的机制共同发挥作用。

1. 利用亚文化多样性

中年组织的优势在于其亚文化的多样性。因此，领导者可以通过评估不同亚文化群的优势和劣势，在文化上发展中年组织，然后通过系统地将某一亚文化群体中的员工晋升到权力的关键位置，从而将企业文化引导到偏向其中某一个亚文化。这可以认为是之前所提到的"混合人才"的延伸，但其在组织中年时具有更大的影响力，因为在该阶段，对组织文化的保护不像组织在年轻和不断发展阶段中那样重要。此外，中年阶段的组织由总经理领导，他们没有将初始文化情感化，因此能够更好地评估未来需要的方向。当涉及产品或市场变化时，正如汽巴嘉基涉足制药业的情况一样，可以观察到，几个最重要的公司层管理职位通常由制药部门的管理层晋升担任。

亚文化的多样性对年轻组织构成了威胁，但是在组织中年时期，如果环境正处于变化之中，这可能成为一个明显的优势。多样性增加了适应能力。当然，这种改变机制的唯一缺点是变革速度慢。如果由于危机的存在而需要加快文化变革的步伐，那么就必须启动更系统的计划变革项目。

2. 技术变革

当一项新技术被竞争对手或领导者自己通过兼并、收购或由自身研发单位"颠覆性地"引入时，即使在基本假设层面，文化元素有时也会被迫在中年时期演变（Christensen，1997；O'Reilly & Tushman，2016）。新技术要求员工和管理人员的新行为，这可能与他们之前的才能和喜好相左。正如祖波夫（Zuboff，1984）非常坚定地指出，当控制室的信息技术和数字取代了对油漆工感官的依赖时，有很多员工无法适应，不得不离开这个对他们而言的"新"文化。填写患者电子数据、不再使用手书处方的医生将这些变化视为主要文化的变革——他们中曾经有许多人对此怨声载道，甚至拒绝采纳。

有趣的是，我最近也亲身经历了这种技术迭代——我的医生戴着谷歌眼镜，这使他可以和我直视彼此，只需通过口述就可以将之前需要录入的信息直接输入电脑。技术的变化不直接影响文化，它通过强制各种新行为，逐渐导致新的技能、信仰和态度。当台式计算机首次上市时，许多组织强迫所有管理人员使用，如同医学领域开始强迫医生将其用于医疗记录和开处方一样。具有洞察力的变革领导者会意识到，要想使其信仰和价值观被追随，引进这些新技术的方式会影响其成功的可能性。当然，有许多变革型领导者并没有屈服于新技术的强制力量，而是创造了更多的管理变革计划，这些计划将在后面章节中讨论。

在管理变革计划的起步阶段，作为组织发展计划的一部分，许多公司已经采用"培训干预"来引入一种新的社会技术，并认为其目的在于在组织缺乏共同假设的情况下创造一些共同的概念和语言——例如布莱克（Blake）的管理网格（Blake & Mouton，1969；Blake，Mouton，& McCanse，1989），如彼得·圣吉（Senge）的《第五项修炼》（1990）的"系统动力学"和"学习型组织"，以及夏莫（Scharmer）的《U型理论》（2007），俗称"精益管理"的全面质量管理和丰田生产系统（Womack，Jones，& Roos，1990）。

引入个人计算机和网络信息技术、强制参加培训课程、引入专家系统以改善决策体系、使用各种组件来促进跨越时间和空间障碍的会议……越来越多的实践都可以称为技术的"诱惑"——尽管也许当初不是刻意的（Gerstein，1987；Grenier & Metes，1992；Johansen，et al.，1991；Savage，1990；Schein，1992）。这一策略的基本假设是，某一特定文化领域新的共同语言和概念，如"与下属的关系"或"人们如何根据自身心智模型来定义现实"，会逐渐迫使组织成员采用新的共同参照系，并最终导致新的共同假设。

举一个关于"技术诱惑"的非比寻常的例子。一位新经理人接管了一家英国运输公司，该公司在100年前获得皇家特许状并成长起来，在其蓝色卡车上绘制皇家徽章成为强大的文化传统。该公司因为没有积极探索销售运输新概念，所以当前处于亏损阶段。观察了公司几个月后，新任首席执行官突然毫无理由地下令将整个卡车车队涂成纯白色。毫无疑问，迎来的是一阵错愕。代表们敦促首席执行官重新审慎考虑，认为此举会丢失身份、造成总体经济困境和其他形式的阻碍。首席执行官耐心地听取了所有的这些建议，但他只是重申希望尽快完成刷新工作。他用"不接受协商"来清除所有阻力。

当卡车被涂成白色后，司机突然意识到顾客非常好奇，询问会将何种新标识绘制在卡车上。这些问题都引导各级员工思考他们在做什么样的业务，并由此启动了首席执行官一直试图建立的以市场为导向的重点项目。无论是正确的还是错误的，首席执行官认为如此广泛的关注不能仅仅通过强制要求来实现。他必须引导员工进入某种情境中，除了重新思考自己的身份定位别无他法。

除了这些组织内的过程之外，我们必须承认，即使是就"组织"和"职业社区"概念而言，广泛的信息技术革命也正在引发全球范围的变化，至少与汽车发明引发的变化一样大。正如蒂雷尔（Tyrell，2000）在其对这些影响的总结中指出的："快速交互式通信技术（特别是……互联网、内联网、电子数据交换和万维网）的开发和部署已经产生了新的环境，从而使许多人前所未有地获得了访问专业兴趣社区的通道"。当敲下这些文字时，我们已经掌握了脸书、领英、推特和其他新技术，这些技术甚至已经让电子邮件看起来有些过时。

如果组织和职业社区的界限变得顺畅，那么引出一个整体问题：作为一种共享的假设，文化如何在一群仅以电子方式进行互动的人群中形成并运作（Baker，2016）。文化中有一些最基本的方面是处理人们的互动管理方式；在电子时代，必须发展新的社会契约形式以处理权威和亲密问题。例如，现在许多专业服务公司由一个非常小的总部组织和数目庞大且地理上分散的专家（律师、顾问、医生）组成，这些专家"随叫随到"，但又不是组织的雇员（除非是合同制）。随着各种就业合同的变化，"职业"的概念也在发生变化，导致宏观文化领域进一步的文化演变（Schein & Van Maanen，2013）。

3. 通过引入外部人的文化变革

共同的假设可以通过改变组织中主要群体或联盟的组成来改变——克莱纳（Kleiner）在他的研究中将其界定为"真正起作用的群体"（2003）。当董事会从组织外部引入新的首席执行官，或者由于收购、合并或杠杆控股收购而引入新的首席执行官时，这种变革机制的最有力形式随即出现。新任首席执行官通常会带来一些自己人，并摆脱那些日益被淘汰的人。这事实上会对作为企业文化源头的层级亚文化造成冲击，并开始新文化的形成过程。如果公司有强大的职能部门、地理区域或事业部亚文化，新领导者通常必须替换这些单位的领导人来实现该目的。戴尔（Dyer，1986，1989）在几个组织中研究了这种变化机制，发现它遵循一定的模式：

- 由于市场绩效下降或某种失败，组织产生了危机感，因此需要新的领导层。

- 与此同时，"对旧模式的维护"也在减弱，因为支持旧文化的程序、信念和符号被打破。

- 从外部引入有新信念和新价值观的新领导人来应对危机。

- 旧假设的支持者与新领导层之间发生冲突。

- 如果危机得到缓解，新领导人得到信任，他就会赢得冲突，新的信念和价值观开始通过一系列新模式的维护活动嵌入，并得到加强。

这种模式的极端形式被称为"重建管理"（"turnaround" management），它极大地改变了结构和流程，并支持新的信念和价值观，但这种情况可能会在不同程度上发生。员工可能会觉得："虽然我们不喜欢这种新方法，但我们不得不承认它使我们再次获利，因此我们可能会尝试新的方式。"那些继续坚持旧的行为方式和逻辑的成员要么被迫退出，要么自愿离开，因为他们不再满意于组织的领导方向以及组织的行事方式。

新领导者如果失败，可能源于三个方面——所推动的改进没有实现；实现的改进没有得到新领导者的信任或背书；或者新领导者的假设过分威胁到仍然体现着创始人传统的文化核心。如果这三种情况中的任何一个发生，那么这位新领导者就会像苹果公司的斯卡利（据说他从来没有受到苹果公司内部技术团体的尊敬，但技术团队确实是苹果公司的核心）一样。不被信任并被迫离职这种情形经常发生于外部人士空降进入年轻公司，并且该公司创始人或其家族依然强大的情况。在这种情况下，新领导者违反创始人假设的可能性很高，并且会被强制离职。

系统性地将外部人员纳入高级管理层以下的职位，并允许他们逐步培训和重塑高级管理层的思维，这有时会刺激文化变革。当外部人员接管某小组，重塑这些小组的文化，并使其变得非常成功之后，此时再去创建一个组织工作的新模式，这很有可能获得成功。该过程最常见的形式是引入强大的外部人员或创新性内部人员来管理多部门组织中自主性较高的部门。如果该部门获得成功，该成功模式就为他人创造了一种新模式，并且成功产生了一批可以晋升到更高级职位的管理人员，进而影响组织。正如欧赖利和图什曼（O'Reilly & Tushman，2016）的研究所表明的，这也是组织通过创建自己的裂解子单元并促进其与初始文化共同演进来应对颠覆性技术或市场变化的方式。

例如，通用汽车（GM）的土星分部和通用与丰田的合资企业NUMMI（新联合汽车制造公司）工厂二者均着意地赋予员工权限去学习如何在设计和生产过程中促进员工参与，从而习得一些如何在制造工厂环境中处理人际关系的新的假设。通用汽车还收购了 EDS（电子数据系统）作为组织变革的技术刺激因素。这里的每一个单元都获得成功并创造了不同的文化；它们可以成为母公司变革的范本，但是通用汽车的"实验"表明，如果一个创新的亚文化嵌入强大的宏观文化中，那么宏观文化并不一定必须采纳新文化。虽然通用汽车最终确实需要作出重大变革，但通用汽车最后还是先关闭了土星分部和 NUMMI——因为创新者的基因与维持通用汽车运转的基本假设冲突过大，这种基本假设即便在几年后通用汽车经历了破产流程后依然存在。

组织成熟和潜在的衰落

持续的成功产生了两种组织现象，使文化变革更加复杂：（1）许多基本假设变得更加有力和稳固；（2）组织发展了自己所信奉的价值观和理想，原有的那些理念越来越不符合实际运作的假设。如果内部和外部环境保持稳定，更加有力和稳固的假设可能是一个优势。但是，如果环境发生变化，那么一些具有强大影响力的假设就会成为组织发展的桎梏。

随着组织愈发成熟，组织自身也会产生积极的意识形态以及一系列关于其如何运作的神话。组织形成了一种自我形象，可以认为是组织的"面子"。这种自我形象会围绕它过去的最佳实践形成。因为组织像个体一样需要自尊和骄傲，所以组织不会宣称自己当初渴望成为什么样的组织，而是会宣称组织的现实是对初心的一种有效回应。因此，所信奉的价值观与由日常成功实践发展而来的实际假设以及在各种亚文化中演变而来的假设有不同程度上的不一致。

围绕高危行业（如石油公司、电力公司、航空公司、医院和其他支持关注员工和公众安全的组织）的"安全"问题，可以观察到此类神话的最佳案例。这些行业和相关公司都支持"安全第一"，但其做法几乎总是考虑成本、生产力、日程安排和政治因素之后的折中行为（Amalberti，2013）。美国国家航空航天局的"挑战者号"和"哥伦比亚号"航天飞机这两起重大事故都涉及员工首要担心的问题，即存在安全问题。英国石油公司（BP）得克萨斯炼油厂爆炸事故中的死亡是员工的住房过于靠近危险的化工生产设施造成的。其在墨西哥湾封堵油井的失败是因为成本压力而仅仅设置了一个而不是两个备用系统。这其中最大的讽刺是，在爆炸当天，员工还获得了安全表现奖励，因为"员工滑倒、绊倒和跌倒"的数量下降了。

如果这种不一致不是因为任何突发事件导致的，这就会产生一种神话——组织支持某种所信奉的价值观，甚至这种价值观与现实极度不相符。在 20 世纪 90 年代最常见的例子是很多公司宣称永远不会裁员的神话；2009 年的例子则是银行、金融公司和相关行业能够承受住房泡沫破灭后果的神话。这种文化的力量越来越强大，并会造成组织实际上是按照所倡导价值观来运作的幻觉，这使得成熟公司的文化管理越来越困难。大多数管理人员会说，没有什么事像"燃烧的平台"① 或一些重大危机一样，会激发真正的文化评估和后续的变革过程。

1. 由丑闻和神话爆发所引发的文化变革

在那些所信奉的价值观和基本假设之间存在不一致的公司或组织

---

① 在企业管理中，"燃烧的平台"常被用来勾勒这一矛盾——当大海中的油井着火，工人有被烧死或跳入大海侥幸还生两种选择。——译者

中，丑闻和神话的爆发会成为文化变革的主要机制。组织没有激励评估和随后的变革计划的动机，一旦发生重大事故，通常会造成生命损失，从而产生无法隐瞒、避免或否认的后果，进而造成公共丑闻。灾难性事故，如美国三里岛核电站核反应堆熔毁、"挑战者号"和"哥伦比亚号"航天飞机失事、博帕尔化学品爆炸、英国石油公司得克萨斯炼油厂爆炸以及墨西哥湾石油泄漏、福岛核电站因为海啸遭到破坏，都会很快引发公众呼吁，要求"审视允许事故发生的文化"。与此类似的是，医疗保健行业的"意外致死"，揭示了医院安全计划的失败。

在所有这些案例中，我们通常都会发现，组织运营的假设已经延伸到工作开展的经济和实践领域，并且这些工作开展在某些程度上与官方意识形态所宣称的有所不同（Gerstein，2008；Snook，2000）。通常，有员工会因为发现这种不同而发牢骚，但因为这种牢骚与组织想要的一致性形象有所不符，所以人们会忽略或者否认这些员工的牢骚，这些员工甚至还会因此受到惩罚。当有员工感受过于强烈想要检举时，这可能会导致组织丑闻，然后最终可能会导致组织重新审视其做法——尽管举报人的职业生涯可能会遇到坎坷（Gerstein，2008）。

公共丑闻迫使高级管理人员开始研究那些已被视为理所当然的并已经在意识之外运作的规范、实践以及假设。灾难和丑闻不会自动引起文化变革，但毋庸置疑，它们是一个强大的不确定性力量，会引致某种公开的自我评估和变革计划。在美国，涉及安然公司（Enron）和其他各种组织的公共丑闻打击了人们对金融实务的信心，为维护金融行业的专业性，各种形式的公开复查开始发展。在伯尼·麦道夫（Bernie Madoff）丑闻风波之后，政府的监管行为受到了复查，甚至，由于2009年的严重经济衰退，对资本主义自由企业制度的一些更基本假设也展开了重新审查。这些复查有时会导致新的实践，但它们确实不会自动创造新的文化，因为新的做法可能不会带来更大的外部成功或内部舒适度。丑闻为新的实践和价值创造了条件，但它们只有在产生更好的结果时才会成为新的文化元素。

在丑闻或危机使人们意识到文化的基本假设，同时组织也被评估为功能失调后，可以在某些"彻底转变"（turnaround）之间选择基本选项：一种更加快速的部分文化变革以使组织再次变得具有适应性，或者通过合并、收购、引入外部领导者主导变革过程或破产程序（或以上所有方式）进行全面重组，从而颠覆组织及其文化。无论如何，该过程可能需要强大的新变革领导者来解散组织，并启动实际上可以改变文化基因的变革计划（Kotter & Heskett，1992；Tichy & Devanna，1987）。这里需要记住的最重要一点是，神话的爆发或破灭为变革领导者提供了一个机会，可以让组织迈向新的方向。

2. 由兼并和收购所引发的文化变革

当一个组织兼并另一个组织，或者当两个组织因财务或营销原因合并时，或在各种合资企业中，文化冲突不可避免，因为两个组织不可能具有相同的文化。那么领导的角色就是找出最好的管理文化冲突的办法。此时，第一种情况：这两种文化可以独立存在，继续以自己的方式发展。第二种情况：这种情况更有可能，一种文化成为主导并逐渐改变或者减少信奉其他文化的成员。第三种情况：为新组织选择两种文化的共同元素来融合两种文化，或者通过创造新的学习过程，或者通过为每个主要组织流程特意选择每种文化的要素（Salk，1997；Schein，2009b）。

例如，惠普公司与康柏公司合并，虽然许多人认为这实际上是一次收购，认为会导致惠普占据主导权，但事实上，合并执行团队检查了两家公司的每个业务流程，选择了看起来更好的公司文化，并将其立即强制推广至每个员工。这两种文化的元素互相都是通过这种方式导入的，该过程也实现了惠普领导层去掉惠普文化中的功能失调元素的目标。

这种方法的另一种有趣变种体现在下面这个案例中。1994 年通用电气公司（GE）收购了意大利老牌公司新比隆（Nuovo Pignone），其被杰克·韦尔奇后来宣称为通用电气"全球化"的关键一步（Busco，

Riccaboni，& Scapens，2002）。毋庸置疑，两家公司的文化在诸多方面有所不同，但通用电气公司接管的方式是只强加其会计系统，因此公司会将所有注意力都集中在数字上，即便通用电气公司高管们也曾经劝诫新比隆公司经理"不要关注数字，应该关注愿景"。

数字，因为其更加客观和可管理，所以不仅成为主要焦点，而且使新比隆公司能够显著改善自己的管理流程。当时的情况是，最初抵制通用电气文化掌控的新比隆公司开始对通用电气做事情的方式非常感兴趣，并开始自愿采用通用电气文化的其他元素！

3. 由毁灭和重生所引发的文化变革

这个戏剧性的标题反映的现实问题是，当一个成熟公司发现自己处于严重的生存危机时，没有混合的方式可以战略性地解决文化问题，而引入外部管理人员成为最后的可选手段。如果董事会或投资者引入强大的外部人员来"解决"这种问题，那么这位后来被称为"重建管理者"的人，很可能会发现有必要引进自己的团队，来摆脱坚持旧文化基础的管理者。换句话说，当你移除那些关键的文化载体——通常是身处高层、司龄很长的员工——你可以摧毁文化，因为你正在摧毁这个团体。

公司收购事件可以引发类似的过程，因为在收购过程中，可以将公司的关键人员替换为自己的圈内人。该过程也经常通过破产流程发生。在破产诉讼过程中，董事会会引入全新的高管，取消联盟，重组职能，引入新技术，并以其他方式强制开展实质性的文化变革。一个新的组织开始运行，并开始建立自己的新文化。该过程伴随着巨大的创伤，因此一般不会成为刻意为之的战略选择。但是一旦组织经济上的生存受到威胁，该过程可能会成为一种备选方案。2009 年经济衰退期间，许多金融机构和汽车公司都经历了这种破坏性诉讼过程，但以何种方式或是否"重生"并非都可预测。对过去工业转型的历史研究表明，即便是在危机发生时，也只可能发生微小的变革；而在其他时候，也可能发生真正具有变革意义的变化（Gersick，1991；Tushman & Anderson，1986）。

概要与总结

我已经描述了文化以自然方式发生变化的各种机制和过程，但也需要注意这些变化可以由变革领导人来引导。如前所述，文化在组织的不同阶段具有不同的职能，因此各个阶段的变革问题有所不同。在组织的形成阶段，文化往往是一个积极的增长力量，需要加以阐述、开发和传递。在组织中年阶段，文化变得多样化，许多亚文化逐渐形成，决定哪些元素需要改变，哪些元素需要保留，成为领导者面临的棘手的战略问题之一。但是在这一阶段，领导者还可以通过对不同的亚文化群体采取不同的奖励和激励机制来使其改变信念和价值观。在组织成熟与衰退阶段，文化往往失灵，只能通过更加激烈的过程来改变，比如导致兼并、收购、破产或者重建的丑闻。

文化的演变源自具有新假设的员工的加盟以及组织不同部门的不同经历。领导者或者可以通过发展文化多样性并鼓励亚文化的形成，或者可以通过甄选和支持某些文化维度，减少文化多样性，从而控制一个组织的文化演变方向。环境越是动荡，组织最大化其文化的多样性就越重要，从而能通过具备更广泛的混合式能力来最大限度地迎接环境变化所带来的任何新挑战。

思考与问题

（1）如果有的话，最近几年的财务丑闻引致了哪些变化？

（2）英国石油公司在墨西哥湾的石油泄漏引致了哪些变化？

（3）你能举一些近年来不是因为种种丑闻或危机造成重大变化的例子吗？

04
第四部分

评估文化和领导
文化规划与变革

迄今为止，我试图提供关于文化是什么、它是如何运作的以及如何思考和理解的描述性分析。你何时以及如何评估文化应该完全取决于你的理由。例如，你可能想评估一个为你提供工作的组织的文化，并且你想知道你是否适合在那里工作。你可能是一位正在考虑收购另一家公司的领导者，想知道你的文化和新公司的文化之间潜在的相互影响。你可能是一位正在努力减少两个下属部门之间冲突的经理，想了解这两个部门的文化。你可能是一位人力资源主管，首席执行官向你询问员工是否足够投入工作；他还希望你"创造一种工作投入文化"。或者你可能是一个担心太多错误致死或高感染率的医院管理者，并且已经认识到高风险行业的"安全文化"概念。

我的观点是，就评估文化而言，以上这些和其他许多可能的原因，它们每一个都可能导致不同的诊断和变革过程，使用不同种类的工具和变革模型。本书的这一部分将尽可能提出一些评估和变革的一般问题，并描述最适合这些一般问题的文化评估工具和变革过程。在第十三章中，我们回顾了与文化这个复杂概念有关的评估问题。在第十四章和第十五章中，我们将重点放在与文化变革计划相关的两种主要评估方法上。在第十六章中，我们提供了一个供变革领导者考虑的一般变革模型。本书的最后一章将考虑现在和将来在文化创造和管理方面所涉及的内容，即领导者应该做什么来有效应对这个复杂领域。

第十三章

破译文化

组织文化可以通过各种方式来研究。研究方法应该由研究目的决定。如果只是出于好奇心来破译文化，结果只能像评估一个人的性格和特质，非常模糊不定。如果是基于阐明某种问题的目的，文化评估就更加有意义。我们会看到，如何进行评估以及使用什么工具非常依赖于我们的目的。如果我们审视一下前面章节刚刚考虑过的所有文化维度，我们会意识到将文化破译到其基本假设的水平可能是一项非常艰巨的任务。本章描述了当我们试图破译像文化一样复杂的事物时遇到的一般问题。

为什么要破译文化?

想要破译或评估组织文化有几个不同的原因。一个极端是纯粹的学术研究，研究人员试图向另外的研究人员和其他感兴趣的各方展示文化的图景，以开发一种理论或测试某种假设。这种目标覆盖了大多数人类学家，他们在某种文化中生活体验从而获得内部人的认知，然后以书面形式向其他人展示文化，以便了解那里所发生的事情（例如，Dalton，1959；Kunda，1992；Van Maanen，1973）。

另一个极端是学生需要评估一个组织的文化，以决定是否在那里工作，或者员工或经理要更好地理解自己所在的组织以对其进行改进。

介于两者之间的是，顾问和变革代理人需要破译文化以促进组织为解决业务问题而启动的一些变革计划。在这些不同的情境下，差别最大的在于破译过程的涉及深度和焦点，以及谁需要知道结果。在本章最后，我们将讨论每种方法所涉及的道德问题和风险。

1. 从外部破译

不仅仅是人类学家或者研究人员需要破译组织文化，求职者、客户和记者有时也需要弄清楚某个组织内部发生了什么。他们不需要知道一个特定文化整体上是什么样子，但是他们确实需要了解组织文化与其个人目标相关的一些基础信息。这种需求最常见的形式是大学毕业生需要知道是否去某个组织工作。此时，他可以：

- 拜访和参观。
- 识别令人困惑的人工饰物和流程。
- 询问业内人士某种工作方式的原因。
- 识别具有吸引力的所信奉的价值观，并询问它们在组织内如何实施。
- 发掘不一致的信息并研究那些真正决定日常行为的因素。

需要注意的一点是，你在人工饰物层面体验到文化之前，不要过分介入文化的深层内容。这意味着要去参观公共区域、四处游览、征得同意后在内部区域观摩，并阅读该组织提供的任何文献。对于需要思索的文化内容可以首先从困扰你的问题出发。办公室（或房间，或桌子）为什么按照这种方式布置？组织为什么如此安静或嘈杂？墙壁上为什么没有图片？等等。应该由你的个人需求和兴趣来引导整个探寻过程，而不是列出一份正式的清单。试着观察内部人士在权威和亲密关系等关键问题方面的行动，以给自己一些内容焦点。

在这个过程中，你会遇到一些内部人员——招聘人员、客户代表、引导员、在那里工作的朋友，或与你交谈的友好陌生人。当你与内部人士交流时，他们对待你的方式会自然地流露出组织文化的意义。文化最好通过互动展现出来。向业内人士询问你所观察到的、让你困惑的事情。令人惊讶的是，对你所询问的问题他们可能也会同样困惑，因为内部人士不一定知道他们的文化为什么如此运作。如果你们共同陷入困惑，你就会对组织的文化层次开始有所了解。你也可以询问其他内部人士相同的问题，有一些人可能对发生的事情更有见地。如果你已阅读了该组织的所有相关信息，并听取了有关其目标和价值观的说明，那么请去查看这些内容是否有据可依，并咨询内部人士他们是如何实现这些目标和价值观的。如果发现不一致，请咨询他们。每当你听到一个泛化或抽象的说法时，比如"在这里我们是一个团队"，请他们举一些具体的例子来说明。

这种文化破译过程不能标准化，因为每个组织允许对外公开的程度有很大的差异。相反，你必须像人类学家一样思考，扎根于观察，然后跟进查询。之所以要专注于困扰你的事情，是因为该问题保持了调查的纯粹性，而不是试图验证你对组织的假设或刻板印象。否则，你会被组织视为有威胁，并会引致不准确的、防御性的信息。如果你以自己真实的困惑为始，那么内部人士就会尽其所能来帮助你。由此，最好的询问形式可能是发掘那些让你困惑的事情，然后说："请帮助我理解为什么会发生这样的事情。"

2. 基于研究者角色的文化破译是一种干预

如果你是一位试图破译特定文化问题的研究者，那么你的第一件事是进入组织。在与组织进行联系的过程中，协商你所需要的东西，说明你可以为组织提供的回报。你可以通过与之前你所接触到的组织内部人来促成谈判。你会获得大量表面但可能非常相关的文化信息。根据你的研究目标，你必须判断收集哪些额外信息以深入了解文化。

你必须认识到，从复杂的人类系统收集有效数据实质上困难重重，涉及各种选择和筛选，并且这种收集本身是对组织生活的干预。众所周知，收集有效文化数据最明显的困难是，当被试者参与研究时，倾向于抵制和隐藏他们感到需要防御的数据，或夸大其词来打动研究人员或只是为了宣泄——"终于，有人对我们的故事感兴趣并且倾听了我们的故事"。这种宣泄的必要性基于这样的事实：即使是最好的组织也会产生"毒素"——来自老板的压力，对错失良机的紧张情绪，与同龄人的破坏性竞争，稀缺的资源，劳累过度的疲惫感，等等（Frost，2003；Goldman，2008）。

在试图理解组织如何运作的过程中，你可能会发现自己听到了一些怀才不遇的焦虑或沮丧员工的悲哀故事。为了准确了解组织中发生的事情，你必须找到一种方法，鼓励业内人士"给我讲讲组织原来的样子吧"，而不是让他们试图给你留下印象、隐藏数据或只是发脾气。最好的办法可能是以某种自愿的方式提供帮助或成为实习生，询问是否可以兼职或以其他方式表明你愿意提供帮助，而不仅仅是为了收集数据。

如果你与组织有了某种形式的联系，即使这种联系只是获得默默观察的许可，人类系统也已经以未知的方式受到了干扰。如前所述，正在受到观察的员工可能会将你视为间谍或作为宣泄的良机。人们会将你为什么在这里的动机归因于管理问题。你可能被视为一种麻烦、一种骚扰或一个旁观者。但是，你无法知道你会引发这诸多可能反应中的哪一种，以及它们无论从数据收集还是从道德观点来看是否合宜。出于这个原因，你应该仔细研究可用的各种各样的数据收集干预措施，并仔细甄选使用哪种方法。

以下提供了收集数据的一些方法。"研究人员"将卷入正在研究的组织以及组织成员如何参与数据收集过程。我给研究人员加上引号，是因为在人类系统中，除非你真的只研究组织的产品或人口统计数据，否则没有办法"只是研究人员"。因此，伦理问题是研究从一开始就需要考虑的，并且必须超越研究人员对可靠和有效数据的需求。

- 人口统计学：测量"远端变量"。

- 文件和组织产品的内容分析，例如故事、神话、仪式、符号和其他人工饰物。

- 民族志或参与者观察：要求四处游走，不通知被选定的参与者，静静地坐着观察（但即使询问也不要参与）。

- 参与志愿者或协助者活动。

- 要求会员填写问卷，评级，客观测试，以个人身份和匿名身份进行评判，并由外部人员完成评分。

- 培训干预，投射测验，评估中心和访谈。

- 行动研究或组织的初始契约研究。

- 作为帮助或咨询过程一部分的附带临床调查。

- 全面参与流程改进，如统计质量控制或"精益"流程重新设计。

- 定期工作一段时间，充分体验组织文化。

由于道德原因，实验通常不可行，但一般会使用调查和问卷调查。下一章会详细讨论这些限制。如果你意识到文化数据的解释可能需要与主体相互作用，那么你可以使用半结构化访谈、投射测试或标准化的评估情境，但这些方法再次引发了你是否正在干预他们的系统的道德问题——他们可能会通过数据收集过程本身达成一致意见并影响文化。

在访谈过程中，你可以提出以下宽泛的问题：

- 来这个组织工作的感觉怎么样？

- 你认为最重要的事情是什么？

- 老板如何传达他们的期望？

该方法的主要问题是非常耗时，并且可能很难将来自不同个体的数据放在一起形成连贯的图景；即使每个人使用相同的单词，每个人也可能看到不同的东西。所以，你的困境就是如何获得更深层次的文化假设来展示自己所处的群体。答案是你必须以某种方式激励组织向你展示自己的意愿，因为组织可以有一定的收获。这将我们带入了行动研究和临床研究的概念。行动研究通常被认为是被调查组织的成员参与数据的收集，特别是解释所发现的信息的过程。如果项目的动机是帮助研究人员收集有效数据，那么行动研究是适当的。然而，如果该项目是由组织发起来解决问题的，我们应该转向这里所谓的"临床研究或调查"（Schein，1987a，2001，2008）。

3. 临床咨询：基于助理或者顾问角色的文化破译

我在文化破译中最常用的方法是从自己作为助理的经历中学习，无论是作为志愿者还是作为付费顾问。如果组织需要你的某种帮助，并且你也正试图帮助组织更好地了解自己以进行变革，那么文化分析的要求可能可以实现。你对文化的深入了解将成为你作为助理的副产品；文化理解可能会更深入，因为作为助理，你可以提一些内部人士通常会认为被冒犯的问题。这种咨询模式的关键和突出特征是，数据是由组织成员自愿提供的，或者是因为他们启动了流程，并愿意通过向外部人展示自己而获得想要的东西，或者由你启动项目，他们觉得和你合作会获得他们自己需要的东西。换句话说，不论联系是如何发生的，如果组织成员感到他们从你那里可以得到一些帮助，那么最好的文化数据就会显现出来。

如果你是民族志学者或研究人员，你必须仔细分析你可能真正需要为组织提供什么，并致力于以某种方式或实际上与客户达成心理契约。这种思维方式要求你从一开始就意识到你的存在是对组织的干预，你需要让这种干预对组织而言有价值。

民族志研究者会讲述这样的故事：直到他们会以某种方式为组织提供价值，他们才会为组织所"接纳"——他们或者需要完成某个项目，或者需要以其他方式为组织作出贡献（Barley，1984；Kunda，1992）。这种贡献可能完全是象征性的，与所研究群体的日常工作无关。例如，孔达（Kunda，1992）报告说，他获得研究某个工程团队的许可，但他们对他非常疏远，这使他很难询问团队中某些仪式和事件的含义。然而，孔达是一名非常出色的足球运动员，被邀请参加午餐时间的比赛。他有一天为球队贡献了一粒进球，从那天起，他报告说，他与球队的关系完全改变了。他突然"加入"了"团队"，这使得他有可能去问许多以前被限制的问题。

巴利（Barley，1984）在将计算机断层扫描引入医院放射科的研究中，表示自己是该团队的一名工作成员，并被接受可以以各种方式帮助完成工作。在这个过程中重要的一点是为组织提供帮助的意愿，而不仅仅是收集数据的意愿。或者，邀请顾问加入该组织，以帮助解决一些与文化无关的问题。在处理该问题的过程中，顾问会发现与文化相关的信息，特别是使用过程－咨询模式时，因为它强调问询并帮助组织自助（Schein，1999a，2009a，2016）。

如果你扮演的是助理角色，那么你被授权可以提出各种可以直接导致文化分析的问题，从而也可以开发研究重点。你和"客户"都充分参与解决问题的过程，并且搜索相关数据成为你们共同的责任。然后，为了客户的利益，说出真正发生的事情，而不是屈服于隐藏、夸大或吹嘘的潜在偏见。在这种临床助理角色中，你并不局限于收集围绕客户特定问题展开的数据。在这个过程中，你通常会有很多机会留下来观察还有哪些事情正在进行，此时，你可以结合临床和参与者－观察员民族志模型的一些元素进行分析。事实上，人类学模型（人类学家被视为助理）和刚刚描述的助理模型最终聚合成为同一个模型。

临床收集的数据有效性有多大？

你如何判断这个临床模型收集的数据的"有效性"？有效性问题包括两个部分：（1）事实准确性——基于你可以收集的任何当前或历史数据；（2）解释准确性——对文化现象的反映应该是文化成员沟通过程中的真实意义，而不是你预期自己的数据所要传达的意义（Van Maanen，1988）。正如一些人类学家所说的那样，要充分理解文化现象至少需要历史和临床研究的结合（Sahlins，1985）。事实准确性可以通过三角验证、多源和重复的常用方法来检查。解释准确性比较困难，但可以应用三个标准。首先，如果文化分析是"有效的"，那么进入同一组织的独立观察者应该能够看到相同的现象并以相同的方式解释它们。其次，如果分析是有效的，你应该能够预测其他现象的存在并预测组织如何处理未来的问题。换句话说，可预测性和可重复性成为关键的有效性标准。再次，组织成员应该感到满意，你所描绘的内容对他们有意义，并帮助他们自我理解。

临床模型明确提出了两个基本假设：（1）不可能在不干预人类系统的情况下研究人类系统；（2）只有试图改变人体系统才能完全理解人类系统（Lewin，1947）。这个结论似乎有些矛盾，因为我们想要了解的是现存系统的当前状态。因为我们的存在本身是一种产生未知变化的干预，所以要了解系统的当前状态不仅是不可能的，而且如果我们试图作出有益的改变，我们会使系统能够显示其目标和防御性过程——这恰好是其文化的基本部分。为了使该过程发挥作用，干预目标必须由外部人和内部人共享。如果顾问试图根据顾问自己的目标来改变组织，那么遭遇防御和拒给数据的风险就会急剧上升。如果顾问试图帮助组织作出组织所需要的一些变革，那么组织成员会越来越意识到当前所发生的事情。第十五章和第十六章中提供了有关这种变更流程如何运作的更详细分析。

文化破译中的道德问题

破译文化有一些固有的风险，内部人士和外部人士在继续开展之前都应该评估该风险。文化破译分析的目的不同，风险也不相同，且这些风险往往是微妙的、未知的。因此，继续开展文化破译的愿望以及组织的许可可能不足以保证工作继续进行。外部专业人士，无论是顾问还是民族志学者，都必须对风险作出单独的评估，有时需要限制外部专业人士的干预措施，以保护组织原貌。

1. 以研究为目的开展分析的风险

一旦组织向外界透露其文化内涵，组织可能会脆弱不堪。一个唾手可得的解决方案便是在对外公开发布的信息中对此含糊其词。但是，如果组织要和外部人开展有效的交流，那么准确界定组织和人员的信息会变得非常有意义。正如我在本书中使用的大多数案例中所做的那样，给出组织名称可以更深入地了解文化现象，并使其他人能够检查研究结果的准确性并重复这些发现。

然而，如果对一个组织文化的正确分析通过简单讨论或者公布被外部人所了解，那么该组织或其某些成员可能会处于不利地位，因为一些机密数据现在可能变成公开信息。由于种种原因，该组织的成员可能不希望将他们的文化披露出来供他人观摩。如果文化分析的信息不准确，那么组织的利益相关方，如潜在员工、客户、供应商和任何其他类别的外部人员，可能会受到影响。

商学院使用的案例即便经常包含透露组织文化的细节，也会使用极佳的方法来掩饰文化。如果组织充分知晓案例所揭示的内容并审查了信息的准确性，则不会造成任何损害。但是，如果案例包含一些组织所不知道的材料，那么这种出版物可能会产生不良的信息，或者对组织成员造成紧张情绪，并可能给外界造成不良印象。如果信息不准确，内部人士和外部人士可能会得到错误的印象，可能根据不正确的信息作出决策。

举一个案例。20世纪80年代早期，我在位于日内瓦的工业研究中心授课。该中心当时正在使用一个关于DEC的案例，该案例已经过时，并且对DEC的情况给出了完全错误的判断。但是该案例会影响学生们是否申请到DEC工作。而且，大多数这种案例只是反映特定时间组织的一部分情况，并没有考虑组织的历史演变。当时所用关于DEC的案例材料在某个时间点可能是准确的，但是不能作为对DEC整体历史的描述。

研究人员往往可以在分析结果发表之前向组织成员提供分析结果来避免这种危险。这个步骤的优点是也在一定程度上检验了信息的有效性。然而，帮助研究人员"清理"分析信息的组织内部人员可能并不知道最后呈现的分析结果公之于众之后可能会对组织内部其他人造成潜在的风险。同时，该方法也没有克服审查这些材料的组织成员可能出于安全起见，直接禁止公布任何组织名称的风险。因此，最终的道德责任落在研究人员身上。每当研究人员发布关于个人或组织的信息时，必须仔细考虑潜在的后果。本书提到名字的组织，都已经获得了组织的许可或者确认该材料不会损害这些组织或个人。在创作本书之前版本时，我仍然参与了 DEC 和汽巴嘉基的工作，所以我给它们贴上了"执行力公司"和"多元化公司"的标签。这两家公司今天都已经不复存在，这在我看来是合理的。同样的逻辑适用于对斯坦伯格公司名字的提及。

2. 内部分析的风险

如果一个组织想要理解自己的优势和劣势，如果它想从已有的经验中学习并根据对外部和内部因素的现实评估作出明智的战略选择，那么它必须在某个时刻研究并理解自己的文化（Bartunek & Louis，1996；Coghlan & Brannick，2005）。但是，该过程并非没有问题、风险和潜在成本。基本上，在内部开展分析时必须评估两种风险：（1）文化分析得出的结论可能是不正确的；（2）组织可能还没有做好接收有关其自身文化反馈的准备。

如果根据错误的文化假设分析结论来作决策，可能会给组织造成严重损害。如果对文化的定义过于肤浅——将所信奉的价值或基于问卷的数据的结果视为其文化基本假设，而不开展团体和个人访谈，不去专门挖掘更深层的假设和模式，那么这种错误极易发生。这是运用文化类型学方法和问卷调查的主要风险。下一章进一步讨论这个问题。

第二个风险是文化分析的结论可能是正确的，但除了做分析的人以外，其他人可能没有准备好来消化结论。如果组织文化本身是一套减少焦虑的防御机制，并为组织提供积极的方向、自尊和自豪感，那么人们不愿意接受文化分析的结论可以看作人类的一种正常现象。心理治疗师和辅导员经常必须处理患者和客户的抵制或拒绝情绪和心态。同样，除非组织人员认识到真正需要变革，除非他们检查组织信息时有足够的心理安全感，否则他们将无法接受文化分析可能揭示的文化真相。更糟的是，他们可能会因为自己所坚信的一些神话或美好的东西被破坏而失去自尊。

第三个风险是，一些组织成员会立即获得某些洞见，并自动而不假思索地尝试一些文化变革，这些文化变革可能会导致以下情况：（1）是组织的其他成员不想要的变化；（2）其他成员可能尚未做好准备，因此可能不会接受；（3）可能无法解决问题。

因此，文化分析师应该让客户体系充分意识到，让文化元素充分暴露出来会产生某些后果。内部人士经常呼吁外部顾问披露一些内部人员知道的内容，但是外部顾问由于各种原因不会披露这些信息。如果答应披露，风险在于该组织可能并不希望听到顾问对其文化的分析。就我的经验而言，我不止一次发现，我的分析结论得到了一些内部人士的赞扬却被其他人拒绝。这让我得出了一个普遍结论：最好的办法是指导内部人士找出组织的文化，不要在组织内最本质、十分具有内部含义、内部人完全浸润其中，而外部人永远无法抓住其要义的文化要素上成为外部专家。外部专家是局外人，永远不可能给组织内部人教授组织内部自己的文化，因为外部人无法知道哪里最具敏感性，也不能克服自己的微妙偏见。

文化分析师的职业责任

如果上述风险客观存在，那么谁会对此尤其担心？对一个组织而言，我们将研究你的文化并让你知道我们发现了什么，没有你的许可我们不会发布任何信息，这就足够了吗？如果我们正在处理组织的一些公开信息、现象、公开支持的价值观等，那么有让成员弄清楚材料这一条准则似乎就足够了。但是，如果我们正在处理更深层次的文化、基本假设和它们之间的模式，内部人员显然可能不知道外部文化分析师会打开什么样的大门。此时责任或义务就转移到作为专业人员的外部人员身上——他们需要使客户真正地意识到文化分析可能的后果是什么。如果文化分析师不能初步了解可能要被披露的内容，知情同意原则就不能充分保护客户或研究主体。

文化分析师承担充分了解调查的潜在后果这一专业义务。双方应该达成一定的心理契约，即外部文化分析师应该向内部人反馈其研究所得的文化结论，阐明其研究发现潜在的后果，而不管外部文化分析师是为了获得更多的见解还是为了澄清最终会公开发布什么。由于所有这些原因，当组织有动力进行可能涉及文化的变革时，对文化的破译和报道的效果最好，最能获得心理安全感。

以上所述可以证实，收集文化数据没有简单的方式。人工饰物层面可以被直接观察；所信奉的价值观可以通过研究人员或顾问的采访和公开的资料获得；而共享的默认假设必须通过各种各样不同的观察以及对各种不一致和疑惑的咨询才能识别。因为文化是一个共享的群体现象，收集系统数据的最佳方式是将 10 ～ 15 人的代表团队聚集在一起，并要求他们讨论人工饰物、价值观和背后的假设。第十五章使用案例详细地描述了这种方法。如果研究人员仅仅是为了自己的目的而收集信息，并且可以忽略可靠性和有效性的问题，那么前面章节中描述的各种文化内容类别就特别适合作为讨论的问题。研究人员应该根据研究目标来构建每个内容领域的实际问题，同时要谨记文化的广泛性和深刻性。想要捕捉整个文化的可能性不大，因此研究人员在设计一组问题之前必须思考一些更具体的目标。

概要与总结

文化维度的破译或者“评估”的方式多种多样，这些方式可以根据研究人员直接参与组织的程度以及组织成员直接参与研究过程的程度来分类。为了进行学术研究或理论建设，重要的是要了解真正发生了什么，这要求真正卷入组织并参与组织活动，而不是仅通过问卷、调查甚至个人访谈就可以获得所需。研究人员必须与组织建立关系，获得他们的允许，成为研究人员或助理。只有当符合组织自身的利益时，组织才会提供可靠和有效的数据。

如果顾问帮助领导者管理变革过程，可以设计一个文化评估流程，从中可能学习一些与文化相关的事情。但是在组织中，一定是组织内部人最了解自己的文化。很多时候，当我离开项目时，我自己并没有真正理解该组织的文化到底是什么，但是内部人士对自己组织文化的关键元素有了清晰的认识。这也是不错的效果。无论何时，只有当研究人员或顾问建立对组织的帮助关系时，组织更深层次的文化信息才会显现出来，此时，组织成员就会向研究人员透露一些他们的真实想法和感受。这种"临床调查"关系是获取有效文化数据的最低要求，外部研究人员在对组织提供帮助的同时，可以更进一步，收集与其研究目的相关的其他数据。

无论是为了向内部人士还是外部人士描述组织文化，破译文化的过程都有一系列风险和潜在成本。这些风险包括内部的，因为组织成员可能不想知道或不能处理他们自己对文化的洞见；也包括外部的，因为组织成员可能不清楚一旦他们的文化信息被提供给他人时，他们会以何种方式变得岌岌可危。

本章对领导者的意义在于要求其非常"谨慎"。如果你知道自己在做什么以及为什么要做，文化分析将会非常有帮助。也就是说，文化分析必须以有效的目的为动机，并且当事人必须非常清楚地理解使用不同方法的不同后果。文化评估会对组织产生干预。如果仅仅为了评估而评估，浪费时间或造成伤害的风险会大大增加。然而，如果是由组织内部或组织外部某位负责任的推动者来完成，获得洞察性见解和建设性行动的可能性会进一步提升。

思考与问题

（1）你阅读这本书的原因是什么？你对文化的兴趣点在哪里？

（2）你是否对自己的文化历史有一些想法，以及如何破译你所处的家庭、同龄人、学校、工作、社区等各种文化？

（3）你面临的文化破译问题是什么？你的文化评估计划是什么？

第十四章

文化评估和文化规划的诊断性定量方法

在前面的章节中，我们宽泛地讨论文化破译问题。本章中，我们将关注那些想要了解文化变革的领导者。如果领导者没有一定要作出改变的确切而具体的项目目标，文化评估就没有意义。一旦变革领导者清楚地用语言认定文化评估是未来的行动，那么当下就应该立刻评估文化，看看文化是如何帮助或阻碍变革进程的。该过程可以通过两种方式完成：

● 通过衡量文化的具体维度或寻找各种文化类型模型来寻求认知——我们称之为诊断性定量方法，如本章所示；

● 通过使用内部集中观察，结合个人或团体访谈来寻求认知——我们称之为对话形式的定性方法，下一章将重点介绍。

许多作者提出的组织文化诊断类型和概况都是基于组织成员的问卷调查。因此，我们将讨论作为理论结构和作为对大量感知数据作因子分析所得标签的类型学。事实上，学者基于问卷研究，创建了许多不同的模型，我们需要考虑如何评估这些模型的相对有效性和效用。在回顾其中的一些概念之前，我们需要了解类型学在尝试理解抽象概念（如组织文化）时扮演的角色以及使用该类方法的优缺点。

为什么使用类型学？为什么不使用类型学？

当观察自然世界时，我们所看到的、听到的、尝到的、嗅到的和感觉到的，在我们的认知中具有压倒性的优势。就其本身而言，"原始经验"没有意义，但我们自己的文化培养教会了我们通过嵌入我们语言的概念类型来理解它。在婴儿时期，我们所经历的，用威廉·詹姆斯（William James）于 1890 年发表的《心理学原理》中的话说就是一种"盛开，嗡嗡响的混乱"。随后，我们学会区分诸如椅子和桌子，母亲和父亲，以及光明和黑暗，并将单词与那些我们经历过的对象和事件联系起来。

在青年时期，我们拥有完整的词汇和一系列概念类别，可以区分和标记大部分所经历的事物。然而，我们不能忘记，这些类别以及与之相关的语言是在特定文化中学习的，而且随着我们进入诸如职业和组织等新文化，这种学习会持续下去。工程师会学习新的类别和词语，医生、律师和经理也是如此。

新概念的有用性可以从以下这些方面体现：（1）有助于理解现象，并可以从观察到的现象中提炼某种规则；（2）通过构建事物运行的理论，新概念可以帮助界定一个现象背后的底层结构；由此（3）使我们能够在一定程度上预测尚未观察到的其他现象将会如何出现和运行。随着我们对这种抽象事物的开发，就越发有可能开发新的模型、类型学和事物运作的理论。这种类型学以及允许我们假定的理论的优点是它们试图来主导各种不同的现象。

文化类型学通过使我们将个人或团体行为的观察放置于构成整个文化模型的规范或模式中来将我们对新信息的处理进行"扩展"。类型学的缺点和危险在于：（1）抽象性很强，以至于没有充分反映出所观察到的某组特定现象，或者（2）非常简洁以至于迫使我们过分简化相关的（可能相反的）细节使其与我们所坚持的模型保持一致（方柱的边缘刚好足够匹配圆孔，但地板上的锯屑留下了重要的细微差别）。从这个意义上讲，如果我们试图比较多个组织，类型学可能会有用，但如果我们试图了解某个特定组织的微妙之处，那么这种类型学方法可能毫无用处。

所使用的类型和模型逐渐成为我们对现实的一种观念，这简化了对生活经验的日常理解。这种简化有助于减少焦虑和保护精神能量。这种简化的危险在于缩小了注意力范围，无视正在观察的内容。如果正在处理后果不严重的现象，这种注意力范围的缩小可能会有用。如果我们只是偶尔光顾的客户，将某个餐厅或银行标记为"指挥和控制"型组织是可以的。然而，如果是在经济衰退时期决定是否继续将钱存入社区的某个银行，此时这种银行"类型"的分类可能无法提供足够的关于其具体金融实践的信息，尤其是当该银行的财务表现处于下滑中时，这些具体信息变得至关重要。如果过分依赖某种类型，我们可能没有概念工具来分析特定的银行。

使用类型学方法的第三个问题涉及我们如何形成抽象标签的问题。我们将回顾的许多文化模型是通过询问员工如何看待他们的组织来收集数据，然后将这些看法汇总并组合成更抽象的概念。这些概念通常来源于基于广泛的问卷调查所得的因素分析结果，可以确定哪些条目归为一类，由此，建议形成一个基于员工看法的概念类别。然后这些"因素"被标记并以摘要的方式描述。例如，标签为"战略方向和意图"（Denison，1990），该维度的文化评分是基于员工对自己组织在下列条目的评分的整合：

- 有一个长期目标和方向。
- 组织战略引导其他组织改变其在行业中的竞争方式。
- 有明确的使命为工作赋予意义和方向。
- 对未来有明确的战略。
- 组织战略方向不明确（反向评分）。

最终得分可以作为员工感知的可靠度量标准，也是衡量员工相信其组织具有强大或弱势战略的程度的有效指标。尽管如此，问题依然存在：这个分数是否可以成为本书所定义的文化测量标准，因为战略的文化元素与战略内容有关，而不是考虑战略是否存在。汽巴嘉基公司的评分结论是具有非常强大的战略，但直到收购 Airwick，它才意识到，在文化上它还有一个战略，即拒绝与消费者导向的空气净化器公司有所关联。

1. 使用问卷调查来"测量"文化的相关问题

我们将回顾的许多类型依赖于以上述方式所得的员工调查问卷，因此，我们需要考察在使用问卷调查来做文化测量过程中有哪些问题。

不知道应该询问什么问题。如果我们将文化定义为包括本书已经总结过的所有内部和外部维度，那么我们需要进行大规模的调查来涵盖所有这些可能的维度。这对于一个特定的组织意味着：基本上不知道要将哪些问题放入调查中，并且如果使用现有的调查问卷，却不知道应该使用哪个问卷。此时，我们依然不确定的是哪些是对组织变革计划有显著影响的维度，我们依旧无法从调查中获知组织文化基因的基本假设是什么。某些维度可能无关紧要，不值得研究。每项调查都声称要分析"文化"或分析文化的重要"维度"，但是没有先验方式来了解如何做。

员工没有保持诚实的动机。我们始终鼓励员工坦率地、诚实地回答调查问题，并通常保证对答案完全保密。但是事实上，如果这种保证一开始就给出，那么初始的假设是，如果员工知道答案，那么他们就不应该公开。因为文化存在于鲜活的现实中，所以应该使用一种让人们开放的方法。调查中需要评估和判断过多的问题，这导致员工在回答问题时非常小心谨慎。

员工可能并不理解所问的问题或者理解错误。像"有一个明确的未来战略"这样的条目潜在假设员工对"战略"一词有类似的定义。如果我们不能做这个假设，收集他们的答案就没有意义了。因此，从个人反应中推断某些"共享"概念非常困难。

所测量的虽然准确但仅停留在表层。从书面感知中深入了解文化尤其困难。文化是一种本质上共有的现象，只有在互动中才能体现出来；没有互动，调查所测量的任何维度必然是表层的。如前所述，衡量个人在团队背景下的反应可能至关重要。公司的氛围和文化是群体行为的一种功能性体现，具有与个人行为同等甚至超越个人行为的体现效果。基于个人的调查会忽略工作小组情境中个体反应的派生效应。

被调查的员工样本可能不是关键文化载体的代表。大多数问卷调查管理人员认为，如果他们对样本进行抽样并对组织的总体人口统计进行了仔细的测试，他们可以根据样本有效地描述整体情况。这种逻辑可能并不适用于文化，因为文化驱动力可能是执行力亚文化，正如马丁（Martin，2002）指出的那样，文化可能分散在许多亚文化中，问卷调查从统计上可能无法对其进行识别。通过基于观察和群体访谈来获得组织定性知识，我们可以更快速地识别某些群体并检验调查的差异，但我们需要首先进行定性分析以确定要比较的亚群体。

文化维度的描述没有反映维度之间的交互作用或者某个维度对于整个体系的影响。调查报告通常以轮廓或轮廓式分数表示，以给人一种综合衡量的印象，但缺少关于维度假设的深层次相互作用的分析。例如，在 DEC 案例中，只有通过平等主义组织中的激烈冲突才能发现真理的这一本质，在缺乏全面性和复杂性的问卷调查中却没有揭示出来。

调查会对组织产生未知的后果，其中一些后果可能不合宜或具有破坏性。回答问题迫使员工考虑可能从未发生过的类别，并在有争议的领域作出价值判断。个体不仅会受到这种方式的影响，而且如果他们分享价值判断，例如发现他们对组织的领导力都非常不满，那么可能会构建起负面的团队态度，这会损害组织的运行能力。此外，员工会设定期望值，认为一旦管理层拿到报告结果就会采取行动改善员工投诉的领域。如果管理层没有回应，员工士气可能会受到影响，调查可能无法回应这些问题。

　　这里列出一些警示，因为快速获得"文化"的定量描述具有令人难以置信的诱惑力，调查的设计者和提供者可能会忽略或最小化以上所提到的问题。有许多事情可以通过调查得到很好的衡量，但是在处理像文化这样复杂的概念时，越谨慎越好。

2. 什么时候使用问卷调查

如下所述，将调查中的一些问题确定为特定组织文化的衡量标准，可以使调查更加有用和合宜。

确定文化的某个特定维度是否与整体绩效因素有系统性的关联。为此，需要研究大量的组织，并且需要就这些维度和绩效进行比较。做完整的民族志研究不切实际，而且成本高昂，因此需要对我们想要衡量的抽象维度进行具有可操作性的定义，设计标准化访谈，设计观察清单，开展调查，以得出每个组织的评分或分数。这些分数可以与许多组织的各种其他绩效指标相关联（Cooke & Szumal，1993；Corlett & Pearson，2003；Denison，1990；Denison & Mishra，1995；Gittell，2016）。

对某个特定组织进行一个概括性描述，从而来激发对该组织文化的深层次分析。其假设是，某个维度上测量所得的分数被理解为"员工如何看待这个组织"而不是文化的绝对衡量标准。这些解读可以成为组织绩效改善工作的进一步推动力。为了促进这种改善，问卷调查可以询问"你现在如何看待你的组织"和"你希望你的组织今后如何发展"。就前面的例子而言，员工可能会在战略意图维度的得分较低，在其他方面的维度上得分较高。当以这种方式开展调查时，同时采用其他方法跟踪文化破译非常重要，而不要假定给定的资料是"文化"。

就某些选定的，如以合并、收购和合资为目标的维度来比较组织。如果对要比较的维度有所了解，并且可以假设员工愿意诚实地接受调查和回答，那么这种方法会很有用。

检查亚文化的差异。检查我们怀疑存在的某些亚文化总是有用的，因为根据调查可以识别预先选定的维度在客观上是否真的存在差异。如果我们怀疑工程部亚文化和运营部亚文化有不同的假设，可以设计一个调查来检查这一点，只要我们能够得到有效的样本并假设可以获得诚实的答案。

培训员工了解管理层需要处理的某些重要维度。例如，如果组织的未来绩效取决于对某一战略的一致意见和承诺，那么对之前调查问题的总结可以成为检查当前认知以及启动变革计划以构建战略承诺的工具。

这些案例都适用同一个原则，即我们应该仔细考虑问卷调查是否可能带来负面影响，我们应该让有关方面参与决定调查是否继续。在提供了这个背景之后，现在可以介绍几种基于理论类型并用调查数据"测量"文化的类型学。

聚焦权威和亲密关系假设的类型学

组织是人们为了共同目的而共事的最终呈现形式。因此，个人和组织之间的基本关系可以被认为是构建类型学的最基本的文化维度，它将为分析关于权威和亲密关系的假设提供关键类别。伊兹奥尼（Etzioni，1975）认为每个社会存在三种具有本质差异的组织，并由此演变出本质上不同的组织文化。这是最常用的理论之一。

1. 强制性组织

个人一般是因为身体或经济原因受到控制，因此必须遵守当局施加的规则。主要例子包括监狱、军事院校和单位、精神病院、宗教培训机构、战俘营、邪教组织等。这些组织的文化通常会在参与者之间产生强烈的反向文化，成为反抗专制权威的防御措施。组织内部的预期关系将如图 6-5 所示为层级 −1。

2. 功利主义组织

这些组织是基于人是理性经济参与者的模型，他的工作是为了薪酬而产生的交换，或者如同许多雇员宣扬的："我们做好一天的工作，就希望得到一天应得的报酬。"因此，组织成员遵守组织所有规则，对组织的整体绩效至关重要。典型的例子包括各种商业组织。

预期关系是基于角色的层级1交易性关系。正如大多数此类组织所呈现的一样，员工也制定了反文化规范，以保护自己免受组织的剥削。

3. 规范性组织

个人履行自己的承诺并认可合法权威，因为此时组织的目标基本上与个人目标相同。例如教会、政党、志愿组织、医院和学校。人际关系可能是处于层级2和个人关系，但除了有特定的任务外，人际关系并不亲密。

强制性组织的权威是武断的、绝对的；在功利主义组织（典型的企业）中，权威是一种协商关系，即员工被假定接受高层人员处于高位向其传达命令的方法。在规范体系中，权力更加非正式，并且需要得到个人认可，因为如果员工或成员不满意他们所受的待遇，他们可以退出。

这种类型非常重要，因为这种类型的组织和它们所嵌套的宏观文化在期望成员归属、计算或规范参与的程度上有所不同。在多元文化组织中，当权威期望被服从，而员工期望被珍视和获得参与感时，真正的冲突就会出现。全球主义面临的主要挑战之一是，一些西方功利主义和规范管理本来是"正确"的风格，但是在宏观的更加强调强制性的文化中却无用武之地。

这种类型学也体现了对同伴关系和亲密关系的假设。在强制性体系中，为了防御权威，密切的同伴关系会产生工会和其他形式的自我保护组织从而形成强大的反文化。在功利主义体系中，同伴关系围绕工作小组进行演变，并且通常反映了管理层使用的激励制度。因为这样的系统通常是围绕任务执行而建立的，所以假设亲密关系会妨碍明确任务的执行，那么这种亲密关系的存在就举步维艰。在规范性体系中，关系自然地围绕任务和支持组织的核心理念发展。在这样的组织中，更亲密的关系通常被视为帮助成员建立对组织目标的强烈动机和承诺。出于这个原因，一些企业试图通过让员工参与（"卷入"）组织的使命并鼓励更多的亲密关系，从而成为规范性组织。诸如由"合伙人"组成的律师事务所或服务机构等专业组织就整合了功利主义和规范系统的一些要素（Greiner & Poulfelt，2005；Jones，1983；Shrivastava，1983）。

　　这种类型学的价值在于，它能够使我们将广泛的功利主义商业组织与监狱、精神病院等强制性机构，以及与学校、医院和非营利机构等规范性组织区分开来（Goffman，1961）。然而，困难在于，在任何特定的组织内，所有三个权威系统的变体都可能在运行，这就要求我们依靠其他维度来捕捉特定组织的独特性。

　　针对组织内部的权力差异，研究者提出了许多类型学，主要侧重于如何使用权威以及预期组织内的参与水平如何：（1）独裁；（2）家长式；（3）咨询；（4）参与和权力分享；（5）授权；（6）弃权（这不仅意味着任务委托和责任委托，而且包括授权和控制委托）（Bass，1981，1985；Harbison & Myers，1959；Likert，1967；Vroom & Yetton，1973）。

　　与爱情、亲密关系和同伴关系相比，这些组织类型学更多针对侵犯、权力和控制关系。从这个角度看，它们总是建立在关于人性和活动的基本假设上。拥有 X 理论假设（人们不可信任）的经理人员会不自觉地走向专制管理风格并长久保持。然而，持有 Y 理论假设（即人们有动机并想要完成工作）的经理人员会根据任务要求选择一种管理风格，并改变他的行为。有些任务需要专制权威，如执行军事任务；而其他任务则应完全授权，因为下属拥有所有信息（McGregor，1960；Schein，1975）。

　　管理者提出的关于"正确"参与和权力使用水平的论点通常反映了他们对处理下属问题所包含的不同假设的性质。将参与和卷入视为文化假设问题，就可以清楚地发现领导者是应该更专制还是更具参与性地争论最终是由特定团体在特定背景下的假设所勾勒的。寻求普遍正确的领导风格如果不是完全注定要失败，也注定会犯过于简化的错误，因为国家、行业、职业、特定组织的特定历史以及最重要的一个"所要执行的实际任务"等文化变量确实对于某种领导风格的成功与否会有重要的影响。

企业特质类型与文化

试图捕捉组织文化本质的类型学首先由哈里森（Harrison，1979）和汉迪（Handy，1978）基于其初始关注点提出。哈里森的四种类型包括：

- 权力导向：由魅力或专制创始人主导的组织。
- 成就导向：以任务结果为主的组织。
- 以角色为导向：公共官僚机构。
- 以支持为导向：非营利组织或宗教组织。

查尔斯·汉迪（Charles Handy）使用希腊诸神的意义来寓意各种类型的组织的特征：

- 宙斯：俱乐部文化。
- 雅典娜：任务文化。
- 阿波罗：角色文化。
- 狄奥尼索斯：存在主义文化。

这两种类型都是基于简单的问卷调查来衡量，并用于帮助组织深入了解其文化"本质"（Handy，1978；Harrison & Stokes，1992）。

威尔金斯（Wilkins，1989）提出了企业"特质"的概念，认为它是由"共同愿景"，认为公正处事、人尽其才的"激励信念"，以及"独特的技能"构成的文化的组成部分。他认为，通过强调对待每个部分的方式，有可能建立文化特质，但他并没有围绕这些维度构建类型学。科利特（Corlett）和皮尔逊（Pearson）在人格维度的基础上，根据 12 个荣格心理学原型（统治者、创造者、无辜者、圣人、探险家、革命者、魔术师、英雄、情人、小丑、护理人员以及每个人）的理论，提出了一个更精细的模型（Corlett & Pearson，2003）。他们使用自我报告调查问卷测量组织内部的情况，然后对 12 个原型的结果进行评分，以确定哪些是组织中最显著的部分。通过获得自我洞察力，该组织被认为更有效。

高菲和琼斯（Goffee & Jones，1998）将特质与文化等同对待，并根据"团结性"（倾向于相似）和"社交性"（倾向于彼此友好）两个关键维度创建类型学。这些维度是用 23 项自我描述的问卷来衡量的。它们非常相似，来源于对任务变量、构建变量和维护变量的经典群体动力学区分。高菲和琼斯使用这些维度界定了四种文化类型：

- 碎片化：两个维度都很低。
- 雇佣军：高度团结，低社交能力。
- 社区：社交性高，团结度不高。
- 网络互联：二者都很高。

这里的每种类型都有某些所描述的美德和可靠性，但该类型学错过了安科纳（Ancona，1988）与其他人所界定的关键维度：群体（组织）与其外部环境之间的关系，即边界管理功能——该项应该添加到任务和维护功能中。如果没有边界发生模型，就不可能确定哪种文化在不同的环境条件下是有效的。

卡梅隆和奎因（Cameron & Quinn，1999，2006）在奥奇和约翰逊（Ouchi & Johnson，1978）以及威廉姆森（Williamson，1975）早期成果的基础上，开发了四种类型学。但他们的成果中，维度更具结构性——关注组织的稳定性或灵活性以及组织外部或内部的重点。这些维度被视为"永久对立价值观"，这产生了以下类型：

- 派系：内部焦点和灵活性；协作，友善，亲情。
- 科层：内部焦点和稳定性；结构合理，协调一致。
- 活力：外部焦点和灵活性；创新，活力，创业。

- 市场：外部焦点和稳定性；有竞争力，注重结果。

而高菲和琼斯（Goffee & Jones，1998）的类型学是建立在从群体动力学（任务 vs. 维护）中得出的基本维度上的；卡梅隆和奎因（Cameron & Quinn，1999，2006）的类型学是建立在对组织绩效的大量指标进行分析的基础上的，并发现由此产生了两个与认知研究者发现的"原型"维度密切相关的类型。

在这种类型学中，与前一个类似，我们不知道这些维度在被分析组织中的相对重要性，我们不知道哪种类型相关性更高，我们不知道一个简短的问卷调查是否可以有效地"归类"一种文化。但是，调查问卷关注的是管理行为，因此它可能是确定管理者为其下属设置的文化氛围类型并将其与绩效相关联的有用诊断。卡梅隆和奎因（Cameron & Quinn，1999，2006）的"对立价值观框架"也是基于这样一种理论观点，即任何一个维度的两极都不可避免地相互冲突，而文化解决方案涉及两者之间的协调。这与汉普登－特纳和特龙佩纳斯（Hampden-Turner & Trompenaars，2000）关于向组织展示的文化解决方案中为什么总是在一定程度上融合维度极端的模型是一样的。例如，所有文化都必须既是集体主义的，又是个人主义的；组织解决这种困境的方式赋予了组织独有的特色。

另一种文化模型是参照软件开发过程创建，于1994年由威廉·施奈德（William Schneider）在其著作《再造工程替代方案》中提出的文化矩阵。这是一种"对立价值观"2×2矩阵模型，提出一个大多数公司或亚群体（例如研发部门）可以放置于其中的四个维度："控制"（或命令与控制）、"协作"、"培养"和"能力"。

施奈德（Schneider，1994）模型已经得到了软件开发人员的认可，因为它提供了一种适当的语言来描述敏捷方法（Agile，一种主流的软件开发框架）所需的条件。敏捷方法源于部分历史先例，如丰田生产系统以及沃马克、琼斯和鲁斯（Womack，Jones & Roos，1990）在《改变世界的机器》中所记载的精益方法论。敏捷方法还源于20世纪后期的主流观点，即软件开发通常所用的"瀑布"框架是自上而下、缓慢、不灵活的——这些都会导致质量保证不足和开发节奏的滞后。

尽管敏捷方法和任何特定的文化模型之间没有明确的关联，但有一些敏捷方法顾问和设计人员采用了施奈德模型，因为在一个创新的发展组织，这两个分析轴有利于描述可以促使敏捷方法蓬勃发展的文化基质。迈克尔·萨霍塔（Michael Sahota）详细描述了（www.methodsandtools.com/archive/agileculture.php）批判性文化如何实施敏捷方法，"敏捷方法并不要求敏捷"，这意味着，敏捷需要某种适当的文化。他将施奈德模型进一步发展，从看板法和精益法来看敏捷方法的区别。

萨霍塔建议研发领导者理解这一点：实施敏捷方法不仅仅涉及语言和工具。它是关于形式促成发展努力的基础的规范和假设。采用基于看板法的开发系统组织的命令与控制文化氛围可能不容易迅速采用敏捷工具，因为敏捷方法所依赖的文化基础明显不同。看板法与控制性文化关系最密切。能力性文化可能有利于软件工艺途径，该途径可以确保高质量，但也可能是压迫性的、不灵活的，并且因为坚持卓越工艺会导致进展速度缓慢。合作－培养性文化更有利于敏捷方法蓬勃发展。施奈德（Schneider，1994）的文化模式就是用这种方式来阐明这些文化基质的区别以及它们对不同产品开发途径的重要性。

基于问卷调查的文化概况案例

调查工具的使用使得文化模型更加稳固，各个行业、公司和地区也汇总了多年的有效调查数据。丹尼森（Denison，1990）阐述了一个文化模型，该模型确定了许多与特定组织结果（例如绩效、成长、创新或学习）相关的文化维度。调查问题便集中于所考虑的相关文化维度上，如果这些维度不容易通过调查衡量，那么研究人员或顾问可以补充一些访谈和观察。这种方法并不关心文化类型的创建，其关心的是测量组织的关键文化维度，然后将这些维度与绩效关联起来。例如，丹尼森的调查分四个总标题测量了以下 12 个维度：

- 使命
  - 战略方向和意图
  - 目的和目标
  - 愿景
- 一致性
  - 核心价值
  - 协议
  - 协调和整合
- 参与
  - 赋权
  - 团队导向
  - 能力发展
- 适应性
  - 启动变革
  - 以客户为中心
  - 组织学习

12 个维度中每个维度的得分显示于该组的饼状概图上，并可与基于大量已被评为有效样本的规范结果进行比较。需要注意的是，这些类别非常抽象，因此我们必须回到实际的项目上来发现每个维度的含义。

人类协同国际（Human Synergistics International，HSI）通过其"组织文化清单"提供了类似的方法（Cooke & Szumal，1993）。HSI 的 12 个维度，也被显示为一个"环形"概图，围绕三种基本的组织风格展开：

- 建设型风格
  - 成就

- — 自我实现
- — 人性化鼓励
- — 亲和力
- 积极防御型风格
  - — 对立性
  - — 权力
  - — 竞争性
  - — 完美主义
- 被动防御型风格
  - — 规避性
  - — 依赖性
  - — 传统性
  - — 认可性

HSI 组织文化清单和相关组织效能清单，通过全球性、历史性和规范性数据集，提供了统计学上有效的全面分析，为使用这些调查的公司提供大量的比较数据。他们的研究清楚地表明，建设型风格组织比积极或被动防御型风格组织更好。

然而，考虑到分析的体量（包含数百个"项目"的调查），如果没有第三方专家的协助来管理调查和解释结果，使用这些工具的公司要想分析和重新调查并非易事。这引起了对这种方法的潜在关注：内部人士是否能够破译他们自己的深层文化而不需要复杂的调查方法或专业的统计人员来阐明数据。需要提醒的是，诸如人类协同作用这样的深度分析方法，"需要花费大量时间和精力"。尽管如此，分析上的严谨性，有助于加强对变革工作的严肃承诺，此时，向"建设型"文化方向发展可能是一个关键因素。

就所有这些分析方法而言，确定工具测量的范围和重点是一个关键考虑因素。HSI 评估侧重于"通过共同信念和价值观指导组织成员互动和共同工作"。当然，工作人员如何互动和工作至关重要，但特别关注权威和亲密问题（见森林而不仅仅是见树木）方面——这些问题在许多大型的多项目调查中可能会缺失——可能也很重要，当然这并不是说要全面调查该领域的所有方面。HSI 为客户提供定制化服务，可包含关注偏僻主题的额外项目。这里唯一需要权衡的就是需要花费足够的时间来完成常规和扩展项目调查。

欧赖利、查德曼和卡德威尔（O'Reilly，Chatman，& Caldwel，1991）的"组织文化概况"（OCP）是另一种可选方案。OCP 主要区分了那些与"偏好工作环境"相关的属性。在偏好工作环境中如何表达文化对于预测新雇员匹配性和制定公司整体品牌战略意义重大。OCP 侧重于七个关键维度：创新、稳定性、以人为本、以结果为导向、随和、细节导向和团队导向。为了评估这些维度的适用性，受访者对 54 个价值陈述的相对重要性进行排序。就方法论而言，奥雷利的 OCP 不同于使用"Q 排序因子分析"，因为它对因子之间相互关系的重要性作了排序，因此更有可能确定文化的哪个维度与文化本质或基因最接近。

管理调查项目的顾问或公司专家会判断适合当前项目的应该是采用 5 点李克特量表还是 Q 排序因子分析方法。由于 OCP 包含多达 54 个条目（用于"分类"），它涵盖了可能有助于文化形成或维护的广泛的价值观、愿望、信念等。OCP 在管理方式上也非常灵活，使公司能够对项目进行微调以最好地适应它们所遇到的"文化问题"。

另外一个文化评估方法也值得关注。以第六章中涉及的霍夫斯泰德民族文化模型为基础，霍夫斯泰德中心和国际跨文化管理培训协会（ITIM International）提供了"文化指南"。这项个人调查用时 15 分钟，使用了 42 对基于霍夫斯泰德原始维度（"权力距离""个人主义""男性气质""不确定性规避""长期导向""宽容"）的陈述。这项调查的目的是评估个人的工作适应性，如新文化环境下的工作、国外派驻工作，甚至可能是涉及将个人融入新的民族文化的公司合并工作，等等。这种评估并不试图衡量组织文化本身。虽然它可能看起来与前面描述的其他评估类似，但是文化指南的预期目的在于预测某个个体在特定文化背景下的工作环境规范内未来可能的表现（例如，"我在一家位于上海的中国公司将如何表现？"）。

这其中的关键点在于，"文化问题"需要从一开始就确定——我们进行文化评估的目标是什么？如果不明确问题是什么以及我们可能试图改变什么，参与以上所涉及的任何一个评估项目只是为了诊断文化，没有任何意义。

使用 SaaS 进行文化的自动分析

因为本书于 2016 年后期撰写，越来越多的软件即服务（SaaS）公司逐渐创建，并获得了丰厚的资金，从而可以更好地了解其氛围、文化和员工满意度，更好地开展调查和分析。在数百家提供软件与服务以应用于人力资源变量从而帮助作自动化分析和大数据分析的公司中，我们发现大约有 20 家公司专注于为调查企业文化、氛围和员工满意度提供软件和云解决方案。虽然我们不会试图接触所有这些公司，但它们提供了某些背景和迹象，说明这种趋势可能会影响组织文化分析。

TinyPulse 公司。首先值得注意的公司应该是 TinyPulse（www.tinypulse.com）。通过两轮风险投资和五位投资者的大约 1 000 万美元风险投资，TinyPulse 已经准备就绪，为人力资源和高级管理层提供快速和频繁的"满意度"和"绩效"反馈。该公司开发了一个平台和一个应用程序，用于对员工个人设备和桌面电脑进行短期有针对性的问卷调查。TinyPulse 的核心承诺之一是快捷地使用简短的、基于 APP 的、保密和匿名的调查，响应率接近 100%，数据报告几乎实时呈现。用 TinyPulse 公司的话来说，这种脉动调查方法"省时、高效、透明"。无论我们对数据质量的态度如何，数据的收集、精美仪表板上引人注目的视觉呈现都清楚地吸引了相当一部分市场，用于测度员工满意度。可以以非常简短的问题列表来询问员工，可以基于每日工作汇总来报告日常的进展或情况恶化，这些都是非常吸引人的设计，实现了实时监测团队成员工作状况。对于许多管理者来说，表格中的相对上升或下降趋势可能意义非凡，无论这些快照是否有效地分析了潜在的文化驱动因素。

Glint公司。Glint（www.glintinc.com）是另外一家SaaS供应商，其员工满意度体系也建立在频繁的"脉动"调查之上。截至2016年年中，Glint已经从顶级硅谷投资者手中筹集了近1 600万美元。尽管其产品重点看起来是基于频繁测量的对员工满意度的很好呈现，但值得注意的是，Glint将其产品组合描述为"数字时代的组织开发平台"。Glint承诺实现"洞见行动可视化"，其含义是，对简单满意度问题的频繁衡量，会为高级领导者在以下各个方面的变革提供支持：激励体系，反馈和沟通，工作风格和空间，以及其他人工饰物和所信奉的有助于氛围和文化的价值观。类似这样的新的"OD平台"，试图坚持通过对氛围改善的诸多反思来了解最深层次的文化。当前，谈论其是否能够以此方式对最深层次文化获得足够的洞察还为时尚早。

CultureIQ公司。进一步深入理解SaaS文化分析后，我们发现了CultureIQ公司（www.cultureiq.com），该公司的系统有望使公司通过文化管理推动员工投入工作和成功。该系统将文化精简到"高绩效文化的10项可测量品质——协作、创新、灵活、沟通、支持、健康、工作环境、责任、关注绩效以及使命和价值取向"。CultureIQ公司系统围绕这10个维度，提供了一个简单的调查工具。此外，它还提供数据分析和仪表板以获取洞察力——"文化IQ"得分，分值介于0～100，我们可以假设获得80～90分的企业最"成功"；提供各种图形化结果；为利益相关者提供定制化文档。

CultureIQ公司还提供咨询服务，帮助客户解读数据并"强化它们的文化"。从这个意义上说，CultureIQ公司提供了一个优秀文化的直接模型，帮助企业在"良好"文化的这些确定性维度上变得更加强大。CultureIQ公司系统还强调应用大数据分析揭示未知的氛围和文化。测量和"变革"文化的大数据方法显然呼吁市场给出及时和切实的答案。

就目前而言，我们不会质疑使用文化的成功维度来考虑问题是不是适当的方式。CultureIQ 公司承诺简单而有效的结果，而这可能恰恰是当一些领导者有一天幡然醒悟发觉公司文化存在问题时所要寻找的。

RoundPegg 公司。RoundPegg 提供了另一个"文化和满意度平台"（http://roundpegg.com）。这家公司已经从五位投资者手中筹集了 500 万美元。RoundPegg 平台"将其变得非常便捷，即让领导者通过测量和管理公司最大业务驱动因素——企业文化——来解决业务问题和实现战略目标"。一项耗时 7 分钟的文化调查要求受访者在工作生活中"最重要"和"最不重要"的方面——例如"创造秩序"或"关注细节"——作出选择。RoundPegg 将这个 7 分钟调查称为"文化基因评估"，以了解员工的共享价值观是否与公司使命相一致，以雇佣最匹配企业文化的员工，"使得管理者更好地洞察其团队中每个成员最看重的东西"，以及衡量员工满意度。

RoundPegg 宣称，公司可使用它们的文化数据来弄清如何激励员工。RoundPegg 平台的这个有趣描述意味着简单的 7 分钟调查既不是匿名的也不是保密的；否则它不会说明如何根据每个团队成员最看重的内容来改变个人激励。就目前而言，对于 RoundPegg 的问题是，我们是否可以接受以这种方式来表征公司文化基因的概念，因为这个概念是基于一次耗时 7 分钟的员工调查，其中有些员工甚至可能都没有在公司工作 7 天以上。

CultureAmp 公司。CultureAmp 公司（www.cultureamp.com）将其业务描述为"针对公司的人员分析"。CultureAmp 成立于澳大利亚墨尔本，在美国西海岸拥有强大的影响力，有令人尊敬的客户名单（主要是网络服务和电子商务公司）。暂时还不清楚 CultureAmp 的产品与服务与该领域许多其他公司的产品有什么不同。CultureAmp 似乎是该领域的先驱之一，但这并不意味着它的调查方法与众不同或具有优越性。与其他公司一样，它将员工满意度与组织文化紧密相连。文化诊断过程从员工参与度调查开始，并提供"脉动"调查作为可选项（经常重复）。它可能会继续添加调查的变体，以补充它的"生命周期"诊断工具和"绩效"诊断工具。

该公司由工业心理学家或组织文化专家以及至少与其数量相当的软件工程师组成。在这类基于员工满意度调查的快速文化诊断竞争者中，这似乎是个普遍现象。CultureAmp 将其员工描述为"人才极客"。CultureAmp "人才极客"以及这一领域其他人的问题在于他们的使命究竟是了解客户公司、了解它们的人员和它们的文化，还是基于员工数据的快速调查与分析软件。人类的"数据化"正在发生。一切都变得仪表化。但是依然存在的问题是，我们不知道最近收集和访问的人类大数据就是可行的和具有变革意义的，还是说这些高分辨率的快照有可能只见树木不见森林。

有人怀疑，这些基于 SaaS 的文化和员工满意度调查供应商是否会生存下来、繁荣起来并重新定义文化定量诊断领域。鉴于其中很多公司都是风险投资支持的，我们或许可以预计这些 SaaS 专家中有很多最终可能被纳入更大的"人事运营"平台的全面服务提供商（例如 Workday，Salesforce，Oracle 等）。或者，这些员工满意度调查 SaaS 平台可以补充现有的咨询调查提供商，如 HSI 和 Denison（或许是 Gallup，NBRI 或 SurveyMonkey）。

无论如何，这些 SaaS 初创公司会创造新的方法，挑战我们对问卷调查的假设，并可能引发对市场的全面颠覆，从而带来真正的变化。SaaS 客户直接与平台合作；该方法不需要专家参与其中——管理调查，解释结果。全球专家顾问渠道肯定会提高进入门槛，以保护既有的文化调查参与人员，但 SaaS 服务供应商可能看准的是，许多客户更喜欢更加便捷和直接的方式，而不是依赖专家中介机构、长期参与承诺与额外费用。

因此，我们可能会看到文化诊断的动态变化。然而，这并不会改变文化的现实以及文化的演变。SaaS 供应商文化可以像 SaaS 调查一样轻松地转变或变革这一点是它们所喜欢吹嘘的，也正是必须要挑战的。

这一对变革速度的争论可以被准确地应用于直接源于员工满意度与绩效的氛围要素，而不是文化要素。文化更深刻，不会因快速调查的速度而改变。文化变革计划是激烈的，是牵一发而动全身的，是社会化的和迭代的。即使快速诊断结论相当准确，也只是文化变革过程的一小部分。

尽管如此，所有关于快速"脉动"调查方法的言论确实使主流领导者接受了该观点，即文化对于其业务健康具有核心作用。现代领导者是否期望这些快速的方法能够描绘出他们公司文化的完整画面？员工满意度是表征性的；文化是因果性的。快速的方法能够解决根本问题吗？之前的章节已经建立了文化源于历史的论点，即需要时间来充分揭示和破译文化基因。尽管快速调查方法可能会迅速挖掘组织所支持的价值观，但它们是否会捕获人工饰物和默认假设中的微妙之处？通过对 SaaS 调查方法的反思，我们可以看到工业组织心理学方法论与社会学和民族志方法论的差异，前者偏重于对个人样本问卷调查的定量分析，后者将目光集中于观察、个人及集体访谈、长期的数据收集、群体互动和群体阐释。

可以考虑将其类比为航海：快速调查方法可以提供几英里外地形的轮廓。深度测量人员（例如 HSI，Denison 等）可以提供大量可观测地形（海岸线、海滩、悬崖等）的轮廓和细节。然而，回顾萨林斯和库克船长的例子，深入了解文化的微妙层面需要从类比的观察中走出来，去身临其境地与主题组成员展开对话——关于过去、现在和将来，需要弄清楚他们认为什么是正确的，什么是错误的，以及他们认为到底发生了什么。

概要与总结

文化类型学的价值在于，它们简化了思维并提供了有用的类别，可以用于拣择当我们面对组织现实时必须处理的复杂性。文化类型的薄弱之处在于，它们过于简化了这些复杂性，并且可能为我们提供了有关我们想要了解的内容的不正确归类。它们可能会过早地引导我们将注意力集中在几个维度上，限制了我们在多个维度中找到复杂和派生模式的能力，而且它们可能无法反映某个组织给别人以最强烈冲击的地方。

类型学给文化研究带来偏见，将其引导至马丁（Martin，2002）所称的"整合视角"——这种方法强调高度一致的维度。马丁提醒我们，许多组织都是"有差异的"，甚至是"分散的"，以至于它们在任何文化维度上几乎没有一致性。"整合的文化"可能是整个组织共享一套文化假设；"有差异的文化"允许存在强大亚文化，该亚文化可能直接与组织文化的某些关键维度相悖；"分散的文化"有很多亚文化，没有一个统一的总体假设，有的金融集团就是这样。显然，将一个特定的组织归为某一个类别（例如"派系"或"网络互联"）的努力不仅假定要整合两个维度，而且假定这些维度可以被有效测量来确定其一致程度。

一些类型学试图将所有组织缩减为几种类型，而另一些类型学则更多地依赖于通过多种员工调查问卷来衡量组织的多个维度。我们回顾了利用这些调查"量度"文化的利弊。关键问题在于个人在调查中的反应是否可以成功挖掘至员工在更深层次共享的默认文化假设，而这些假设可能仅在实际的群体互动中才会体现出来。我们还应该关心，什么样的调查可能是有效的，但它可能并不能反映文化本质或文化基因。

对于变革领导者的主要结论是关注变革问题，真正考虑测量方法是否有助于问题的解答，或者是否必须在开展任何文化评估之前进行定性研究，以及文化本身是否能够更好地被定性地理解。

对读者的建议

（1）想象几个你曾经作为客户、员工或经理所熟悉的组织。以本章讨论的两种或三种类型为例，看看你是否可以将你想象的每个组织都清楚地放入其中。

（2）如果你将某些组织纳入这些类型时遇到了问题，请尝试找出哪些维度是无效的，并使用它们为你自己创建新的类型。

（3）你是否相信量化文化维度是有用的？在什么条件下相信？

第十五章

文化评估的对话式定性分析方法

对话式文化评估定性分析过程基于三个关键前提：（1）评估的目的是帮助变革型领导作出评估，这将有助于推动变革进程；（2）至关重要的是，变革型领导必须参与这个评估过程，以揭示影响变革问题的文化因素；（3）外部顾问是否了解公司文化并不重要，但外部顾问必须非常清楚评估过程所带来的变化。

定义变革目标并不能告诉变革型领导该目标是否会实现。我们所拥有的、建立的和既存的文化元素，是否有助于或阻碍"变革目标"去定义"新工作方式"？目标明确后，必须回答这个根本问题，评估过程才能继续。

变革过程不是从零基础的文化开始的；该组织已经建立了一种文化，其基本假设及其蕴含的基因是成功的源泉。该组织甚至可能还建立了另一类文化元素，而这些元素会被认为是在变革过程中所要解决问题的源头。

因为亚文化的分化不可避免，该组织必须诊断和了解变化过程，从而有效解决由不同部门所产生的冲突和紧张局势。但是，这个过程中，矛盾的是，来自外部咨询专家的"专家诊断"并不重要，而变革型领导者才是获得这个知识的重要来源。在诊断的定量模型中，如果假设外部专家能够测量文化维度，并将结果解释给内部工作者和变革型领导者，那么，在对话式定性研究模型中，外部专家的作用是帮助内部人员，特别是变革型领导者，找出现有文化中的哪些元素有助于或阻碍变革过程。

在测量模型中，外部的干预力量能够确保这些数字是"科学"有效的和准确的；在定性模型中，外部的干预能量能够帮助客户深入了解其身处的文化是如何影响变化过程的。

在测量模型中，"科学"的伦理原则是"在抽样和使用恰当统计方法时，数据应尽可能准确"。在定性模型中，"干预"的伦理原则主要是"评估过程本身是否可能对被评估者的系统产生负面影响"。

在测量模型中，外部专家通过测量系统来充当文化诊断专家的角色。在定性模型中，外部专家是一个"谦逊的过程顾问"，他们知道很多文化动力学的知识，但是其专长是发挥间接的促进作用，使客户对自己的文化进行诊断（Schein，2016）。

这种对话形式的定性过程没有固定模式，因为它取决于问题的性质、宏观文化背景，以及客户和外部专家之间的关系。因此，要解释这种方法最好是通过几个说明性案例进行阐释。

案例一：MA-COM——根据文化洞见而修改议程

为一个目的而进行文化评估可以揭示其他未被预料到的文化因素，能解释组织及其领导人所观察到的许多行为。在这种情况下，一旦确定了文化中深层次和未预料到的因素，修改议程能就得到更好的解决方案。

高科技公司 MA-COM 有十个以上的部门，它新任命的首席执行官请我帮他找出如何组织公司，从而建设一个"共同文化"。他认为，目前的分散治理是失衡的，公司应努力实现其价值观和共同的假设。

首席执行官、人力资源部主任和我组成了计划小组，共同决定如何处理这个问题。我们得出的结论是，所有的部长、负责人以及被认为有关的人员都被邀请参加一个全天会议，确定未来共同的企业文化要素。30 人出席了会议。

我们开始把首席执行官称为"变革型领导者"，阐述他的目标，以及他为什么要求团队走到一起。他介绍我是会议的"主持人"，同时也清楚地表明我们正在制定企业的议程。然后，我作了一个 30 分钟的讲座，介绍如何基于三层次模型思考文化，通过问一些非专业人员来分享进入公司的感觉，并进行自我评估。当人们提出各种规范时，我把它们写在挂图上，挂在房间内。它们形成了明显的亚文化分区，但同样清楚的是，这个群体也有许多共同的文化要素。

我除了记录，还要帮人们把抽象概念进行澄清和阐述。当我们工作到第二和第三个小时，一些核心的价值冲突开始出现。各部门确实赞成传统的假设，即高度分权和部门自治是管理整个业务的正确方式；同时，它们渴望强有力的集中领导和核心价值观，可以将公司团结起来。

此时，我的角色就转移到了如何解决这个冲突，并试图了解其根源及其后果。我们午餐时间休息，并随机分配小组用餐（每小组 7～8 名成员），在午餐后的两小时内继续分析这些价值和假设。然后我们在三点左右见面，进行最后两小时的分析和总结会议。

在开始最后一次会议时，我请每个小组简要介绍一下它认为有助于实现共同企业文化的假设。在这些陈述中，部门与公司的冲突不断出现。所以当报告完成时，我鼓励小组进一步探讨这个问题。这场冲突到底是怎么回事？为什么他们不能解决呢？我注意到有人提到了"强有力的创始人"，所以我请小组进一步讨论这些分歧是如何产生的。这次讨论产生了重大的文化洞见。

事实证明，几乎每一个部门都是在公司创始人在位时创立的；尽管他们放弃了所有权，但总公司的自治权政策鼓励这些创始人作为首席执行官继续留任。房间里的大多数经理都是在这些强力领导人的领导下成长起来的，他们非常尊重那段历史。每个部门在创始人的强有力领导下创造了自己的文化。

然而，现在所有的创始人都退休了、离开了或者去世了。这些部门由总经理领导，他们没有创始人那样的魅力。该集团现在渴望的是创始人在位时那种各部门之间的团结和安全感。他们现在意识到，事实上，他们并不需要强有力的统一的企业文化和领导才能，因为不同的子部门能够通过自治来有效地运作。这种对强有力文化的诉求是错误的。他们真正想要的是一直以来乐于享有的自治权，但在部门层面保持更强有力的领导。

这些源于企业形成历史的文化洞见，形成了截然不同的关于未来的建议。该集团在企业领导层的推动下，同意仅在公共关系、人力资源、研究和发展等领域需要一些共同的公司政策，而不需要共同的价值观或假设，尽管如果随着时间的推移而自然出现共同的价值观和假设的话，这将再好不过。然而，他们希望在部门层面有更强有力的领导，以及一个能最大限度地获得这种领导机会的发展计划。最后，他们强烈重申部门自治的价值：使他们能够在各自的部门中尽可能做到最好。

经验教训

这个案例说明了解决文化冲突和管理文化假设的以下要点：

● 在开始时，建立问题审查的规划小组，自愿去审查自己的问题。接着，小组与专家共同设计一套为期一天的质性干预措施来评估现有文化。为期一天的干预只是一个开始，之后采取何种措施视情况而定。我认为这是一种"质性干预"。

● 在外部专家的帮助下，不论是否推动更为集中的共同价值观和假设，高级管理小组将能够解读与特定业务问题有关的关键假设。

● 本组织成员对文化和价值观的定性分析揭示了几个基因级别文

化基本假设，这些基本假设与业务问题密切相关，由参与者判断。在自我分析中也清楚地揭示了某些不相关的文化元素。因为每一种文化都包含所有事物的假设，因此这种评估技术非常重要。它允许个人设定优先事项，并发现相关的文化要素。

● 解决商业问题不需要任何文化变革。事实上，该集团重申了其最核心的文化假设之一。在这方面，小组确实为今后的行动确定了一些新的优先事项：制定某些业务领域的共同政策和做法，并发展更强有力的部门领导人。通常，需要的是在给定文化背景下改变商业实践，而不是变革文化。

案例二：美国陆军工程兵团重新审视自己的使命

这个案例说明了不同类型组织中的文化解读过程。作为长期战略规划的一部分，我于1986年被要求对美国陆军工程兵团的文化进行分析，因为他们担心他们的使命正在改变，他们不确定未来的动力来源是什么。出席活动的有25名高级管理人员，包括军事人员和文职人员，他们的具体目的是：（1）在迅速变化的环境中保持适应能力；（2）保护那些象征着力量和自豪感的文化要素；（3）切实管理本组织的发展。管理人员知道，在过去的几十年里，兵团的基本使命已经发生了变化，该组织的生存取决于对其文化中优势和劣势的准确自我评估。

我们开展了一个十步评估程序，从而快速发现组织文化的关键元素。

步骤1：获得最高领导层的承诺

解读文化假设并评估其与组织变革计划的相关性，是主要的干预方法，因此这种方式要在领导人的充分理解和同意下进行。这意味着，要探究一个组织中的领导者为什么要做这个评估，并充分描述这个过程及其潜在的后果，以获得他们对所有小组会议结果的全部承诺。此案例项目，是领导人在政府高层的支持下来找我开展的。

步骤2：选择小组进行自我评估

下一步是外部专家与正式领导人合作，决定如何最好地选择一些成员，组成代表组织文化的团体。选择的标准通常取决于需解决问题的具体性质。小组可以是同质性的（来自同一部门或军衔级别），也可以是异质性的（来自组织各个层面）。这个小组可以小到3个成员一组，大到30个成员一组。在这种情况下，领导人和我选择了在这个问题上最有经验的小组。

步骤3：选择一个适当的小组自我评价设置

小组会议需要激发人们通常所隐含的观念、思想和感情。因此，举行会议的房间必须舒适，人们坐成一个圆圈，悬挂许多张活页纸，上面写有文化元素。此外，还应该设有房间让各个小组会面，特别是当小组成员多于15人时。

步骤4：解释小组会议的目的（15分钟）

应该让组织中的领导或权威角色来介绍会议目的，并鼓励开放的讨论。组织变革问题应该清楚地被陈述和记录下来，允许提问和讨论。这一步的目的是明确为什么要召开这次会议，并让小组成员都能够参与这个过程。

内部成员接下来向大家介绍顾问的作用，即作为"促进者，将帮助我们进行文化评估，看组织文化是如何帮助或限制我们解决问题，或者帮助我们解决已识别出的问题"。流程顾问可以是一个外部专家，一个致力于提供内部咨询服务部门的组织内成员，也可以是另一个部门的领导，前提是其熟悉文化作用机制和组织情况。

步骤5：了解如何思考文化（15分钟）

小组必须明白，虽然文化也表现在实物和价值层面上，但评估目的是试图解释深层意识层面的共同基本假设。因此，流程顾问应该展示第三章所介绍的文化的三层次模型——人工饰物、信奉的价值观和共同认同的文化假设——并确保每个人都明白，文化是基于一个群体的共同历史而习得的一套假设。对于团队来说，让他们了解，评估对象是组织历史发展的产物，文化的稳定性取决于组织过去的成功经历。

步骤 6：引出对人工饰物的描述（60 分钟）

顾问告诉团队，他们要从描述组织的人工饰物开始介绍组织文化。这里推荐一种开始方法：找出最近加入组织的人，并询问其加入这个组织的感觉，以及他在进入该组织时注意到什么。提到的所有东西都写在一张翻转图上。当写满时，将其撕下来挂在墙上，一切都一目了然。

如果小组成员提供的信息是积极的，主持人可以保持相对平静，如果小组需要激活，主持人应该对着装规范、工作场所的物理布局、时间安排、如何决策、如何处理冲突和分歧、如何平衡工作和家庭生活等提出建议。

步骤 7：确定信奉的价值观（15 ~ 30 分钟）

引出人工饰物的问题是："这里发生了什么？"相比之下，引出所信奉价值观的问题是："你为什么要做你正在做的事情？"通常，在讨论人工饰物时已经提到了价值，所以这些价值应该写在不同的页面上。为了引出更多的价值观，我选择了一个团队明显感兴趣的实物，并要求人们明确说明他们为什么这么做。

陈述价值观或信念时，检查大家是否达成共识。如果有一致的意见，我会在新的图表上写下价值观或信念；如果没有达成一致意见，我会问为什么无法达成一致，在这种情况下，清单上的这个条目会画上一个问号，提醒我们重新审视它。我鼓励团队查看他们发现的所有人工饰物，并尽可能找出其中隐含的价值。如果我看到一些他们没有命名的明显的价值，我会本着联合调查的精神来提出建议，而不是作为顾问专家对他们的数据进行内容分析。在我们列出了一系列的价值观之后，我们就可以着手潜在的假设了。

步骤 8：确定共享的基本假设（15 ～ 30 分钟）

获得基本假设的关键是检查所确定的信奉价值观是否真的解释了所有人工饰物，或者描述的东西是否已经被清楚地解释过，或者与某些价值观实际上是冲突的。要做到这一点，一个简单的方法是询问他们的结构和流程是否与所列出的信奉价值观一致。

主持人应该测试是否达成共识，然后把结果写在一个单独的列表中。这个列表非常重要，因为它是已识别文化本质的清晰表达。这一阶段的练习结束时，小组和流程顾问认为，他们已经确定了大部分关键的假设领域、正在试图解决的问题，并且参与人员现在已经清楚了假设是什么。

步骤 9：识别文化改进和障碍（30 ～ 60 分钟）

在这一点上，回顾组织变革的目标非常重要。我们要做什么？为什么要去做？现在的文化如何帮助或阻碍我们到达那里？

步骤 10：下一步的决定（30 分钟）

这一步的目的是达成某种共识，即重要的共同假设是什么，以及它们对组织下一目标的影响。这导致发展出了以下主题，无论是关键价值还是假设，都取决于团队本身是如何理解的：

- 我们的使命是解决河流控制、水坝、桥梁等这些务实却不美观的问题，但我们对任何给定项目的环境的反应会导致很多审美问题。
- 我们总是对危机作出反应并有组织地这样行动。
- 我们保守，保卫我们的领地，但珍视某些冒险。
- 我们是分布式的、分散的，需要在外地作出决定，会借助区域工程师来严格控制该领域。
- 我们是数字驱动的，致力于成本效益分析，部分原因是质量难以度量。

- 我们最小化风险，因为我们不能失败；因此，很多事情会过度设计，我们只使用安全、成熟的技术。
- 我们应在关键时刻坚持职业操守。
- 尽量减少公众批评。
- 我们对外部性作出反应，但试图保持我们的独立性和专业操守。
- 非美国本土的项目经常是外交政策工具。

本组织确定的主要问题是，控制洪水的传统基本任务大都已经完成，但是随着国会不断变化的模式，很难分辨哪些项目是不是会继续执行。财政压力使得越来越多的项目要与地方当局分担成本，所需合作程度兵团并不确信能做到。文化探讨对当前问题提供了有益观点，但对未来的特定战略追求没能提供线索。

经验教训

和其他案例一样，这个案例说明我们可以让一个小组去解释与组织变革目标有关的文化元素，并且这可能是一个来澄清战略可行性的有益实践活动。同样明显的是，文化评估不一定会导致文化变革，尽管这可能是最初的目标。

逐步识别人工饰物和信奉的价值观，然后进行比较，寻找作为默认假设轨迹的不一致之处，这一识别潜在假设的过程非常有效。如有必要，这一工作半天之内即可完成。

这个过程发挥作用的前提是，要让客户和促进者在目标、变革问题以及客户拥有过程和结果的意愿上达成明确的初始协议。如果没有明确的变革型目标，过程就会无明确指向，令团队感到厌烦和毫无意义。

案例三：苹果公司作为长期规划过程的文化评估

苹果公司于 1991 年决定进行文化分析。此项目作为人力资源长期规划活动的一部分，确定公司在五年内会有多大规模、需要什么样的人、在不同规模的情况下应该定位在哪里。

由几位直线经理和几位人力资源部门成员组成了一个十人工作组，他们的任务是弄清楚苹果的文化会如何影响公司业绩增长，以及它未来会吸引哪些人。人力资源部副总裁了解我在文化方面的工作情况，邀请我担任该工作组的顾问。他担任主席。

最初的计划是整理各种计划任务，并将这些任务委托给其他委员会进行更详细的工作，因为向公司董事会的汇报还有六个月的时间。其中一个小组负责分析苹果文化对未来增长的影响。我的任务是帮助组织学习、教小组如何更好地学习文化，并与文化子委员会进行线下商议。

小组的第一次会议安排了一整天，涉及几个不同类型活动的规划，文化研究只是其中一个。当决定如何研究苹果文化时，我有20分钟时间来描述文化人工饰物、价值观和基本假设的三层次模型。我还笼统地描述了我如何使用这个模型来帮助其他组织去解读它们的文化。苹果公司对此很感兴趣，决定立即尝试这个过程。我们直接启动了人工饰物和信奉价值观的揭示工作，进行比较并提出一组由组织所产生数据支持的临时性默认假设。这些都是以草稿的形式在翻转图表上写下来的，我被要求把它们组织成更有序的"管理假设"。

（1）我们不仅仅是为了生意而工作，而是为了改变社会和世界这一更高的目的——创造一些持久的东西，解决重要的问题，并获得乐趣。

苹果的主要产品之一是为了帮助孩子们学习。另一个主要产品是为了使计算更容易，更有趣。苹果从事许多旨在娱乐的活动，例如，下班后的聚会、工作中的玩乐、高管培训活动中的魔术表演。这个团队认为只有好玩和独特的东西才能得到丰厚的回报。

据称，苹果公司的许多人反对追求更大的商业市场，将产品出售给滥用产品的集团（如美国国防部）。

（2）结果比使用过程或形成的关系更重要。

公司还列出了类似的几个版本：

- 如果你被苹果公司解雇，你是孤独和被遗弃的。
- 资历、忠诚和过去的经验并不一定匹配于目前的任务成就。
- 当你旅行时，没有人会帮助你。
- 眼不见，心不觉。
- 最近的成绩才是你的水平；工作中形成的关系不会持久。
- 员工太专注于自己的使命，他们没有时间留给你或去维系关系。
- 联系只围绕任务发生，是暂时的。
- 苹果是一个俱乐部或一个社区，而不是一个家。

（3）个人有权利和义务成为一个完整的人。

这表明了如下假设：

- 个人是强大的，可以自给自足，可以掌握自己的命运。
- 一群受共同梦想激励的人可以作出伟大的事情。
- 人们有一种内在的欲望，想成为最好的人，并为此而努力。
- 苹果既不指望员工个人的公司忠诚度，也不指望保证员工个人的就业。
- 个人有权充分地从事自己的工作，表达自己的个性和独特性，与众不同。
- 没有着装规范，也没有限制个人空间装饰的固定方式。
- 儿童或宠物可以带至工作场所。
- 个人有权玩乐，玩耍，异想天开。
- 个人有权成为唯物主义者，可以赚很多钱，而且可以开好车，不管他们的正式身份如何。

（4）关注当下。

- 苹果没有历史感或对未来的关注。
- 抓住时机；早起的鸟儿有虫吃。
- 苹果不是终身雇主。
- 讨论周期较长但未完成的计划和任务。
- 人们不建立长期的、跨职能的关系。

- 游牧的工作状态在苹果是正常的，员工没有办公室，只有"营地"和"帐篷"。
- 物理环境不断被重新安排。
- 解决问题比计划去完善更容易；灵活性是我们最大的技能。
- 如果员工离开某个项目或公司，就会被很快忘记。
- 我们是干中学。

这些管理假设和支持数据被传递给处理苹果文化的子委员会，在那里，他们通过进一步的访谈进行了测试和提炼。有趣的是，工作几个月之后，该管理假设的名单没有发生实质性的变化，这表明一个群体能够很快地掌握其文化的精华。

经验教训

该案例说明了以下要点：

- 如果一个积极向上的组织存在阐释文化的程序，成员们可以很快地提出一些文化的基本假设。在这件事发生后的几年里，我重新审视了苹果公司，并证明这些仍然是其文化的精髓，尽管表述有些许不同，并且我仍对需要改进的领域提出了一些额外的意见。我没有关于苹果文化的最新数据，但它的产品种类和商店运行方式表明，1991年所作的早期描述在很大程度上仍然有效。

- 在当今消费电子和移动计算世界中，苹果占据着更为突出的地位，我们很容易想到这里所述的公司文化基本假设仍然能够反映当今的苹果公司。这些文化基本假设很有可能是有效的，也有可能是因为完成这项文化评估工作的人员有四位被提拔为首席执行官，苹果公司已经显著地发展了它的文化。我们总是认为文化是易变的、有机的、进化的，尤其是在第十一章所描述的增长和存续时间变化的背景下。

- 说明这些管理假设使公司经理能够评估他们的战略可能会在哪些方面遇到文化限制。特别是，他们意识到，如果他们要迅速成长，进入市场，他们将不得不与他们的组织成员合作，他们的成长假设是"商业不仅仅是赚钱"。他们还意识到，他们在目前必须发展更长远的规划和实施技能。

- 苹果重申了对任务首要性和个人责任的假设，开始明确阐明公司与员工之间没有相互义务的理念。当裁员成为必要的时候，公司直接宣布裁员而不会道歉，并进行裁员。苹果是最早明确表示工作保障将逐步让位给就业能力安全的公司之一，并以此表明，员工个人在苹果公司工作数年积累起来的工作能力足以使其在被解雇时吸引到其他雇主。在任何一个方向都不应该有忠诚，因为如果有更好的机会，员工也应该自由地离开。那么，承诺和忠诚在哪里呢？在项目中。项目看起来是最关键的组织单元，所有的一切都围绕着它。

案例四：萨博公司——在研究单位中建立协作关系

萨博公司（SAAB COMBITECH）研究部门的负责人，博·利斯伯格（Per Risberg）指出，他负责的六个研究单位，要分别向有许多共同技术问题和过程的公司不同产品部门报告，但研究单位内部多年发展起来的强大亚文化使它们没有意识到何种程度的协作可以帮助到它们所有单位。他聘请我帮助他组织了一个三天的研讨会，使这些单位能够发现它们可以通过合作帮助彼此。在研讨会之前，他给每人寄了一本我的文化书，并请每个人给我写一封信，让他们把自己单位的亚文化与DEC 和汽巴嘉基进行比较，这是书中提出的两个详细案例。

在研讨会的第一天，我介绍了文化模型，给他们提供了一些例子，并简要回顾了他们寄给我的公司自我分析。然后我们请每一组派两名成员作为"民族志研究者"到别的小组去学习对方的文化，让他们花几个小时参观、观察和询问该团体的人工饰物、所信奉价值观和默认假设。第二天，由他们把这些观察结果向全体人员作报告，使每个小组都能了解由两位"人类学家"所观察到的本团队文化信息。通过这一过程，我们对各团队所共同具有的假设和相互间存在差异的假设，就都非常清楚了。然后我鼓励小组互相提问，进一步探讨彼此的文化。

第三天致力于系统地探索研究单位相互依赖的方式，以及如何通过分享更多的技术和专门知识来互相帮助。有人会争辩说，这一过程改变了公司文化，向合作比独立更高效的假设发展，同时通过创造能够使每个单位都能更好完成工作的联系，使它们的亚文化进一步演进。

经验教训

从这一案例经验中我认识到，比起试图就整个系统做一个变革设计方案并强行付诸实践，与内部人员一起工作能形成更好的变革方案。利斯伯格了解他的员工，知道如果他能有一种方式可以使他们暴露和展现给彼此，他们就会发现这一经历十分宝贵，并能改变自己的行为。我或许在理论上已经想到这是受欢迎的，但我无法想出我们所共同创造的优美设计。

对话形式的质性研究更为激烈，但从效果来看，总体上要快得多。在这紧张激烈的三天中，我们能够完成可能需耗时数月的亚团队测量与分析。是变革目标对象完成了变革，因为他们变成了自愿客户——他们感到，是"被迫"充当民族志研究者这一活动帮到了他们。

案例五：使用文化评估的先验标准

一家德国出版公司提供了一种不同的方法，该公司在 2003 年按以下标准从 63 家提名公司中选出六家公司，为其提供了一个奖项。

> 发展和维持企业文化的卓越模式。……一个由学术界和商界专家组成的国际工作委员会在激烈的讨论中发展了企业文化的十个关键维度。……然后，来自 Bertelsman Stiftung 和 Booz Allen Hamilton 咨询

公司的研究团队从十个维度评估这些公司（Sackman，2006，p. 43）。

这十个维度包括：共同的目标取向；企业的社会责任；普遍持有的信念、态度和价值观；独立透明的公司治理；参与型领导；创业行为；领导的可持续性；适应和整合能力；顾客导向；股东价值取向。

随后，研究小组对过去十年中每家公司的经济表现和公开信息进行了调查，以获得十家入围者的名单，然后根据十项标准进行评估。这些评价是通过公司访问和从董事会主席到职工委员会成员的各级约谈得到的。对这十个因素都制定了详细的检查表，使评估小组能够相对客观地对每个公司进行评分。

具体结果经由初始的国际工作委员会审查，选出六家公司作为通过运用和演进公司文化获得优异表现的杰出代表：宝马集团（the BMW Group）、汉莎航空公司（Deutsche Lufthansa）、格兰富（Grundfos）、汉高（Henkel）、喜利得（Hilti）、诺和诺德（Novo Nordisk）。萨克曼（Sackman，2006）总结道，"使它们目前（2006 年）彼此区分开来的公司文化，一方面导致了它们的成功，另一方面使它们在面对未来挑战时处于有利地位"。

这项研究的价值就在于对这六家公司的详细描述，它使读者能够越过十个维度的抽象内容，了解每一个公司的实际运作情况。这十个标准既涉及外部环境中的生存问题，也涉及内部一体化问题。一个类似的例子是对香港汇丰银行所执行的一个企业文化变革计划的详细分析（O'Donovan，2006）。

DEC，汽巴嘉基，新加坡——它们又是如何？它们的文化演化并改变了吗？

本书的三个主要案例有着不同的文化历史。DEC 执着于对创新及自由与家长制混合体的承诺，拒绝在经济发展中求得生存的必要性变化。从某种意义上说，DEC 缺乏文化基因中的"货币基因"。但是这种文化仍然存在，因为大多数 DEC 的员工仍然认为 DEC 的运作方式是他们提倡的经营任何公司的方式。

汽巴嘉基公司的案例呈现了一个渐进的过程。不断变化的技术和经济压力是其变革动力，它首先导致业务重组，其中涉及降低主要化学产品所占业务的比例，转向药物的重新定向，后者又导致公司与山德士（Sandoz）合并成为诺华（Novartis）。它对长远战略的核心假设让公司聚焦于在一个相对窄小产品族的生产（这点是 DEC 无法做到的），但它善待员工的价值理念在公司裁员环节上也得到了贯彻。

新加坡经济发展局一直做得很好，现在新加坡已成为一个成功的现代城邦。经济发展局围绕激发企业家精神做了大量努力，我和其他人认为企业家精神是新加坡经济发展链中的薄弱环节。

概要与结论

由本章描述和说明的评估过程得出了若干结论：

文化可以通过各种个人和团体访谈过程来评估，面对面沟通更有效，因为文化是一组共同的信念、价值观和假设，它们在群体环境中展现得更好。这种基于小组的有益评估可以由内部人员在推动者的帮助下有效地实施，最短耗时仅半天。

内部员工能够理解和澄清构成文化的共同假设，但在这一过程中，他们需要外部人士的帮助。顾问或帮助者应主要从流程咨询模型操作入手，尽可能避免成为某一给定组织的文化内容专家（Schein，1999a，2009a，2016）。

推动者可能永远无法完全理解文化，但只要该组织能够在其改革议程上向前迈进，这一点就无关紧要了。在任何情况下，文化假设的情景只能被内部成员完全理解；因此，创建一个促进他们理解的过程比研究者、顾问或推动者获得全面理解更为重要。如果外部专家或研究人员需要更详细地描述文化，那么必须进行额外的观察、参与者观察和更多组织评估，直至获得一个更完整图景。

除非文化评估与组织问题直接相关，否则文化评估没有价值。换言之，对一个文化本身的评估是一项过于庞大且会被视为无趣又无益的工作。然而，当组织有一个新目的、新战略，需要解决问题、改变某个议程时，文化评估就是有用的且在多数情况下还是必要的。评估的重点需要放在绩效改进方面且应尽可能陈述得具体。我们不能说文化本身是一个议题或问题。文化影响着公司的表现，初始焦点应总是置于公司表现需要提升之处。

一个有价值的文化评估，必须至少深入到文化假设的水平。如果客户系统没有深入到假设，它就不能解释在所信奉价值观和所观察行为之间浮于表面的不一致。评估过程应该确定基本的文化假设，然后评估它们是不是组织行动的驱动力或约束。在大多数组织变革中，利用文化的力量比克服文化限制更容易。不是文化的所有部分都与组织可能面对的任何一个给定问题有关。因此，试图从各个方面研究整个文化不仅是不切实际的，而且通常是不恰当的。然而，在任何文化的评估过程中，我们应该对亚文化的存在具有敏感性，并通过单独评估亚文化来了解组织正在做什么。

如果发现文化变革是必要的，那么这些变化其实很少涉及整个文化，而往往是一两个假设发生改变。只有很少的文化变革是基本范式的变化。但如果是这样，组织也通常会面临一个长期的重大变化过程。

上一章所描述的定量评估通常可以对定性过程进行弥补，但定量评估并非必不可少，如同以上案例所努力展示的那样。

对读者的建议

　　检验这个定性模型的最好方式是从自己的公司、俱乐部或其他团体中挑选三到五个成员组成一个小组，花一个小时来讨论：（1）进入组织之后有什么感觉？（2）组织的基本价值观是什么？（3）驱动组织的基本文化假设是什么？如果你想为组织作出改变，那么请问自己此前的发现将如何帮助或阻碍你？

第十六章

变革管理与变革领导者模型

如果你是一个领导者或管理者，并且你想要创造、进化或改变组织的文化，因为你相信文化的某个方面对组织运作至关重要，那么你需要对本书目前为止所涵盖的内容有深刻的理解，但这对你来说可能不太实际。此外，你需要了解的是变革过程本身的相关模型以及启动变革的一些指导方法。在本章中，我们将把你定义为"变革领导者"，并为你提供一个变革管理模型。

首先我们来熟悉一下组织变革运作的一般模型——因为如果你不了解人类系统的一般变革过程，你就不能进行文化变革。在进行文化变革之前，你必须首先回答：问题是什么？自己最担心什么？如果你认为你需要改变某些东西，那么你必须对你想要改变的东西以及原因有非常精确和具体的描述。相悖的是，你必须回答这些问题，但不能使用"文化"这个词，因为文化只是许多具体事物被抽象化的概念，比如结构、过程、信念、价值观和行为等都是具体事物。

如果你认为文化是针对团体或组织的，正如个性和特点是针对个体的，那么你会意识到在毫无理由的情况下评估某个个体的个性只可能是冗长且毫无意义的练习。文化评估也是如此。因此，当有组织的变革领导者向我询问"能否帮助诊断我们的文化"时，我发现首要的都是界定变革问题。

协助变革领导者界定变革问题与目标

解释该问题的最好方法是根据我之前的多次此类对话设计一个假设的对话。

客户："您好，我的公司对您的文化概念非常感兴趣，想知道您是否会帮助我们界定我们文化的主要元素。"

沙因："我非常好奇，你为什么要做这件事情呢？"

客户："嗯，我们比较担心，最近的员工调查显示我们的员工参与正在逐渐丧失。我们认为应该检查我们的文化，以了解可能发生的事情。"

（为了知道文化的哪些元素可能与此相关，我需要更多地了解客户所说的"员工参与丧失"的含义，而不是"文化"的含义。）

沙因："好的，你能详细地告诉我发生了什么事情吗？是什么让你认为员工参与丧失？"

客户："嗯，我们年轻员工的离职率非常高。"

沙因："这个高离职率是在所有部门，还是某些部门？"

（一般原则是将令客户担心的问题从抽象层次降低到具体问题。）

客户："尤其是我们最近聘用的年轻创意工程团队，在近一两年内正在逐渐失去人才，因此我们需要了解我们文化中正在发生的变化。我知道您这里有一些很好的调查，可能会让我们知道我们的文化缺失什么，以及如何在工程部门创建新的文化。"

（我们现在知道这可能是工程"亚文化"的一个问题，但是除了一些模糊的诊断之外，还不清楚客户需要什么。）

沙因："所以问题是你想减少最近雇用的工程师的离职率，是这个意思吗？"

客户："是的，这正是我要进行文化调查的原因。"

沙因："所以我们需要一个评估过程，它可以帮助我们理解年轻工程师离职的原因，以及公司现有文化在其中扮演了什么角色。"

客户："这不就是我问您的问题吗？我想做一个文化调查。"

（我现在终于对于我们所称的"文化"这个复杂的议题有了一些杠杆来深入其中，并且可以推进下一步工作。）

沙因："在开展一项调查之前，让这些年轻工程师聚集在一起，询问他们对组织文化的看法可能会有帮助——这可能是一次利剑行动。如果他们提出了一些相关的维度，那么我们可能会知道我们可能需要什么样的调查以及补救措施。我们也可能需要和一些管理人员交流，询问他们对问题的看法以及他们认为其与文化维度之间的关系如何。"

客户："直接开展调查会不会更高效？"

（如果客户似乎对文化有一定的了解，并且提出了一套具体的维度来测试，那么我可能会同意跨越多个离职率不同的工程部门来做调查。调查是下一步工作开展的最好方法，并可以帮助他围绕这些维度来开展组织调查，但我们仍然不知道什么样的调查可能会有所帮助。）

沙因："并不是这样的，因为有很多涉及不同维度和不同文化模型的调查；有些可能与你担心的特定问题无关，所以我认为最好从一些小组访谈开始；之后我们就可以决定是否开展调查，以及开展一个什么样的调查。"

一般原则是，在我们界定是什么问题或事件激发变革之前，并不能直接参与"文化变革"。在界定问题之后，再去帮助客户了解实现"文化变革"所涉及的变革过程。

一般的变革理论

所有计划中的变化都来源于对问题的认知，即认识到某些事情没有按预期开展。我对库乐特·卢因（Kurt Lewin，1947）的原始变革理论的阐述可以成为分析整个变革过程各个阶段的一个很好的起点。正如卢因所指出的，人类系统总是处于"准静止平衡状态"，即总是有许多力量作用于变化，许多其他力量正在努力维持现状，系统总是寻求某种平衡。

　　人类系统永久性地参与其身体环境和社会环境，因此人类永远受到环境的影响，并反过来试图影响环境，因此人类系统是"开放的"。我们需要理解是什么触发了"有管理的"变革？有人故意改变目前处于准静止平衡状态的意图是什么？这种有意的受控管理变革取得成功，实现变革项目的目标，需要什么条件？如果变革涉及文化基因或组织得以运转的基本假设等，这些条件是否有所不同？这种有意识的、有管理的变革是如何开始的？这种变革过程涉及哪些阶段？

为何变革？痛点在何处？

　　不论是为了与众不同，还是为了学习新鲜事物，对改变的渴望总是发源于某种痛苦或不满。这些痛苦或不满有多种形式，比如一些计划的出人意料的负面结果、销售额的下降、员工出乎意料的离职、低迷的士气。如果没有达到预期的目标，同样会产生痛苦，尤其是当结果令人失望或希望幻灭的时候。对改变的渴望甚至可以在当人们的计划还没有完成时就开始提醒人们。在这些情况下，对改变的渴望的共同因素来源于某种"痛苦"。

　　正式的领导者可能不会感到痛苦或不满，他们不会着手改变计划，除非他们看到他们所关心的人痛苦或不满意。这些人可能是一位顾客、一位客户、一位下属、一位同伴或者他的上级。在医疗领域，领导者们注意到患者在医疗系统上遇到了困难，因此启动了提高患者满意度或提高患者体验质量的计划。许多最重要的医疗保健改革计划才由此开始。

比如，医院管理者可能会发现一些医生对护士甚至患者表现出不必要的粗鲁，他们认为这不仅会伤害护士，还会降低她们的士气，进而影响对患者的护理。

我们可以将使人看到或体验到痛苦的事物看作"不确定"的过程，从而可以通过创造一些改变动机来开启变革过程。图 16-1 展示了可以设想的变革过程的一系列阶段。

阶段 1　创造变革的动机（解冻）
● 不确定性
● 产生生存焦虑或内疚
● 学习焦虑对变革产生阻力
● 创造心理安全来克服学习焦虑
阶段 2　学习新概念、旧概念的新含义以及新判断的标准
● 对榜样的模仿和认同
● 浏览解决方案和反复试错性学习
阶段 3　内化新的概念、意义和标准
● 自我概念与身份的融合
● 长期关系的融合

图 16-1　学习/变革的阶段和周期

变革管理的阶段和步骤

阶段 1：创造变革的动机以及开展准备工作

如果核心认知或情感结构的任何部分都要以不止微小递增的方式变化，那么系统必须首先经历不均衡，从而强制产生一个应对过程，该过程不仅仅强化已经存在的假设。卢因（Lewin，1947）称这种不均衡的创造为"解冻"（unfreezing），或者创造了变革的动机。为了理解这一点，我们必须定义四个完全不同的流程，每个流程都在一定程度上是系统内可以创造变革动机或者发起变革过程的重要部分。

不确定性。不确定性是指任何显示组织中某些人的某些目标没有得到满足，或者某些过程没有完成它们应该达到的目标的信息。某些人在某处受到了伤害。不确定性信息可以是经济的、政治的、社会的或个人的——就像一个有魅力的领导者因为没有达成自己的理想而导致一个组织没有达成理想，从而诱发的内疚。丑闻或令人尴尬的信息的泄露往往是最强烈的不确定性。但是，这些信息通常只是表征性的。它不会自动告诉组织根本问题在哪里；它只会通过某种不平衡来告诉你某处可能出现了问题。

变革领导者必须使用那些有可能已经存在的不确定信息源，来界定问题本身，或者通过制造某种危机来创造变革的动机。

生存焦虑和学习焦虑（Coutu，2002）。不确定性本身并不会自动产生变革的动机，因为组织的成员可以否认信息的有效性或合理化其不相关性。例如，如果员工离职率突然增加，领导者或组织成员可以说："只有差劲的人，那些我们不想要的人，离开了公司。"或者如果销售额下降，可以说："这只是轻微衰退的反映。"

为了从不确定性信息中引发生存焦虑或内疚，这些信息必须暗含一些重要目标没有得到满足或者一些重要价值受到损害的信息。即使感到生存焦虑，人们也会试图拒绝和平抑这种焦虑，因为人们会认识到感知、思考、感觉和行为的新方式可能难以习得，从而产生称为学习焦虑的感觉，即"我不能因为学习新的行为或采取新的态度，而失去我的地位、我的自尊心或我的团队成员"。

例如，阿尔法电力公司必须承担环境责任，这意味着电力工人必须改变他们的自我形象，对环境保护满怀热情，英勇无畏，会果决地防止和清理公司的卡车或变压器泄漏所导致的污染。新规定要求他们报告那些可能令公司尴尬的事件，甚至要报告是否发现同事有对环境不负责任的行为。此时，他们身陷紧张，因为他们并不知道如何诊断环境危险的情形——例如，如何确定泄漏事故只是需要简单清理泄漏物还是泄漏了危险化学品（如多氯联苯），或者地下室只是布满灰尘还是充满了石棉粉尘。

有时候，不确定性的信息已经存在了很长一段时间，但由于生存焦虑不足和存在大量学习焦虑，组织一直否认信息的相关性、有效性甚至存在性，最终集体性地否认变革。无论是作为个人还是作为组织，我们都有能力否认甚至压制揭示不确定性的数据信息，这些数据信息可能导致举报或丑闻等强大的变革动力。阿尔法电力公司直至发生爆炸，将危险化学品释放到环境中去，才开始启动其重大变革计划，而该组织曾经声称其变压器中不含有该化学品。

组织揭示不确定性的数据信息一般会从两个层面发生：（1）处于可采取行动位置的领导人因个人心理原因，否认或压制数据信息；（2）组织的各个部分都可以获得该信息，但是信息以各种方式被压制。例如，在对重大事故的分析中，我们经常发现一些员工观察到各种危害，但是员工没有报告，领导没有听取报告，或实际上员工被鼓励压抑其观察所得（Gerstein，2008；Perin，2005）。组织可能会拒绝信息，因为接受它会损害其实现其他价值或目标的能力，或者会损害组织自身的自尊或面子。当这些维护面子的力量非常强大时，组织首先不会经历生存焦虑。因此，通常需要通过丑闻来使得揭示不确定性的数据信息被公之于众，从而启动变革计划。

学习焦虑对变革产生阻力。如果揭示不确定性的数据信息经历过组织的否认和防御阶段之后还可以"存活"，那么它将促使组织认识到变革的需要——放弃一些旧的习惯和思维方式，学习一些新的习惯和思维方式。然而，启动一项变革计划会引起学习焦虑。正是这两种焦虑的相互作用造成了复杂的变革动态。

为了用不同的术语来说明这一点，我们来看看网球比赛中会发生什么。这个过程开始于不确定性；你还没有击败一些你曾经击败的人，或者你追求更好的成绩或你追求一场更好看比赛的愿望还没有得到满足，所以你觉得有必要作出改变。但是，当你意图摒弃旧的比赛动作，发展新动作时，经过思考，你意识到你可能无法做到这一点，或者你在学习过程中可能暂时无能为力。这些感受体现了"学习焦虑"。

当所提出的变革需要新的学习时，这种感觉会愈加强烈，比如学习计算机技巧、改变你的监管风格、将竞争关系转化为团队精神和合作关系、从高质量高成本战略转变为低成本生产者战略、从工程控制和产品导向转向营销和客户导向、在去等级化的网络中学习工作等等。在医疗保健行业，有许多变革计划要求医生放弃他们一直以来承担的内在自主角色的自主权，或者相对于患者、护士和技术人员学习新的行为模式。

理解到以下这点非常重要，即基于学习焦虑的对变革的抵抗可能会因为一个或多个原因：

● **担心失去权力或地位**：通过新的学习，我们可能会比以前权力更少或地位更低。

● **担心暂时性的能力不足**：在学习过程中，会感到无能，因为我们已经放弃了旧方式，但尚未掌握新方法。最好的例子是努力学习使用电脑。

● **担心对无能的惩罚**：如果学习新的思维方式和做事方法需要很长时间，我们担心我们会因缺乏生产力而受到惩罚。在计算机领域，有一些令人震惊的案例，员工从未学习过新系统以充分利用其潜力，因为他们认为自己必须保持高效力，因此没有足够的时间用于新学习。

● **担心失去个人身份**：我们可能不希望成为新工作方式要求我们成为的那种人。例如，阿尔法电力公司的一些电气工人辞职或退休，因为他们无法忍受环境管理员的自我形象。

● **担心失去团体成员资格**：组成文化的共同假设也会确定谁在团队内，谁在团队外。如果通过开发新的思维方式或新的行为，我们将会成为团队成员中的一个异质分子，我们可能会被拒绝甚至被排斥。这种恐惧也许是最难克服的，因为它要求整个团体改变思维方式以及要求团队建立关于包容和排斥的规范。

这些力量中的某种或多种最终会导致"抵制变革"。它通常被归因于"人类本性"，但正如上文所说的，它实际上是人们对许多情况下变革需要的理性回应。只要学习焦虑水平比较高，个人就有潜在动机去抵制揭示不确定性的数据信息或者找寻各种借口来说明自己当前还无法参与到新的学习过程中去。这些反应经常出现在以下阶段（Coghlan，1996）：

（1）**否认**：说服自己，这些揭示不确定性的数据信息是无效的、暂时的，并不算真正的数据，或者有人只是在威慑。

（2）**替罪羊，推卸责任，躲闪**：说服自己，认为这是其他部门的原因，该数据不适用于我们，是其他人首先需要改变。

（3）**机动模式，讨价还价**：变更需要获得特别补偿；希望确信这符合自己的利益。

考虑到所有这些抵制变革的因素，变革领导者应该如何为变革创造条件——也就是说，新的学习是如何开始的？两个关键原则发挥了作用。

原则 1：生存焦虑或内疚必须比学习焦虑更强

从变革领导者的角度来看，激励学习的方式似乎很明显就是增加生存焦虑或内疚感。这种方法存在的问题是，更强的威胁或内疚可能只会增加防御力，以避免学习过程的威胁或痛苦。随着更多的力量在整个系统中运行，系统中的整体张力增加，导致更多的不可预测和不期望的变革阻力。这种认识导致了对原则 2 所体现的变革的一个重要见解。

原则 2：必须减少学习焦虑，而不是增加生存焦虑

变革领导者必须通过增加学习者的心理安全感和减少外部变革阻碍来减少学习焦虑。要弄清楚如何做到这一点，并具备咨询和帮助技巧，将变革对象变为客户，这是变革过程中最困难的阶段。变革对象参与变革过程至关重要。

创造心理安全。成为变革对象的人或组织必须清除某些旧东西并学习新东西，必须认识到变革的可能性以及变革符合自身利益。矛盾的是，作为变革"对象"的人必须首先成为"客户"，必须开始清楚变革是可能的，也是有益的，变革领导者可以成为新学习过程中的帮手。为

正在进行变革的组织成员创造这样的心理安全感涉及八项必须几乎同时进行的活动。这里按照时间顺序列出这八项活动，但变革领导者必须准备好实施所有这些变革：

（1）**提供引人注目的积极愿景**：必须让变革对象相信，如果他们学习到新的思维方式和工作方式，他们和组织都会变得更好。这种愿景必须由高级管理层阐述和广泛执持，他们必须以清晰的行为术语阐明"新的工作方式"是什么。有一点还必须要认识到，即这种新的工作方式不可谈判。

（2）**提供正式培训**：如果新的工作方式需要新的知识和技能，则必须为成员提供必要的正式和非正式培训。例如，如果新的工作方式需要团队合作，那么必须提供正式的团队建设和熔炼培训。如果新技能很复杂，那么可能需要一段时间的辅导，直到新行为很好地嵌入工作中（Nelson，Batalden，Godfrey，& Lazar，2011）。

（3）**学习者参与**：如果要开展正式培训，学习者必须有一种意识，即他们可以管理自己的非正式学习过程。每个学习者都会以一种稍微不同的方式学习，所以让学习者参与设计他们自己最优化的学习过程至关重要。学习的目标可能是不可谈判的，但学习方法和新的工作方式往往可以高度个性化。

（4）**培训相关的"家族"群体和团队**：因为文化假设是嵌入团队的，所以必须为整个团队提供非正式的培训和实践，以便可以共同建立新的规范和新的假设。学习者如果决定参与新的学习，就不应该觉得自己像个异教徒。

（5）**提供资源**：包括时间、实践场地、教练和反馈。如果学习者没有获得足够的时间、空间、指导和有效的反馈意见，学习者就无法从根本上学习新东西。实践的场地尤其重要，这样学习者可以在不干扰组织的情况下试错（Kellogg，2011）。

（6）**提供积极的榜样**：新的思维和行为方式可能与学习者习以为常的方式截然不同，他们可能需要知道它看起来像什么，然后才能想象自己在做什么。他们必须能够看到他们能够识别的其他人的新行为和态度，尤其是组织中更高级别的人。

（7）**提供支持小组，使得学习问题可以公之于众，被广泛讨论**：学习者需要能够谈论他们的学习挫折和其他人遇到的类似困难，以便他们能够相互支持并共同学习处理困难。

（8）**消除障碍并建立新的支持系统和结构**：组织结构、奖励系统和控制系统必须与新的思维方式和工作方式保持一致。例如，如果变革计划的目标是学习如何成为团队成员，那么必须消除个性化的竞争性销售目标体系，奖励体系必须以团队为导向；纪律体系必须惩罚，而不是奖励个体之间的竞争性、侵略性或自私行为；而组织结构必须能够使其作为一个团队来工作。

如果你想改变任何复杂系统中的一部分，就会对系统的其他部分产生影响，所以必须予以预见和处理。例如，医院放弃了让护士在关键手术或治疗计划前一天晚上访问患者的项目，因为记录保存系统不能或不会提供必要的患者信息以使访问获得成功。大多数变革程序都会失败，因为它们不会创建此处列出的八个条件。当我们考虑到实现所有八个条件的困难以及为实现这些条件而耗费的精力和资源时，我们就不难理解变更常常是短暂的或根本不会发生。但是，当一个组织着手通过创造心理安全来真正转变自身时，可以实现真正的重大文化变革。

阶段2：实际的变革与学习过程

在分析实际变革和学习过程时，我们必须讨论实际变化以及变化发生的机制。我首先讨论学习机制，然后展示它们与实际变革的关系。

模仿和识别 vs. 审视和试错学习

基本上有两种机制可以用来学习新的行为、信念和价值观：

（1）模仿一个榜样，并在心理上认可；

（2）审视我们的环境并反复试错——我们不断推出自己的解决方

案，直至其有效。

在实践中，两种学习方法都使用，因为我们想要尝试的东西通常是基于模仿角色榜样来实现的。区分有计划变革模型中两种方法的原因是，变革领导者可以选择通过提供角色榜样来使"新的工作方式"可见，或者通过故意拒绝这种角色榜样来迫使学习者审视环境并找到自己的东西来尝试学习。

当清楚新的工作方式是什么以及何时应采用新的信念和价值观时，模仿和识别工作最有效。例如，领导者可以将自己作为所预期新行为的榜样，从而"以身作则"。作为培训计划的一部分，领导者可以通过案例材料、电影、角色扮演或模拟提供角色榜样。学习过这些新概念的学习者可以被引进来鼓励他人去了解他们是如何做到的。这种机制也是最有效的，但它带来的风险是学习者所学习的内容不能很好地融入他的个性中，或者不被他所属的群体接受。这意味着新的学习可能不会内化，学习者会在执行新行为的强制压力不再存在之后恢复到先前的行为。

通过富有魅力的变革领导者或由其带领加入变革过程的其他人的认可，新的信念和价值观就可以立即被感知。当这种方式不起作用时，变革领导者必须更多地依赖于希望那些最初被强制执行的新行为能够在改善形势上获得成功，从而可以有让学习者接受支撑新行为的信念和价值观的有力证据。

如果变革领导者希望我们学习真正符合我们个性的事情，他必须鼓励我们审视所处的环境并开发我们自己的解决方案。这里举一个环境审视的例子：当阿莫科（Amoco）将嵌入式资源中的"工程师"角色改为自由顾问时，该公司可用已有成功转型经验开发一个关于工程师如何转型成为顾问的培训计划。然而，高级管理层认为这种转变非常个人化，所以他们只需要决定创建结构和激励机制，而让工程师自己发掘管理新型关系的方式。在某些情况下，这意味着有些人会离开组织。但那些从自己的经验中学习如何成为顾问的工程师最后真的发展出了一种新的职业，他们融入了所要求的全部身份。这个过程并不排除模仿，但这个过程给了人们选择模仿谁的权利。

　　阿尔法电力的计划项目明确地使用了模仿和识别的方法来创建"环境责任文化"。对环境负责的目标和方法都是明确的和不可谈判的。因此，员工必须接受关于如何识别危害和泄漏以及如何处理事故的培训，这意味着要给他们足够的时间和资源，以学习如何与角色榜样一起完成工作，并对可能出现的所有情况进行辅导。培训也提供了明确要遵循的原则和规则，例如，"即使是路面上的几滴油你也要清理""如果你看到危险情况，必须立即报告"。

　　这里的一般原则是，变革领导者必须清楚最终目标（要实现的新工作方式），但这并不一定意味着每个人都会以同样的方式达到这一目标。学习者的参与并不意味着学习者有关于最终目标的选择，但它确实暗示了当认为合适时，他可以选择所使用的手段。

　　首先改变信念和价值观还是改变行为？ 一些变革理论家认为，人们必须首先改变信念和价值观念，然后所期望的行为就会自动产生；有些人则认为，必须先改变行为，然后才会有信念和价值观来证明行为的合理性。第一个理论相对而言更加简单但更难实施，因为在文化方面，要让人们相信目前的文化信念和价值观有变革的需要并不容易，这些相同的信念和价值观已经成为组织成功的源泉。当信念和行为之间的联系没有被明确传达时，第一个理论的不足更明显。许多组织都支持团队合作，员工也认可这一点很重要，但他们所认知的团队合作行为并不符合变革推动者的信念。

　　变革行为会首先避免这个问题，因为它首先必须清楚地界定如果变革计划成功，将来员工的实际期望是什么。如果你想团队合作，团队行为会是什么样子，需要什么样的培训和支持结构来支持这种行为？越明确说明期望的行为，就越容易识别学习焦虑的来源和所必须提供的心理安全类型。正是出于这个原因，明确规定未来行为必须成为最初确定问题是什么以及需要进行哪些改变的必备要件。从这个角度来看，"让我们创建一个团队合作文化"是一个无用的目标，除非具体定义了期望行为。

如果变革对象不赞成变革甚至提案都不能通过，那么可以通过解雇或者其他惩罚手段的"胁迫"来促使行为变化。如果所要求的行为简单易学，这种威胁可能是行之有效的办法。但如果新行为需要学习新技能或需要协调活动，那么这种威胁的作用可能微乎其微。当然，也可以强制人们参加培训。例如，我知道很多公司将信息技术引入工作流程，其所用方法就是在新流程中培训员工，在培训结束时宣布胜利，结果却发现生产力并没有按照预期有所提升，员工会不断抱怨新系统的副作用。

这种情况发生在患者电子病历系统的引入过程中。该过程需要医生学习如何将所有患者信息输入到计算机中，以创建"更加安全高效的医学安全文化"。在一些医院中，医生参与其中，得到了充分的培训。现在他们发现新系统不仅运行良好，而且显然是"未来之路"。在其他一些医院，医生被"强制"使用该系统，认为烦琐耗时，声称它干扰了与患者保持良好的眼神接触，因此确信"医院将回到旧体系中"。

简而言之，只有当新行为被认为使事情变得更好并因此变得内化和稳定时，行为变化才导致文化变化。被强制参与和不参与变革过程的员工不太可能会认为结果"更好"，因此只是继续仅限于通过提议，口头上说说。我们接下来需要了解的是新的信念和价值观是如何产生的。

通过认知重新定义新的信念和价值观。新的学习可以通过审视、识别或两者兼而有之来实现，但无论如何，新的学习的本质可以被描述为文化（新的信念和价值观），其中包含学习者假设体系中一些核心概念的"认知重新定义"。例如，那些自我界定为终生雇主、永远不会裁员的公司如果面临着降低工资成本的经济上的必要性，那么它们会将裁员定义为"转型"或"提前退休"，并为员工提供慷慨的转型方案，为他们提供较长的工作搜寻时间、广泛的咨询服务和职业介绍服务等，这些都是为了维护其"我们公平公正地对待我们的人"的假设。这个过程不仅仅是合理化。这是对组织高级管理层认知的重新定义，最终可以被视为"重组"。终身雇用的公开支持的价值服从于其他价值观，例如公司生存以及善待被解雇人员。

正如我以前所说的，大多数变革过程都应该强调对特定行为变化的需求。这种改变对于为认知重新定义奠定基础具有非常重要的意义，但是除非伴随着认知重新定义，否则行为改变本身不会持久。例如，阿尔法电力公司的环境计划开始于客观上要求员工执行规则，但最终当员工看到自己行为改变带来的好处时，这种行为最终会内化，因此能够在认知上重新定义他们的工作角色和身份。阿莫科公司的一些工程师能够迅速重新定义他们的自我形象，对新的工作结构感到满意，并继续宣扬工程作为独立咨询服务的价值。一些被迫使用电子病历系统的医生看到了它的优点，改变了他们的价值观念，并且注意到只要以其他方式证明他们真的在倾听，与病人的眼神接触并不是那么重要。

学习新概念和旧概念的新含义。新概念往往首先由变革领导者设想并发布出来——诸如阿莫科的"新型独立工程师"，阿尔法电力公司的"环保责任组织"，以及新加坡"世界级清洁、无污染的城市国家"。布希和马沙克 Bushe & Marshak，2015）称这种愿景型概念为"生成性隐喻"，因为诸如"可持续性"或"拯救地球"这样的隐喻是一个明确的、积极的目标，但没有具体说明如何实现。在医学文化所发生的诸多变革中，"患者参与"，"更好的患者体验"，以及强调"人口健康"（而不是治愈疾病）也是这种生成性隐喻。

除了这些新概念之外，如果有人被训练以某种方式进行思考，并且已经成为一个也以这种方式思考的团队的成员，那么怎么可以想象让这个人的思维方式转变为一种新的思维方式呢？如果你是阿莫科的工程师，那么你应该是一个专业技术资源部门的成员，拥有明确的职业生涯和单一老板。在一个曾经是中心化的、以"为设备收费而服务"为目标的工程小组的新结构中，现在你被要求认为自己是一个咨询组织的成员，该咨询组织将服务销售给客户，而这些客户如果不喜欢和你做交易，那么他们也可以在其他地方购买到这些服务。此时，对于你来说，在这种转变过程中，你需要开发几个新概念——"自由顾问""为服务收费"，以及"与低价竞争"。此外，你将不得不学习旧概念的新意义：

成为"工程师"意味着什么，以及成为"阿莫科员工"意味着什么。你必须学习新的奖励制度——你现在将根据自己的能力获得奖励和晋升，赢得工作。作为一名工程师，你必须学会同样去认真成为一名销售人员。你必须用不同的术语来定义你的职业生涯，并学会为许多不同的老板效力。这种变化并不一定是温和的，当然也不容易！

制定新的评估标准。随着新概念出现的是新的评估标准。生产目标、质量标准和安全要求需要新的行为，也需要对变革目标进行评估。如果没有仔细考虑"新工作方式是什么样子"从而来实现这些新的目标和标准的话，我们可能陷入组织病态，即员工声称要实现目标，但实际上并没有达成目标。在阿尔法电力公司变革过程中，监测器需要一段时间才能完成，因为需要在此前达到清理所有外溢物的标准。

在退伍军人管理局 2014 年的丑闻中，我们发现在华盛顿设定的在规定时间内所要达到的病人数量目标没有得到满足，更糟糕的是，许多办事处声称达到了目标，这导致许多老兵长期陷于无人照料的境地。这些事件再次突出了明确界定问题的重要性，并需要考虑变革计划所涉及的新工作方式如何才能成功实施。2016 年公布的大众汽车排放标准作弊行为也是类似情况——高层管理者设定了目标而没有考虑系统是否能够达到这些标准。

对于个人变革目标，所有这些都意味着你会被以不同的方式评估。而在阿莫科公司之前的结构中，工程师主要是根据他们的工作质量进行评估，现在他们必须更准确地评估一项工作需要多少天，可以达到什么质量水平，以及如果他们尝试所习惯的更高质量标准的话成本有多高。这可能需要一套全新的技能来进行估算并创建准确的预算。

对阿尔法电力公司员工而言，最难的应该是学习对环境负责的新标准。他们认为他们已经对环境很负责了，但从来没有认为清理道路上的几滴油也是必不可少的。如果他们遇到潜在危险，作为负责任的工程师，他们在报告之前需要仔细检查数据。即使在实验室检查危险是否真实之前，"有即将发生危险的可能性"的想法也必须立即报告，这对阿尔法的工程师来说难以接受。关于标准变化的另一个更极端版本是新加坡公民必须学习的东西——为达到更大的经济目标必须接受新的清洁标准和非污染标准。

在 DEC 案例中，工程师根据他们要求极高的客户所看重的价值，设计了完美电脑的标准。当市场逐渐转向只想要交钥匙产品的"愚蠢用户"时，DEC 工程师明确拒绝该新标准。当他们最终决定创造一些简单的台式电脑时，他们使用自己的标准来评估客户的期望值；他们对台式电脑过度设计，内置了太多花里胡哨的东西，导致电脑太昂贵而且不好用。DEC 文化基因从未变革。

在"安全性提升"的变革计划中，制定新标准可能是最为明确的。大多数组织声称，它们担心安全问题，并根据职业安全与健康管理局（OSHA）统计数据仔细衡量自身的情况，只有当首席执行官非常严肃地说"我不打算再去告诉一个家庭，病人的死亡是因为医院的错误"时，安全问题才能引起医院的高度重视。在高风险行业中，只有当首席执行官参与其中并身体力行、制定标准时，安全提升的变革项目才会真正落地。

阶段 3：再冻结、内化和学习敏捷性

任何变革过程中的最后一步都是再冻结——卢因（Lewin，1947）认为新的学习不会稳定下来，直到实际结果得到加强。阿尔法电力公司员工发现，他们不仅可以应对环境危害，而且感到这是一件可令人满足并值得做的事；因此，他们认为即使这意味着在遇到危险时减缓工作速度，干净安全的环境也符合每个人的利益。如果变革领导者已经正确地诊断出解决启动变革计划问题所需的行为，那么新行为将产生更好的结果并将被确认。

如果发现新的行为不会产生更好的结果，这些信息将被视为揭示不确定性的信息，并将启动新的变革流程。因此，人类系统可能处于永久流动状态；环境变得越有活力，就越需要几乎永久的变化和学习过程。

关于"文化"变革的注意事项

当组织遭遇揭示不确定性的信息并开启变革计划时，组织从一开始是不清楚变革是否会涉及文化层面，以及文化是否会帮助或者阻碍变革计划的。前两章所述的文化评估过程可以用来厘清这些问题。但是，最好先清楚地了解变革目标，之后再开展文化评估。

（1）**变革目标必须以具体的行为术语来定义，而不是"文化变革"**。例如，在阿尔法电力公司的案例中，法院认为，公司必须在其报告中更加环保和更加开放。变革的目标是让员工更加意识到环境危害，立即向相关机构报告，学习如何处理危险情况，学习如何防止危害从源头开始蔓延。

变革计划启动时，"文化"变革的方式尚不清晰。只有变革的具体目标界定清楚，变革领导者才能确定文化元素是否有助于或阻碍变革。事实上，逐渐被证实的是，文化有很大一部分可以被积极地用来改变文化中一些确实需要改变的特定元素。阿尔法电力公司非常独断和非常注重培训的文化，使得它能够立即培训全体员工如何识别危险以及如何应对危险。大部分现有文化可以被用来改变一些周边文化元素。

领导者在实施变革举措时犯的最大错误之一是对变革目标模糊不清，且认为需要"文化变革"。当有人要求我帮助他开展"文化变革计划"时，我最重要的初始问题就是："你是什么意思？你可以不用'文化'这个词来解释你的目标吗？"

（2）**要消除一些旧文化元素，可以通过清除那些"携带"这些文化元素的人实现，但是新文化元素的习得，只有当新行为在一段时间内导致成功和满意时才能成功**。一旦某种文化存在，一旦一个组织有了一段时间的成功和稳定期，文化就不能被直接改变，除非该组织本身被解散。领导者可以强加新的做事方式，明确新的目标和手段，并可以改变奖励和控制系统，但这些改变都不会产生文化变革。只有新的做事方式有实际上更好的效果，并最终被认为是一套共享的体验，此时，才可以认为产生了文化变革。

（3）**文化基本假设的变革总是需要一段时间来痛苦地忘却**。领导者对其组织的许多种改变往往只需要新的学习，因此不会遭到抵制。这些通常是新的行为，所以我们可以按照自己的意愿做我们想做的事情。但是，一旦我们更加成熟，一旦组织开发出了我们习以为常的惯例和流程，我们可能会发现，提议的新的做事方式，例如学习新软件程序以使我们的计算机工作更高效，对领导者简单，对员工却很难。我们可能对我们目前的软件系统感到满意，可能会觉得学习新系统并不值得。因此，变革领导者需要一种变革模式，将"忘却"作为合理的阶段，该阶段可以应对转变，而不仅仅是看似改善。

（4）**随着任务复杂性和系统依赖性的增加，变化成为永恒的话题**。我们就某个阶段来谈论变化，但是随着技术的更复杂和文化的更多样，在大多数组织中，变革过程或多或少地变得永恒。即使一些新的行为被"重新冻结"，它们也会在环境中引发新的反应，从而产生新的循环：不满情绪、生存焦虑和进一步变化的动机。新的信念、价值观和行为必须被认为是"适应性行为"，而不是问题的"解决方案"。尽管变革过程可以分阶段进行分析，但它在许多组织中日益成为一种永恒的生活方式（Schein，2016）。

概要与结论

本章描述了一个一般性的变革模型，该模型从一开始就承认由于新的学习带来的焦虑而引发的任何变革型的变化具有较大的困难度。变革的过程始于不确定，这种不确定引发了两种焦虑：（1）生存焦虑或内疚，即必须变革的感觉；（2）学习焦虑，即意识到必须忘记某些东西并学习那些可能具有挑战性的新事物，如挑战我们的能力、我们的角色或权力地位、我们的身份要素，以及挑战我们的团队成员资格。学习焦虑会导致对变革的拒绝和抵制。克服这种阻力的唯一方法是让学习者感觉到"心理安全"从而减少学习焦虑。

　　本章描述了创造心理安全的条件。如果启动新的学习，该过程通常会显现"认知再定义"。这包括学习新概念、学习旧概念的新含义，以及采用新的评估标准。这种新的学习既可以通过对角色榜样的识别来启动，也可以通过基于审视环境的试错学习来启动。

　　变革目标应该在一开始就聚焦于具体问题；只有当这些目标以未来所期望的行为来传递时，启动文化评估从而判断文化是否帮助或者阻碍变革过程才是合宜的。

对读者的建议

　　（1）将这些阶段应用于你亲身经历的一些变革，比如尝试打破某种习惯或尝试学习某种新技能。

　　（2）指出哪个阶段和哪个过程最困难。

　　（3）现在考虑你想要推动什么样的组织变革并将这些想法应用在实际工作中。

第十七章

学习型变革领导者

全球化、知识型组织、信息时代、生物技术时代、松散的组织边界、网络等各种对未来的预测，都有一个共同的主题：我们根本不知道未来的世界会是什么样子，但可以确定的是，它将会变得更复杂、节奏更快和文化更加多样（Drucker Foundation，1999；Global Business Network，2002；Michael，1985，1991；Schwartz，2003）。

这意味着组织、领导人和所有成员都必须成为永久型学习者（Kahane，2010；Michael，1985，1991；Scharmer，2007；Senge，Smith，Kruschwitz，Laur，& Schley，2008）。当在文化分析的背景下提出永久性学习问题时，会存在一个悖论。文化是一种稳定器、一种保守力量、一种使事物变得有意义和可预测的方式。许多管理顾问和理论家都宣称，"强势"的文化是有效和持久绩效的基础。但是，从定义上来看，"强势"的文化又是稳定的、难以改变的。

如果世界变得更加动荡、需要更多的灵活性和持久性学习，这意味着强势文化会越来越成为一种责任。从本质上看，文化是学习导向的、适应性的、灵活的。我们是否能稳定、永久地学习，并在适当的时候作出改变呢？什么样的文化一方面有利于终身学习，另一方面保持灵活性？什么样的领导者能够推动文化的建设？

如果把这个问题转化为管理学术语，就是：领导人应该如何推动文化变革，从而为未来发展做准备呢？领导者必须具备什么样的特征和技能才能洞察未来的需求，才能进行企业生存所需的变革？

学习型文化是什么样子的？

本章中阐述的想法最初是来源于与晚年的唐纳德·迈克尔（Donald Michael，1985，1991）的多次交流，与我的同事汤姆·马隆（Tom Malone，2004）、彼得·森奇（Peter Senge，1990；et al.，2008）和奥托·夏莫（Otto Scharmer，2007）进行的关于组织本质和未来工作的研究。这些想法已经在许多研讨会上进行了讨论并进行了验证，在那里我也从很多私营部门和非营利部门的领导人那里听到了关于"世界正在迅速发展到新的未知领域"的第一手资料。过去五年来，我在硅谷的所见所闻使这些理念得到了加强。

1. 主动性

学习型文化的基本假定是：人类在与环境相处的过程中，最恰当的方式是成为一个主动的问题解决者和学习者。如果文化是建立在被动接受的宿命假设之上，随着环境变化频率的增加，学习将变得越来越困难。

学习型领导必须树立信心，相信积极地解决问题有利于学习，从而为组织的其他成员树立榜样。对学习的承诺比对问题的任何特定解决方案更重要。面对更大的复杂性，领导者会越来越多地依赖于其他人的意见而形成解决方案，并且我们有压倒性的证据表明，如果组织成员参与了学习过程，新的解决方案更有可能被采纳（Schein，2009a，2009b，2016）。

2. 承诺去"学会学习"

学习型文化必须有学习基因，这意味着组织成员必须保持共同的基本信念：学习是一件值得投资的好事情，而学会学习本身就是一种需要掌握的技能。"学习"必须包括学习外部环境变化、内部关系以及组织如何适应外部变化。例如，DEC 失败的一个重要原因是公司致力于持续的技术革新，但是很少有这种反思或承诺——去学习如何在企业的成长、发展和成熟过程中，正确地处理群体间竞争。

学习的关键是获得反馈，并且反思、分析和吸收反馈所传达的含义。只有当学习者要求获得反馈时，反馈才是有用的，因此学习型领导者的关键特征之一就是愿意寻求帮助并接受反馈（Schein，2009a，2016）。学习的另一个关键是能够产生新的反馈，尝试新的做事方式、接受错误和失败。这些都会耗费时间、精力和资源。因此，学习型文化必须重视反思和尝试，并且必须给予其成员足够的时间和资源去进行反思和尝试。

3. 关于人性的积极假设

学习型领导者必须对他人有信心，并且必须相信人性最终基本上是善的，在任何情况下都是可塑的。学习型领导者必须相信，在提供了资源和心理安全的前提下，人类可以并且愿意学习。学习意味着对生存和改善的渴望。如果领导者假设人性是懒惰和被动的或者人们只关心他们自己而不关心组织，他们会不可避免地创造出能自我实现这一预言的组织。这样的领导者会使其员工变得懒惰、自我保护和自我寻求，然后他们将引用这些特性作为他们对人性最初假设的证明。由此产生控制导向的组织可以在某些稳定的环境中生存甚至繁荣发达，但随着环境更加动荡，技术和全球趋势导致问题解决变得越来越复杂，它们必然会失败。

分布式的知识和技能迫使领导者必须要更依赖于组织成员，不管他们喜欢与否。在这种情况下，对人性的消极态度势必造成官僚化，最坏的极端情况是形成反组织的亚群体。

4. 坚信环境是可以被管理的

学习型文化的基因中必须包含这样一个基因：它反映了一个共同的假设，即环境在某种程度上是可被管理的。在环境更加动荡的情况下，学习型领导者会在学习并接受新机会方面面临更多的困难。适应缓慢变化的环境也是一个可行的学习过程，但我认为世界正在改变的方式将使这种情况发生的可能性变得越来越小。换言之，环境越动荡，领导就越要声明环境在某种程度上是可以被管理的。

欧赖利和图什曼（O'Reilly & TuSman，2016）在他们的领导和破坏概念中提出了一条有力的论据：能够长期生存的公司既保持了自己的核心业务，同时又在自己内部建立了新的具有适应性的业务。

5. 通过询问和对话的方式来探寻真理

学习型文化必须包含一个共同的假设，即问题的解决源于对探究的深切承诺和对真理的务实探索，通过对话过程允许不同的文化进行相互理解。探寻过程本身必须是灵活的，能够反映所遇到的环境变化的性质。学习型文化中必须避免的是如下自动假设：智慧和真理存在于任何一种同类来源或方法中。这一点在宏观文化世界中尤其重要，即使被认为是"科学"的东西也有很大的不同，我们不能把物理科学模型看作通向真理的唯一途径。

随着遇到的问题的变化，我们的学习方法也必须变化。出于某种目的，我们不得不严重依赖"常规科学"；为了其他目的，我们不得不从那些经验丰富的实践者对话中寻找真理。还是出于其他目的，我们不得不进行实验，与错误为伴，直至找到更好的解决方案。知识和技能可以通过多种形式被发现。在我称之为"临床研究"的过程中，主要是帮助者和客户一起工作，这种方式越来越重要，因为没有人足够"专业"到能提供答案。在学习型组织中，每个人都必须学会学习（Scharmer，

2007；Senge，1990）。

学习型领导者所面临的最困难问题是接受他们自身仍然缺乏足够专业知识和智慧的现实。一旦处于领导地位，自我需求和他人期望决定了领导应该知道答案并控制局面。需要建立一种持续学习型文化的唯一途径是领导者自己意识到他们未知的东西有很多，并且意识到他们必须教别人接受自己的无知（Schein，2009a）。然后，学习任务变成一种共同的责任，要求各级领导与下属之间更多地建立开放和信任的关系（Schein，2016）。

常常有人问我如何让组织成员对文化更敏感。我的回答很简短："行万里路"。也就是说，通过体验不同文化来形成不同感受，从而了解文化差异，发展文化谦卑。学习型领导者应该到组织以外的环境中去体验，并建立与文化成员的个人关系。

6. 积极面向未来

学习的最佳时间取向是介于长期和短期之间。我们必须提前评估不同行动方针的系统性后果，同时也必须从近期考虑，评估我们的解决方案是否有效。如果环境变得更加动荡，仅着眼当下或仅着眼未来都不是一个有效的时间取向。

7. 致力于全面、开放的任务相关的沟通

学习型文化必须建立在沟通和信息是组织健康的核心这一假设的基础上，因此必须包含一种多渠道的沟通系统，允许每个人与其他人联系。这并不意味着所有的沟通方式都将被使用，或者任何给定的沟通方式将被用于所有的事物。这里的意思是，任何人都必须能够与其他人沟通，且这种沟通是积极的和可取的。

我们必须利用自身的文化洞察力来了解何时从层级1的交易关系发展为任务或共同目标范围内的层级2的个人关系。只有当团队成员学会相互信任时，才能具有完全的任务相关信息，而当社会秩序的规则

允许各方相互告知真相时，信任就基本建立起来了。学习型领导的主要挑战之一是如何建立一个不必面对面接触就能实现相互信任的网络。要做到这一点，学习型领导者最重要的技能之一就是在适当和必要时展现个人能力。

8. 致力于文化多样性

环境越动荡，拥有更多文化资源的组织越有可能更好地应对不可预知的事件。因此，学习型领导者应该鼓励多样性，并在个体和下属组织层面上宣推多样性是可取的这一假设。这种多样性必然会产生亚文化，而这些亚文化最终将成为学习和创新的必要资源。

然而，如果要使多样性成为一种资源，多元文化任务组中的亚文化或个体就必须相互联系，必须相互重视，才能了解对方的文化和语言。学习型领导者的中心任务是确保良好的跨文化交流和理解。第七章介绍了如何实现这一点。创建多样性并不意味着让系统的不同部分在没有协调的情况下自行运行。放任型领导在这种情况下不起作用，因为它在性质上是亚文化之间的自我保护机制。因此，优化多样性需要一些更高层次的协调机制以及文化之间的相互理解。

9. 系统思维的承诺

随着世界变得更加复杂和相互依赖，系统思考、分析和理解它们的因果关系以及非线性因果逻辑，有利于复杂心智模型的建立。学习型领导者必须相信世界本质上是复杂的、非线性的、相互联系的。以这种复杂方式思考的能力已经成为高危行业和医疗保健安全分析行业中的关键人际能力，该观点已经在"群体意识建构"的概念中得到了很好的验证（Weick & Sutcliffe，2001）。

10. 相信内在文化分析价值

在学习型文化中，领导者和成员必须相信，分析和反思自己的文化是学习过程中必不可少的一部分。内部文化分析揭示了群体和组织在完成任务过程中所起的重要作用。没有内部文化分析，就很难理解群体是如何构建的，它们是如何成为组织的，以及它们是如何在整个存在过程中进化的。最重要的是，没有内部文化分析，我们怎能指望去理解其他文化。说了这么多，我仍然相信这样的内部分析在学习和变革过程中具有重要作用。

为什么是这些维度？

许多其他维度也与学习相关，但这些维度之所以被忽视，是因为其对学习是否有助益并没有清晰的结论。例如，关于个人主义与集体主义的维度，根据这一维度，学习的最佳方式是接受每一个系统都有二元元素的概念，学习型文化应能够根据具体的任务优化个体竞争和协作。任务导向与关系导向维度也是类似情况。最佳的学习系统将会在这些任务之间寻找平衡而不是选择任何一个极端。

至于等级、专制、家长作风和参与方面的程度，这又是一个关于任务、所需学习方式和特殊环境的问题。在阿尔法电力公司案例中，我们看到如何识别环境风险并处理风险：学习最初是在一个非常专制、自上而下的训练计划中开展；随着经验积累，学习过程转向局部创新，随后扩散到其他部分。员工通过组织提供的录像视频就环境、健康和安全问题提出创新的解决方案，并在整个组织中进行沟通。每月举行午餐会，成功的团队与高级管理人员会借这个机会会面，彼此分享成功经验并与其他团队交流解决方案。

最后，我们必须认识到，即使学习的概念被文化假设打上了明显的烙印，学习在不同的文化和亚文化中也有截然不同的意义。之前列出的维度仅反映了我个人对文化的理解，因此应该只作为学习型文化应予重视的一些近似维度。

学习型领导在动荡环境中的作用是促进这些文化假设的形成。领导者自己必须首先持有这些假设，成为学习者，然后才能够认识直接下属符合这些假设的行为并加以系统激励。只有当下属表现出相同的行为时，处于他们之下的员工才会有出现不同水平学习型文化的可能。

学习型领导力

描述了学习型文化的一般特征及其对学习型领导者的普遍意义之后，需要简单地考察学习型领导所需才能是否随着组织进化的不同阶段而变化。

1. 文化创造中的学习型领导力

在瞬息万变的世界中，学习型领导者或创业者不仅必须具有远见，而且必须能够在外部环境改变的情况下推广并进一步发展这些远见。作为持有先前组织的组织和文化经验的新入职员工，只有当组织在遭遇并安度危机时才能将组织清晰、持续的信息转化为一套普遍的假设。文化创造领袖需要具有恒心和耐心，作为一个学习者也必须灵活和随时准备改变。

随着团体和组织的发展，一些关键的情绪问题应运而生，这些问题或者与对领导人的依赖有关，或者与同事关系有关，或者与高效工作有关。在团队发展的每个阶段，都需要领导力来帮助团队识别问题并处理它们。在这些阶段中，领导者常常不得不吸收和控制工作进展不利时未释放的焦虑（Hirschhorn，1988；Schein，1983；Frost，2003）。领导者可能没有答案，但必须在寻找答案的过程中提供暂时的稳定性和情感上的安慰。这种焦虑控制功能在学习期间尤其重要，特别是当旧习惯和方法必须被放弃，而新的尚未学习时。如果世界越来越多变，这种焦虑的发生将是持续性的，这就要求学习型领导者发挥永久性的支持作用。

对于创始人或领导者来说，学习过程中最困难的事情是如何做到在清晰、有力地阐明自己的愿景的同时保持足够开放的心态去迎接改变，因为在动荡的环境中，愿景随时会变得不合时宜。

2. 组织中年时期的学习型领导力

一旦组织发展并形成了自己相当可观的历史，它的文化就成为一个原因而不是一个结果。文化影响着组织战略、结构、程序和方式。文化对成员的感知、思维和情感产生了强大的影响，使其有所倾向，而这些倾向以及情境因素都会影响到成员的行为。因为它是一种重要的减轻焦虑的工具，所以文化会被一直坚持下去，哪怕是在与环境机遇和限制不匹配而功能失调时。

中年型组织基本上显示出两种不同的模式。其一，在一代或几代领导人的影响下，发展一种高度整合的文化，即使它们已经变得庞大和多样化；其二，有一些文化假设不断发展并呈现出多样化，因业务和功能性、地理性、层级性子单元的具体实际情况而各不相同。在组织进化的阶段，领导者如何管理文化取决于他们感知到的模式以及他们判断哪一种模式对未来是最好的。

在这个阶段，领导者首先需要相应洞察力和相应技能来帮助组织发展成为未来最有效的组织。在某些情况下，这可能意味着增加文化多样性，允许削弱或毁坏组织成长期间已建立起来的一些统一规则；在其他情况下，这可能意味着将一组文化多样化的组织单元融合在一起，并试图向它们灌输新的文化共同假设。在这两种情况下，领导者都要：（1）能够对文化进行足够详细的分析，了解哪些文化假设会对组织使命有所帮助，哪些将阻碍组织使命的实现；（2）拥有足够的干预技能来诱发所期望的变化。

很多关于"如何使组织度过这一时期"的规范性分析强调，领导者必须具有一定的洞察力、清晰的愿景，以及阐明、沟通和实施愿景的技能，但他们对一个特定组织如何发现和任命这种领导者却并不知晓。特别是在美国的组织中，外部咨询顾问可能在这个过程中起着关键作用，但是如果组织有一个强大的创始文化，董事会可能只由那些接受创始人愿景的人所组成。因此，在组织面临严重的生存困境之前，组织方向几乎不可能改变，此时组织才会寻找一个有着不同假设的人来领导。

3. 成熟和衰落组织中的领导力

在成熟的组织中，如果它发展了一种强大的统一文化，那么该文化甚至定义了什么是"领导力"、什么是英雄行为或罪恶行为、权力是什么、权力如何分配和管理，以及什么是亲密规则。因此，既有的领导层要么盲目地继续，要么创造新的领导力定义，甚至完全排除公司最初始的创业文化假设。成熟和可能衰落的组织所面临的第一个问题是创建一个继承过程，并寻找有足够的洞察力和力量去克服一些对组织发展造成约束的文化假设的潜在领导者。

如果有人能够客观看待组织并拥有对组织文化元素的洞察力，那么领导这种文化变革的领导者可以来自组织内部。然而，往往在一个特定组织中，正式指定的高级管理人员可能不愿意担任这种文化变革型领导。如果这个领导者来自外部，他就必须有能力准确地诊断组织的文化是什么、哪些元素是适用的、哪些元素是不适用的，以及如何改变那些需要改变的文化元素。

以这种方式建构领导力，首先必须拥有超越自身组织文化的能力，能够感知和思考不同于当前文化假设所暗示的做事方式。因此，学习型领导必须变得有点边缘化，必须充分嵌入组织外部环境。同时，学习型领导必须与那些与环境息息相关的组织有良好的联系。这些组织包含销售组织、采购组织、市场营销组织、公共关系组织、法律组织、金融组织和研发组织等。学习型领导者必须能倾听来自这些组织的不一致信息，并评估其对组织未来的可能影响。只有当他们真正了解正在发生的事情和在组织变革中所需要的东西时，他们才能够开始采取行动，针对所遇到的任何组织生存问题开始一个新的文化学习过程。

很多人都认为领导者需要"愿景"，但很少有人提及领导者需要倾听、吸收、寻找环境机会、寻求并接受帮助以及建立组织学习能力（Schein，2009a）。特别是在战略层面，知晓并承认问题复杂性的能力至关重要。承认问题复杂性的能力也可能暗示了承认不确定的意愿和情感力量，并支持将实验和可能的错误作为唯一的学习路径（Michael，1985）。我们在对领导力愿景的研究中发现，我们可能让学习型领导者难以承认他的愿景不够清晰且整个组织都必须一起学习。并且，正如我反复论证的，只有当组织已处于不一致中，员工感到焦虑，认为需要一个解决方案时，愿景才能有所助益。学习型领导在愿景开始变得相关前就有大量工作要做。

最后的思考：在自我个性中发现文化

从我自身的经历可以发现，当遇到一些惊讶和困惑的事情时，关于文化恰恰有机会能够习得最多。我常常并不知道自己将会以何种方式对所发生的事和所说的话作出反应，但最有益的是检视自我，回归自心，自我分析为什么会这样做。因此，正如为数众多的哲学家所说的"认识你自己"，本书最后的结语是："了解你内心的文化。"

参考文献

Adizes,I. 1990. *Corporate life cycles.* Englewood Cliff, NJ: Prentice-Hall.

Aldrich, H.E., & Ruef, M. 2006. *Organizations evolving* (2nd ed.). London, UK: Sage.

Allan, J., Fairtlough, G., & Heinzen, B. 2002. *The power of the tale.* London, UK: Wiley.

Allen, T.J. 1977. *Managing the flow of technology.* Cambridge, MA: MIT Press.

Amalberti, R. 2013. *Navigating safety.* New York, NY: Springer.

Ancona, D.G. 1988. Groups in organizations. In C. Hendrick (Ed.), *Annual review of personality and social psychology: Group and intergroup processes.* Beverly Hills, CA: Sage.

Ang, S., & Van Dyne, L. (Eds.). 2008. *Handbook of cultural intelligence.* Armonk, NY: M.E. Sharpe.

Argyris, C. 1964. *Integrating the individual and the organization.* New York, NY: Wiley.

Argyris, C., & Schon, D.A. 1974. *Theory in practice: Increasing professional effectiveness.* San Francisco, CA: Jossey-Bass.

Argyris, C., & Schon, D.A. 1978. *Organizational learning.* Reading, MA: Addison-Wesley.

Argyris, C., & Schon, D.A. 1996. *Organizational learning II*. Reading, MA: Addison-Wesley.

Argyris, C., Putnam, R., & Smith, D.M. 1985. *Action science*. San Francisco, CA: Jossey-Bass.

Ashkanasy, N.M., Wilderom, C.P.M., & Peterson, M.F. (Eds.). 2000. *Handbook of organizational culture and climate*. Thousand Oaks, CA: Sage.

Bailyn, L. 1992. Changing the conditions of work: Implications for career development. In D.H. Montross and C.J. Shinkman (Eds.), *Career development in the 1990s: Theory and practice* (pp. 373-386). Springfield, IL: Charles C. Thomas.

Bailyn, L. 1993. *Breaking the mold*. New York, NY: Free Press.

Baker, M.N. 2016. Organizational use of self: A new symbol of leadership. *Leader to Leader*, 81, 47-52. doi: 10.1002/ltl.20245.

Bales, R.F. 1958. Task roles and social roles in problem solving groups. In N. Maccoby et al. (Eds.), *Reading in social psychology* (3d ed.). New York, NY: Holt, Rinehart, & Winston.

Barley, S.R. 1984. *Technology as an occasion for structuration: Observations on CT scanners and the social order of radiology departments*. Cambridge, MA: Sloan School of Management, MIT.

Barley, S.R., & Kunda, G. 2001. Bringing work back in. *Organization Science*, *12*, 76-95.

Bartunek, J.M., & Louis, M.R. 1996. *Insider/Outsider research*. Thousand Oaks, CA: Sage.

Bass, B.M. 1981. *Stogdill's handbook of leadership* (rev. ed.). New York, NY: Free Press.

Bass, B.M. 1985. *Leadership and performance beyond expectations*. New York, NY: Free Press.

Beckhard, R., & Harris, R.T. 1987. *Organizational transitions: Managing complex change*. Reading, MA: Addison-Wesley.

Bennis, W., & Nanus, B. 1985. *Leaders*. New York, NY: Harper & Row.

Bennis, W.G., & Shepard, H.A. 1956. *A theory of group development*. *Human Relations*, *9*, 415-43

Berg, P.O., & Kreiner, C. 1990. Corporate architecture: Turning physical settings into symbolic resources. In P. Gagliardi (Ed.), *Symbols and artifacts* (pp. 41-67). New York, NY: Walter de Gruyter.

Bion, W.R. 1959. *Experiences in groups*. London, UK: Tavistock.

Blake, R.R., & Mouton, J.S. 1964. *The managerial grid*. Houston, TX: Gulf.

Blake, R.R., & Mouton, J.S. 1969. *Building a dynamic organization through grid organization development*. Reading, MA: Addison-Wesley.

Blake, R.R., Mouton, J.S., & McCanse, A.A. 1989. *Change by design*. Reading, MA: Addison-Wesley.

Bradford, L.P., Gibb, J.R., & Benne, K.D. (Eds.). 1964. *T-group theory and laboratory method*. New York, NY: Wiley.

Busco, C., Riccaboni, A., & Scapens, R.W. 2002. When culture matters: Processes of organizational learning and transformation. *Reflections: The SoL Journal*, *4*, 43- 54.

Bushe, G.R. 2009. *Clear leadership* (Rev. ed.). Mountain View, CA: Davis-Black.

Bushe, G.R., & Marshak, R.J. 2015. *Dialogic organization development*. Oakland, CA: Berrett/Koehler.

Cameron, K.S., & Quinn, R.E. 1999. *Diagnosing and changing organizational culture*. Reading, MA: Addison-Wesley.

Cameron, K.S., & Quinn, R.E. 2006. *Diagnosing and changing organizational culture*. San Francisco, CA: Jossey-Bass.

Chandler, A.D., Jr. 1962. *Strategy and structure*. Cambridge, MA: MIT Press.

Chapman, B., & Sisodia, R. 2015. *Everybody matters*. New York, NY: Penguin.

Christensen, C.M. 1997. *The innovator's dilemma: When new technologies cause great firms to fail*. Boston, MA: Harvard Business School Press.

Coghlan, D. 1996. Mapping the progress of change through organizational levels. *Research in Organizational Change and Development*, *9*, 123-150.

Coghlan, D., & Brannick, T. 2005. *Doing action research in your own organization*. Thousand Oaks, CA: Sage.

Conger, J.A. 1989. *The charismatic leader*. San Francisco, CA: Jossey-Bass.

Conger, J.A. 1992. *Learning to lead*. San Francisco, CA: Jossey-Bass.

Cook, S.N., & Yanow, D. 1993. Culture and organizational learning. *Journal of Management Inquiry*, *2*(4), 373-390.

Cooke, R.A., & Szumal, J.L. 1993. Measuring normative beliefs and shared behavioral expectations in organizations: The reliability and validity of the Organizational Culture Inventory. *Psychological Reports*, *72*, 1299-1330.

Corlett, J.G., & Pearson, C.S. 2003. *Mapping the organizational psyche*. Gainesville, FL: Center for Application of Psychological Type.

Coutu, D.L. 2002. The anxiety of learning (interview of Edgar Schein). *Harvard Business Review*, March.

Dalton, M. 1959. *Men who manage*. New York, NY: Wiley.

Darling, M.J., & Parry, C.S. 2001. After-action reviews: Linking reflection and planning in a learning practice. *Reflections*, *3*(2), 64-72.

Deal, J. J. & Levenson, A. 2016. *What Millennials Want From Work*. New York: McGraw Hill Education.

Deal, T.E., & Kennedy, A.A. 1982. *Corporate cultures*. Reading, MA: Addison-Wesley.

Deal, T.E., & Kennedy, A.A. 1999. *The new corporate cultures*. New York, NY: Perseus.

Denison, D.R. 1990. *Corporate culture and organizational effectiveness*. New York, NY: Wiley.

Denison, D.R., & Mishra, A.K. 1995. Toward a theory of organizational culture and effectiveness. *Organizational Science*, *6*(2), 204-223.

Donaldson, G., & Lorsch, J.W. 1983. *Decision making at the top*. New York, NY: Basic Books.

Douglas, M. 1986. *How institutions think*. Syracuse, NY: Syracuse University Press.

Drucker Foundation, Hesselbein, F., Goldsmith, M., & Somerville, I. (Eds.). 1999. *Leading beyond the walls*. San Francisco, CA: Jossey-Bass.

Dubinskas, F.A. 1988. *Making time: Ethnographies of high-technology organizations*. Philadelphia, PA: Temple University Press.

Dyer, W.G., Jr. 1986. *Culture change in family firms*. San Francisco, CA: Jossey-Bass.

Dyer, W.G., Jr. 1989. Integrating professional management into a family-owned business. *Family Business Review*, *2*(3), 221-236.

Earley, P.C., & Ang, S. 2003. *Cultural intelligence: Individual interactions across cultures*. Stanford, CA: Stanford University Press.

Edmondson, A.C. 2012. *Teaming: How organizations learn, innovate, and compete in the knowledge economy*. San Francisco, CA: Jossey-Bass.

Edmondson, A.C., Bohmer, R.M., & Pisano, G.P. 2001. Disrupted routines: Team learning and new technology implementation in hospitals. *Administrative Science Quarterly*, *46*, 685-716.

Ehrhart, M.G., Schneider, B., & Macey, W.H. 2014. *Organizational climate and culture: An introduction to theory, research and practice.* United Kingdom: Routlege.

England, G. 1975. *The manager and his values*. Cambridge, MA: Ballinger.

Etzioni, A. 1975. *A comparative analysis of complex organizations.* New York, NY: Free Press.

Festinger, L.A. 1957. *Theory of cognitive dissonance.* New York, NY: Harper & Row.

Friedman, R. 2014. *The best places to work: The art and science of creating an extraordinary workplace.* New York, NY: Penguin.

Frost, P.J. 2003. *Toxic emotions at work*. Boston, MA: Harvard Business School Press.

Gagliardi, P. (Ed.). 1990. *Symbols and artifacts: Views of the corporate landscape.* New York, NY: Walter de Gruyter.

Geertz, C. 1973. *The interpretation of cultures.* New York, NY: Basic Books.

Gersick, C. J.C. 1991. Revolutionary change theories: A multilevel exploration of the punctuated equilibrium paradigm.*Academy of Management Review*, *16*, 10-36.

Gerstein, M.S. 2008. *Flirting with disaster.* New York, NY: Union Square.

Gerstein, M.S. 1987. *The technology connection: Strategy and change in the information age.* Reading, MA: Addison-Wesley.

Gerstner, L.V. 2002. *Who says elephants can't dance.* New York, NY: Harper Collins.

Gibbon, A., & Hadekel, P. 1990. *Steinberg: The breakup of a family empire*. Toronto: MacMillan of Canada.

Gibson, C.B., & Dibble, R. 2008. Culture inside and out: Developing a collaboration's capacity to externally adapt. In S. Ang & L. Van Dyne (Eds.), *Handbook of cultural intelligence*. Armonk, NY: M.E. Sharpe.

Gittell, J.H. 2016. *Transforming relationships for higher performance*. Stanford, CA: Stanford University Press.

Gladwell, M. 2008. *Outliers*. New York, NY: Little Brown.

Global Business Network. 2002. *What's next? Exploring the new terrain for business*. Cambridge, MA: Perseus Books.

Goffee, R., & Jones, G. 1998. *The character of a corporation*. New York, NY: Harper Business.

Goffman, E. 1959. *The presentation of self in everyday life*. New York, NY: Doubleday.

Goffman, E. 1961. *Asylums*. New York, NY: Doubleday Anchor.

Goffman, E. 1967. *Interaction ritual*. Hawthorne, NY: Aldine.

Goldman, A. 2008. Company on the couch: Unveiling toxic behavior in dysfunctional organizations. *Journal of Management Inquiry*, *17*(3), 226-238.

Greiner, L.E. 1972. Evolution and revolution as organizations grow. *Harvard Business Review*, *76*(3), 37-46.

Greiner, L.E., & Poulfelt, L. (Eds.). 2005. *Management consulting today and tomorrow*. New York, NY: Routledge.

Grenier, R., & Metes, G. 1992. *Enterprise networking: Working together apart*. Maynard, MA: Digital Press.

Hall, E.T. 1959. *The silent language*. New York, NY: Doubleday.

Hall, E.T. 1966. *The hidden dimension*. New York, NY: Doubleday.

Hampden-Turner, C.M., & Trompenaars, A. 1993. *The seven*

cultures of capitalism. New York, NY: Doubleday Currency.

Hampden-Turner, C.M., & Trompenaars, A. 2000. *Building cross-cultural competence*. New York, NY: Wiley.

Handy, C. 1978. *The gods of management*. London, UK: Pan Books.

Harbison, F., & Myers, C.A. 1959. *Management in the industrial world*. New York, NY: McGraw-Hill.

Harrison, R. 1979. Understanding your organization's character. *Harvard Business Review*, *57*(5), 119-128.

Harrison, R., & Stokes, H. 1992. *Diagnosing organizational culture*. San Francisco, CA: Pfeiffer.

Hassard, J. 1999. Images of time in work and organization. In S.R. Clegg & C. Hardy (Eds.), *Studying organization* (pp. 327-344). Thousand Oaks, CA: Sage.

Hatch, M.J. 1990. The symbolics of office design. In P. Gagliardi (Ed.), *Symbols and artifacts*. New York, NY: Walter de Gruyter.

Hatch, M.J., & Schultz, M. (Eds.). 2004. *Organizational identity: A reader*. Oxford, UK: Oxford University Press.

Hatch, M.J., & Schultz, M. 2008. *Taking brand initiative: How companies can align strategy, culture, and identity through corporate branding*. San Francisco, CA: Jossey-Bass.

Hirschhorn, L. 1988. *The workplace within: Psychodynamics of organizational life*. Cambridge, MA: MIT Press.

Hofstede, G. 1991. *Cultures and organizations*. London, UK: McGraw-Hill.

Hofstede, G. 2001. *Culture's consequences* (2nd ed.). Beverly Hills, CA: Sage. (Original work published 1980.)

Hofstede, G., Hofstede, G.J., & Minkov, M. 2010. *Cultures and organizations: Software of the mind*. New York, NY: McGraw-Hill.

Holland, J.L. 1985. *Making vocational choices* (2nd ed.). Englewood Cliffs, NJ: Prentice-Hall.

Homans, G. 1950. *The human group*. New York, NY: Harcourt Brace Jovanovich.

House, R.J., et al. (Eds.). 2004. *Culture, leadership, and organizations: The GLOBE study of 62 societies*. Thousand Oaks, CA: Sage.

Hughes, E.C. 1958. *Men and their work*. Glencoe, IL: Free Press.

Isaacs, W. 1999. *Dialogue and the art of thinking together*. New York, NY: Doubleday.

James, W. 1890. *The principles of psychology*. New York: Henry Holt & Company.

Johansen, R., Sibbet, D., Benson, S., Martin, A., Mittman, R., & Saffo, P. 1991. *Leading business teams*. Reading, MA: Addison Wesley.

Jones, G.R. 1983. Transaction costs, property rights, and organizational culture: An exchange perspective. *Administrative Science Quarterly*, *28*, 454-467.

Jones, M.O., Moore, M.D., & Snyder, R.C. (Eds.). 1988. *Inside organizations*. Newbury Park, CA: Sage.

Kahane, A. 2010. *Power and love*. San Francisco, CA: Berrett-Koehler.

Kantor, D. 2012. *Reading the room: Group dynamics for coaches and leaders*. San Francisco, CA: Jossey-Bass.

Kaplan, R., & Norton, D.P. 1992. The balanced scorecard: Measures that drive performance. *Harvard Business Review* (January-February), 71-79.

Keegan, R., & Lahey, L.L. 2016. *An everyday culture*. Cambridge, MA: Harvard Business School Press.

Kellogg, K.C. 2011. Challenging operations. Chicago, IL: Univ. of Chicago Press.

Kets de Vries, M.F.R., & Miller, D. 1984. *The neurotic organization: Diagnosing and changing counterproductive styles of management.* San Francisco, CA: Jossey-Bass.

Kets de Vries, M.F.R., & Miller, D. 1987. *Unstable at the top: Inside the troubled organization.* New York, NY: New American Library.

Kilmann, R.H., & Saxton, M.J. 1983. *The Kilmann-Saxton culture gap survey.* Pittsburgh, PA: Organizational Design Consultants.

Kleiner, A. 2003. *Who really matters?* New York, NY: Doubleday Currency.

Kluckhohn, F.R., & Strodtbeck, F.L. 1961. *Variations in value orientations.* New York, NY: Harper & Row.

Kotter, J.P., & Heskett, J.L. 1992. *Culture and performance.* New York, NY: The Free Press.

Kunda, G. 1992. *Engineering culture.* Philadelphia, PA: Temple University Press.

Kunda, G. 2006. *Engineering culture* (rev. ed.). Philadelphia, PA: Temple University Press.

Leavitt, H.J. 1986. *Corporate pathfinders.* Homewood, IL: Dow Jones-Irwin.

Lewin, K. 1947. Group decision and social change. In T.N. Newcomb & E.L. Hartley (Eds.), *Readings in social psychology* (pp. 459-473). New York, NY: Holt, Rinehart & Winston.

Likert, R. 1967. *The human organization.* New York, NY: McGraw-Hill.

Louis, M.R. 1980. Surprise and sense making. *Administrative Science Quarterly, 25,* 226-251.

Malone, T.W. 2004. *The future of work.* Boston, MA: Harvard Business School Press.

Malone, T.W., Yates, J., & Benjamin, R. (1987). Electronic markets and electronic hierarchies. *Communications of the ACM*, *30*, 484-497.

Marshak, R.J. 2006. *Covert processes at work*. San Francisco, CA: Berrett-Koehler.

Martin, J. 2002. *Organizational culture: Mapping the terrain*. Newbury Park, CA: Sage.

Martin, J., & Powers, M.E. 1983. Truth or corporate propaganda: The value of a good war story. In L.R. Pondy, P.J. Frost, G. Morgan, & T. C. Dandridge (Eds.), *Organizational symbolism*, 93-107. Greenwich, CT: JAI Press.

Maslow, A. 1954. *Motivation and personality*. New York, NY: Harper & Row.

McGregor, D.M. 1960. *The human side of enterprise*. New York, NY: McGraw-Hill.

Merton, R.K. 1957. *Social theory and social structure* (rev. ed.). New York, NY: Free Press.

Michael, D.N. 1985. *On learning to plan—and planning to learn*. San Francisco, CA: Jossey-Bass.

Michael, D.N. 1991. Leadership's shadow: The dilemma of denial. *Futures*, Jan./Feb., 69-79.

Mirvis, P., Ayas, K., & Roth, G. 2003. *To the desert and back*. San Francisco, CA: Jossey-Bass.

Nelson, E.C., Batalden, P.B., Godfrey, M.M., & Lazar, J.S. (Eds.) 2011. *Value by design*. San Francisco, CA: Jossey Bass, Wiley.

Neuhauser, P.C. 1993. *Corporate legends and lore*. New York, NY: McGraw-Hill.

O'Donovan, G. 2006. *The corporate culture handbook*. Dublin, Ireland: Liffey Press.

O'Reilly, C.A., III, & Chatman, J.A. 1996. Culture as social control: Corporations, cults and commitment. In B.M. Staw, & L.L. Cummings (Eds.), *Research in organizational behavior 18* (pp. 157-200). Greenwich, CT: JAI.

O'Reilly, C.A., III, Chatman, J.A., & Caldwell, D.F. 1991. People and organizational culture. *Academy of Management Journal*, *34*, 487-516.

O'Reilly, C.A., III, & Tushman, M.L. 2016. *Lead and disrupt: How to solve the innovator's dilemma.* Stanford, CA: Stanford University Press.

Oshry, B. 2007. *Seeing systems.* San Francisco, CA: Berrett-Koehler.

Ouchi, W.G. 1981. *Theory Z.* Reading, MA: Addison-Wesley.

Ouchi, W.G., & Johnson, J. 1978. Types of organizational control and their relationship to emotional well-being. *Administrative Science Quarterly*, *23*, 293-317.

Packard, D. 1995. *The HP way.* New York, NY: Harper Collins.

Pascale, R.T., & Athos, A.G. 1981. *The art of Japanese management.* New York, NY: Simon & Schuster.

Perin, C. 1991. The moral fabric of the office. In S. Bacharach, S.R. Barley, & P.S. Tolbert (Eds.), *Research in the sociology of organizations* (special volume on the professions). Greenwich, CT: JAI Press.

Perin, C. 2005. *Shouldering risks.* Princeton, NJ: Princeton University Press.

Peters, T.J., & Waterman, R.H., Jr. 1982. *In search of excellence.* New York, NY: Harper & Row.

Peterson, B. 2004. *Cultural intelligence.* Boston, MA: Intercultural Press.

Pettigrew, A.M. 1979. On studying organizational cultures. *Administrative Science Quarterly*, *24*, 570-581.

Plum, E. 2008. *CI: Cultural intelligence*. London, UK: Middlesex University Press.

Pondy, L.R., Frost, P.J., Morgan, G., & Dandridge, T. (Eds.). 1983. *Organizational symbolism*. Greenwich, CT: JAI Press.

Porras, J., & Collins, J. 1994. *Built to last*. New York, NY: HarperBusiness.

Redding, S.G., & Martyn-Johns, T.A. 1979. Paradigm differences and their relation to management, with reference to Southeast Asia. In G.W. England, A.R. Neghandi, & B. Wilpert (Eds.), *Organizational functioning in a cross-cultural perspective*. Kent, OH: Comparative Administration Research Unit, Kent State University.

Ritti, R.R., & Funkhouser, G.R. 1987. *The ropes to skip and the ropes to know* (3rd ed.). Columbus, OH: Grid.

Roethlisberger, F.J., & Dickson, W.J. 1939. *Management and the worker* Cambridge, MA: Harvard University Press.

Sackman, S.A. 2006. *Success factor: Corporate culture*. Guetersloh, Germany: Bertelsman Stiftung.

Sahlins, M. 1985. *Islands of history*. Chicago, IL: University of Chicago Press.

Sahlins, M., & Service, E.R. (Eds.). 1960. *Evolution and culture*. Ann Arbor, MI: University of Michigan Press.

Salk, J. 1997. Partners and other strangers. *International Studies of Management and Organization*, *26*(4), 48-72.

Savage, C.M. 1990. *Fifth generation management: Integrating enterprises through human networking*. Maynard, MA: Digital Press.

Scharmer, C.O. 2007. *Theory U*. Cambridge, MA: Society for Organizational Learning.

Schein, E.H. 1961a. *Coercive persuasion*. New York, NY: Norton.

Schein, E.H. 1961b. Management development as a process of influence. *Industrial Management Review (MIT)*, *2*, 59-77.

Schein, E.H. 1968. Organizational socialization and the profession of management. *Industrial Management Review*, *9*, 1-15.

Schein, E.H. 1969. *Process consultation: Its role in organization development*. Reading, MA: Addison-Wesley.

Schein, E.H. 1971. The individual, the organization, and the career: A conceptual scheme. *Journal of Applied Behavioral Science*, *7*, 401-426.

Schein, E.H. 1975. In defense of theory Y. *Organizational Dynamics*, Summer, 17-30.

Schein, E.H. 1978. *Career dynamics: Matching individual and organizational needs*. Reading, MA: Addison-Wesley.

Schein, E.H. 1980. *Organizational psychology* (3rd ed.). Englewood Cliffs, NJ: Prentice-Hall. (Original work published 1965; 2nd ed. published 1970.)

Schein, E.H. 1983. The role of the founder in creating organizational culture. *Organizational Dynamics*, Summer, 13-28.

Schein, E.H. 1987a. *The clinical perspective in fieldwork*. Newbury Park, CA: Sage.

Schein, E.H. 1987b. Individuals and careers. In J.W. Lorsch (Ed.), *Handbook of organizational behavior* (pp. 155-171). Englewood Cliffs, NJ: Prentice-Hall.

Schein, E.H. 1988. *Process consultation. Vol. 1: Its role in organization development* (2nd ed.). Reading, MA: Addison-Wesley.

Schein, E.H. 1992. The role of the CEO in the management of change. In T.A. Kochan, & M. Useem (Eds.), *Transforming organizations* (pp. 80-96). New York, NY: Oxford University Press.

Schein, E.H. 1993a. On dialogue, culture, and organizational learning.

Organizational Dynamics, Autumn, *22*, 40-51.

Schein, E.H. 1993b. *Career anchors (rev. ed.)*. San Diego, CA: Pfeiffer & Co. (Jossey-Bass).

Schein, E.H. 1993c. How can organizations learn faster? The challenge of entering the green room. *Sloan Management Review*, *34*, 85-92.

Schein, E.H. 1996a. Three cultures of management: The key to organizational learning. *Sloan Management Review*, *38*(1), 9-20.

Schein, E.H. 1996b. *Strategic pragmatism: The culture of Singapore's Economic Development Board*. Cambridge, MA: MIT Press.

Schein, E.H. 1999a. *Process consultation revisited*. Englewood Cliffs, NJ: Prentice- Hall (Addison-Wesley).

Schein, E.H. 1999b. *The corporate culture survival guide*. San Francisco, CA: Jossey-Bass.

Schein, E.H. 2001. Clinical inquiry/research. In P. Reason & H. Bradbury (Eds.), *Handbook of action research* (pp. 228-237). Thousand Oaks, CA: Sage Press.

Schein, E.H. 2003. *DEC is dead; Long live DEC*. San Francisco, CA: Berrett/ Kohler.

Schein, E.H. 2008. Clinical inquiry/research. In P. Reason & H. Bradbury (Eds.), *Action research* (2nd ed., pp. 266-279). Thousand Oaks, CA: Sage.

Schein, E.H. 2009a. *Helping*. San Francisco, CA: Berrett/Koehler.

Schein, E.H. 2009b. *The corporate culture survival guide* (2nd ed.). San Francisco, CA: Jossey-Bass.

Schein, E.H. 2013. *Humble inquiry: The gentle are of asking instead of telling*. San Francisco: Berrett-Koehler.

Schein, E.H. 2016. *Humble consulting: How to provide real help faster*. San Francsico: Berrett-Koehler.

Schein, E.H., & Bennis, W.G. 1965. *Personal and organizational change through group methods*. New York, NY: Wiley.

Schein, E.H., & Van Maanen, J. 2013. *Career anchor: The changing nature of work and careers* (4th ed.). San Francisco: Wiley.

Schmidt, E., & Rosenberg, J. 2014. *How Google works*. New York, NY: Grand Central.

Schneider, B. (Ed.). 1990. *Organizational climate and culture*. San Francisco, CA: Jossey-Bass.

Schneider, W. 1994. *The reengineering alternative: A plan for making your current culture work*. New York, NY: McGraw Hill (Irwin Professional).

Schultz, M. 1995. *On studying organizational cultures*. New York, NY: De Gruyter.

Schwartz, P. 2003. *Inevitable surprises*. New York, NY: Gotham Books.

Senge, P.M. 1990. *The fifth discipline*. New York, NY: Doubleday Currency.

Senge, P., Smith, B., Kruschwitz, N., Laur, J., & Schley, S. 2008. *The necessary revolution*. Cambridge, MA: Society for Organizational Learning.

Shrivastava, P. 1983. A typology of organizational learning systems. *Journal of Management Studies*, *20*, 7-28.

Silberbauer, E.R. 1968. *Understanding and motivating the Bantu worker*. Johannesburg, South Africa: Personnel Management Advisory Services.

Sithi-Amnuai, P. 1968. The Asian mind. *Asia*, Spring, 78-91.

Smircich, L. 1983. Concepts of culture and organizational analysis. *Administrative Science Quarterly*, *28*, 339-358.

Snook, S.A. 2000. *Friendly fire*. Princeton, NJ: Princeton University Press.

Steele, F.I. 1973. *Physical settings and organization development*. Reading, MA: Addison-Wesley.

Steele, F.I. 1981. *The sense of place*. Boston, MA: CBI Publishing.

Steele, F.I. (1986). *Making and managing high-quality workplaces*. New York, NY: Teachers College Press.

Tagiuri, R., & Litwin, G.H. (Eds.). 1968. *Organizational climate: Exploration of a concept*. Boston, MA: Division of Research, Harvard Graduate School of Business.

Thomas, D.C., & Inkson, K. 2003. *Cultural intelligence*. San Francisco, CA: Berrett/Kohler.

Tichy, N.M., & Devanna, M.A. 1987. *The transformational leader*. New York, NY: Wiley.

Trice, H.M., Beyer, J.M. 1984. Studying organizational cultures through rites and ceremonials. *Academy of Management Review*, *9*, 653-669.

Trice, H.M., & Beyer, J.M. 1985. Using six organizational rites to change culture. In R.H. Kilmann, M.J. Saxton, & R. Serpa, *Gaining control of the corporate culture* (pp. 370-399). San Francisco, CA: Jossey-Bass.

Trice, H.M., & Beyer, J.M. 1993. *The cultures of work organizations*. Englewood Cliffs, NJ: Prentice-Hall.

Tuchman, B.W. 1965. Developmental sequence in small groups. *Psychological Bulletin*, *63*, 384-399.

Tushman, M.L., & Anderson, P. 1986. Technological discontinuities and organizational environments. *Administrative Science Quarterly*, *31*, 439-465.

Tyrrell, M.W.D. 2000. Hunting and gathering in the early Silicon age.

In N.M. Ashkanasy, C.P.M. Wilderom, & M.F. Peterson (Eds.), *Handbook of organizational culture and climate* (pp. 85-99). Thousand Oaks, CA: Sage.

Van Maanen, J. 1973. Observations on the making of policemen. *Human Organization, 4,* 407-418.

Van Maanen, J. 1976. Breaking in: Socialization at work. In R. Dubin (Ed.), *Handbook of work organization and society*, 67-130. Skokie, IL: Rand McNally.

Van Maanen, J. 1979. The self, the situation, and the rules of interpersonal relations. In W. Bennis, J. Van Maanen, E.J. Schein, & F. I. Steele, *Essays in interpersonal dynamics* (pp. 43-101). Homewood, IL: Dorsey Press.

Van Maanen, J. 1988. *Tales of the field: On writing ethnography.* Chicago: University of Chicago Press.

Van Maanen, J., & Schein, E.H. 1979. Toward a theory of organizational socialization. In B.M. Staw, & L.L. Cummings (Eds.), *Research in organizational behavior* (vol. 1), 209-264. Greenwich, CT: JAI Press.

Van Maanen, J., & Barley, S.R. 1984. Occupational communities: Culture and control in organizations. In B.M. Staw, & L.L. Cummings (Eds.), *Research in organizational behavior* (vol. 6), 265-287. Greenwich, CT: JAI Press.

Van Maanen, J., & Kunda, G. 1989. Real feelings: Emotional expression and organizational culture. In B. Staw (Ed.), *Research in organizational behavior* (vol. 11), 43-103. Greenwich, CT: JAI Press.

Vroom, V.H., & Yetton, P.W. 1973. *Leadership and decision making.* Pittsburgh, PA: University of Pittsburgh Press.

Watson, T.J., Jr., & Petre, P. 1990. *Father, son & Co.: My life at*

IBM and beyond. New York, NY: Bantam Books.

Weick, K. 1995. *Sensemaking in organizations.* Thousand Oaks, CA: Sage.

Weick, K., & Sutcliffe, K.M. 2001. *Managing the unexpected.* San Francisco, CA: Jossey-Bass.

Wilderom, C.P.M., Glunk, U., & Maslowski, R. 2000. Organizational culture as a predictor of organizational performance. In N.M. Ashkanasy, C.P.M. Wilderom, & M.F. Peterson (Eds.), *Handbook of organizational culture and climate (pp. 193-209).* Thousand Oaks, CA: Sage.

Wilkins, A.L. 1983. Organizational stories as symbols which control the organization. In L.R. Pondy, P.J. Frost, G. Morgan, & T. Dandridge (Eds.), *Organizational symbolism*, 81-92. Greenwich, CT: JAI Press.

Wilkins, A.L. 1989. *Developing corporate character.* San Francisco, CA: Jossey-Bass.

Williamson, O. 1975. *Markets and hierarchies, analysis and anti-trust implications: A study in the economics of internal organization.* New York, NY: Free Press.

Womack, J.T., Jones, D.T., & Roos, D. 1990. *The machine that changed the world.* New York, NY: Free Press.

Zuboff, S. 1984. *In the age of the smart machine.* New York, NY: Basic Books.

致　谢

　　本书自上一版出版至今已经六年有余，时过境迁。这些年，我居住在加利福尼亚州的帕洛阿尔托，是我儿子彼得（Peter）的近邻，而他也已经成为我的同事和合著者。借由我在硅谷的生活体验以及彼得25年来在诸多不同的初创企业和成熟公司的工作经验来观察外部世界，我对组织文化和领导力问题有了一些新的看法。因此，首先，我非常感谢彼得，他现在担任组织文化与领导力研究所（OCLI.org）合伙人。我也非常感谢在这里曾经与我合作过的各位朋友和客户。感谢彼得的妻子杰米·沙因（Jamie Schein），她目前在斯坦福商学院（Stanford Graduate School of Business）担任领导职务，感谢她从自己实际工作的视角为本书提供的深刻见解。

　　我要特别感谢谷歌公司（Google）、人类协同国际（Human Synergistics）、基因科技公司（Genentech）、斯坦福医院、IDEO、未来研究所（The Institute of the Future）、英特尔（Intel）以及硅谷组织发展网络（the Silicon Valley Organization Development Network），它们为我提供了各种机会，让我可以从这些各具魅力领域的创新锦囊中有所收获并可以为之作出贡献。我对医疗文化的兴趣渐浓，这引发了我对职业文化的许多重要见解。因此，我要感谢 Mary Jane Kornacki、Jack Silversin、Gary Kaplan，以及我多年来在安角参加玛丽·简和杰克的招待会时在暑期研讨会上遇到的其他成员。在加利福尼亚州，我要感谢 James Hereford，以及参加斯坦福医院每月举行的午餐会议的医生和管理人员。其他要感谢的人还包括 Marjorie Godfrey、Kathy McDonald、Diane Rawlins、Dr. Lucian Leape、Dr. Tony Suchman 和我的女婿外科医生 Dr. Wally Krengel。

在我的新生活中，我不再是一位教授，而是一位作家和一位教练。在这方面，我要感谢 Steve Piersanti 以及他的贝雷特 - 科勒（Berrett-Kohler）出版公司对我的鼓励和帮助。这促进了我在帮助、辅导和咨询等应用领域的三本新书的写作，在这些书里，我对其他学者的观点作出了重要补充。我还要感谢 iUniverse 出版公司与我合作撰写回忆录，给我提供了一个更广泛地思考自己职业生涯中文化和领导力演变的机会。

在组织理论发展的广阔世界里，我受益于许多当地的新同事，尤其是 Tim Kuppler、Kimberly Wiefling、Jeff Richardson、John Cronkite、Stu Winby、Mary Winby 以及 Joy Hereford。斯坦福商学院领导力项目培训小组的培训师联盟热情欢迎我的到来，这使我能够与我之前所关注的"经验学习"理论世界保持联系。为此我对他们表示感谢。还特别感谢我的海外朋友和同事——Philip Mix、Michael Brimm、Linda Brimm、David Coghlan、Tina Doerffer、Peter Chen 和 Lily Chen、Charles Handy、Elizabeth Handy、Leopold Vansina、Joanne Martin。感谢 Michael Chen，是他积极地把我的文化工作成果传播到中国。非常感谢我的朋友和同事 Joichi Ogawa，他一直积极支持我在日本的工作。

我的三个孩子，Louisa、Liz 和 Peter，以及他们的配偶 Ernie、Wally 和 Jamie，还有我的七个孙子 Alexander、Peter、Sophia、Oliver、Annie、Ernesto 和 Stephanie，总是会在文化问题上提供一些重要的视角。我特别欣赏他们关于文化如何变化、世界如何随着世代而变化的洞察，欣赏他们在与我所经历的不同世界中成长所得到的见解。他们所进入的组织与我之前所熟悉的组织有所不同；当今世界所争论不休的社会价值观也与以前不同，而且它们在许多方面有更加深刻的烙印。我之所以提及以上这些，是因为它们鼓舞了我在第五版的基础上去获得一些新的观点：我们需要考虑哪些是明天和未来的文化和领导力的重要因素。

最后，同样重要的是，我必须感谢在过去六年里一直激励我的同事和学者同仁——John Van Maanen，我与他合作出版了《职业锚》（*Career Anchors*）的新版本；Lotte Bailyn，他的智慧令人敬畏；Bill Isaacs 和 Gervaise Bushe，他们带我进入了完整的对话世界；Otto Scharmer，他不断开辟思考和学习的新天地；David Bradford，他提供了许多非常尖锐且必要的建议；Noam Cook，他的哲学见解为文化问题提供了许多重要观点；以及 Steve Barley、Warner Burke、Amy Edmondson、Jody Gittell、Charles O'Reilly Ⅲ Melissa Valentine，他们目前的研究工作正推动我们迈进那些迫切需要的新文化分析维度。

和之前的几个版本一样，威立出版公司的编辑 Jeanenne Ray 与 Heather Brosius 在收集改进这本书的反馈意见以及敦促编辑出版的过程中提供了莫大的帮助。

图书在版编目（CIP）数据

组织文化与领导力：第五版 / 埃德加·沙因，彼得·沙因著；陈劲，贾筱译.
-- 北京：中国人民大学出版社，2020. 5
　ISBN 978-7-300-27821-6

　Ⅰ.①组… Ⅱ.①埃… ②彼… ③陈… ④贾… Ⅲ.①组织文化－研究 ②领导
学－研究 Ⅳ.① C936 ② C933

　中国版本图书馆 CIP 数据核字（2020）第 012204 号

组织文化与领导力（第五版）

埃德加·沙因
　　　　　　　著
彼得·沙因

陈　劲　贾　筱　译
陈德金　校
Zuzhi Wenhua yu Lingdaoli

出版发行	中国人民大学出版社	
社　　址	北京中关村大街 31 号	**邮政编码**　100080
电　　话	010 - 62511242（总编室）	010 - 62511770（质管部）
	010 - 82501766（邮购部）	010 - 62514148（门市部）
	010 - 62515195（发行公司）	010 - 62515275（盗版举报）
网　　址	http://www.crup.com.cn	
经　　销	新华书店	
印　　刷	北京联兴盛业印刷股份有限公司	
规　　格	160mm×230mm　16 开本	**版　　次**　2020 年 5 月第 1 版
印　　张	22.75 插页 2	**印　　次**　2024 年 1 月第 8 次印刷
字　　数	312 000	**定　　价**　69.00 元